U0512200

谨以此书献给
我敬爱的父亲甘世立(1924—1986)

　　教育部哲学社会科学研究后期资助项目"乡村老年协会建设理论与实践",批准编号:17JHQ042

甘满堂◎著

乡村老年协会建设
理论与实践

Construction Theory and Practice of
Rural Elderly Association

人民出版社

目　录

导　言

　　据第七次全国人口普查数据显示,我国 60 岁及以上人口的比重达到 18.70%,其中 65 岁及以上人口比重达到 13.50%,人口老龄化呈现出老年人口规模庞大、老龄化进程明显加快、老龄化水平城乡差异明显等特征。从全国看,乡村 60 岁、65 岁及以上老人的比重分别为 23.81%、17.72%,比城镇分别高出 7.99、6.61 个百分点。由此看来,中国老龄化问题越来越严重,农村养老问题将更加突出。在此背景下,作为农村社区老年人互助组织——老年协会的社会重要性将更加突出。

　　城乡社区老年协会是老年人自我管理、自我教育、自我服务的民间社会组织,具有明显的公益性与服务性特征。20 世纪 80 年代以来,中国人口老龄化问题开始凸显,老龄事业逐步得到重视,老年协会成为基层老龄事业的重要抓手。全国老龄委与民政部多次下文推动城乡社区老年协会建设,希望城乡社区老年协会在基层社区老龄事业中发挥更大作用,以应对中国老龄化社会的到来。国务院在《"十三五"国家老龄事业发展和养老体系建设规划》(2017)中提出,到 2020 年底,全国城乡社区基层老年协会覆盖率 90% 以上,"十三五"期间要做好基层老年社会组织规范发展问题,特别提出,继续推动老年社会组织加强能力建设和规范化建设,提高专业素质、服务能力和社会公信力,促进老年人通过社会组织实现自我管理、自我教育、自我服务。因城乡社区组织文化资源不同,农村社区老年协会发展状况要远远好于城市社区,社区服务与社区建设功能更强大,也是被政府寄予厚望的乡村社会组织。以福建为例,截至 2017 年底,福建省有乡镇(街道)、村(居)老年协会 15919 个,会员 250 多万人,其中乡村社区老年协会建会率达到 90% 以上,且活动能力较强,它们不仅在基层老龄事业中发挥重要作用，而且在社区公益事业、基层社会治理中也发挥了重要作用，是"村两委"不可多得的帮手。作为老年人社区互助组织，农村老年协会在居家养老中发挥的作用越来越大，这也是国家老龄委与民政部大力推动基层老年协会组织发展的重要目标。福建农村社区推进居家养老服务已有较好的社会组织基础，福建乡村老年协会普及率较高，且出现多种创新服务模式。福建乡村老年协会在社区老年事业中表现突出，有力提升了社区老年人福利，有效维护了老年人权益。在当下推进农村社区居家养老服务的大背景下，亟须对这些典型案例模式进行总结，扬长避短，以便宣传推广，让更多的农村社区老人获得居家养老服务。

笔者关注乡村老年协会组织，起始于2001年研究撰写以福建村庙为主题的宗教社会学博士论文，当时就注意到在村庙或祠堂中娱乐休闲的老人，以及负责村庙与祠堂管理的老年协会组织。笔者当时对福建乡村老人们晚年的幸福生活很是羡慕；对于老年协会尽职尽责做好乡村公益事业的奉献精神很是敬佩；更令笔者赞叹的就是他们非常团结，凝聚力非常强，在社区中社会声望非常高，广受村民及村干部的尊敬。笔者是安徽庐江人，农家子弟出身，在2001年之前，从来没有听说过，也没有见过乡村老年协会组织。多次接触后，笔者认为每个乡村都应当有老年协会组织。本着这种愿望，笔者关注福建乡村老年协会研究已有20载。在此期间，笔者并不想做一个纯粹的研究者，想做一个行动研究者，即除了大力宣传老年协会的积极作用，还要用实际行动推动老年协会组织建立健全，为老年事业发展做点实事。2014年，依托笔者带头领办的福州市榕树社会工作服务中心（2013年2月注册登记，笔者为法人代表），成功申请到民政部福彩公益金特殊困难老年人社会工作服务示范项目资助，经费19万元，笔者将乡村老年协会规范化建设与互助养老列为项目服务主要内容，项目实施地点在闽侯县鸿尾乡。2016年，依托福州大学专业学位实践基地建设经费资助，笔者又在福州地区大学城所在地闽侯县上街镇开展乡村老年协会规范化建设与互助养老服务，但这次因为无法投入更多的时间，导致项目有点"虎头蛇尾"，没有兑现全部工作计划。社工实务要有大量的时间投入，而本人科研教学任务较重，无法再分出时间来指导项目开展。对于高校教师而言，社工服务需要付出很多时间，但经济收益近无，但本人觉得还是很值得的,因为实务经验价值是无限的,作为社会学和社会工作学者,不能"纸上谈兵"。2015年10月,福建省老年学学会换届改选,笔者被推荐当选学会副会长。2020年12月,福建省老年学学会再次换届改选时,笔者被推荐当选学会会长,全面负责学会研究管理工作,做好政府老龄事业的参谋工作。笔者有了老年学学会负责人的"头衔"后,更加自觉加强乡村老年协会研究工作。

2017年底,笔者将相关乡村老年协会研究成果汇总申报教育部后期资助项目,有幸获得成功,自此就开始比较系统地研究完善"乡村老年协会建设理论与实践"这一课题。目前形成的结题书稿共有16章,其中第一至三章为总论,介绍乡村老年协会由来、发展概况,以及互助养老概念与理论介绍;第四至七章研究介绍乡村老年协会规范化建设与承办居家养老服务情况;第八至十章介绍乡村老年协会参与社会治理、文化与经济建设问题;第十一章关注老年协会发展过程中存在的违法犯罪问题;第十二章关注养老文化和文化养老问题;第十三、十四章关注乡村老年协会存在的组织文化基础:祠堂与村庙及其社会功能;第十五、十六章为乡村老年协会承办居家养老服务及参与社区建设的经验总结研究。另外还有附录,收集有关国家老龄办、民政部等支持基层老年协会发展的政策文件,作为资料补充。

第一章　政策、文化与乡村老年协会发展,本章通过文献研究认为,乡村老年协会是在人口老龄化背景下,由政府推动成立的合法民间草根组织,目标是解决农村老人养老问题,但其组织的活力取决于传统宗祠与村庙文化。

第二章　福建省乡村老年协会与社区公共生活,本章通过案例介绍乡村老年协会既是老年人福利组织,也是社区治理组织,在基层老龄事业、社区公益事业、基层社区治理中发挥了重要作用,是村委会不可多得的帮手。

第三章　乡村老年人协会规范化建设指标体系设计探索,本章介绍乡村老年协会规范化建设维度,即五有:有组织,有制度,有场所,有经费,有活动,以及指标体系设置的方式与实际应用情况。

第四章　互助养老理念的实践模式与推进机制,本章系统阐述互助养老理论,互助养老的理论基础有人力资源理论、非政府组织理论与社会交换理论,在实践方面,国内外已有诸多案例。在中国,乡村老年协会是推进社区互助养老的重要社会团体。

第五章　老年协会办食堂与农村社区居家养老服务创新,本章以案例方式介绍乡村老年协会承办老年食堂,提升农村社区居家养老服务水平,此过程中,有敢于创新做事的老年协会带头人非常关键,乡贤企业家支持也是重要条件。

第六章　社区互助养老与村办敬老院可持续运营,本章以晋江市萧下村敬老院为个案,介绍老年协会承办村级敬老院的历程以及所取得的成效。社区互助养老是指在社区组织动员下,社区居民本着志愿互助原则以无偿或低偿形式提供场所、资金与劳务,以支持社区养老事业的发展。

第七章　社工推进乡村老年协会互助养老探索,本章以本书作者主持的榕树社工机构承接民政部福彩公益金特殊困难老年人社会工作服务示范项目为例,尝试以社工方法推进乡村老年协会规范化建设,以提升互助养老服务水平。

第八章　村民自治、组织发展与村级治理,本章通过定量调查发现,村民自治水平提升有赖于乡村草根组织发展与相互配合,乡村老年协会是当前乡村重要的社会组织。

第九章　村级社区学习中心构建模式及可持续发展对策,本章讨论农家书屋建设与管理问题,通过案例比较,认为农家书屋设置在村老年活动中心内,依托村老年协会代为管理是农家书屋建设与管理较好的模式。

第十章　侨乡海内外社会组织与社区可持续发展,本章关注福州沿海侨乡社会组织与侨乡发展问题,以马尾区长安村为案例,内外联合,提高侨乡社会组织站位,促进村财收入与村民集体福利提升,实现侨乡社区可持续发展。

第十一章　老年协会涉讼及经济资源获取风险防范,本章通过对裁判文书网中有关老年协会涉案文书进行统计分析后认为,老年协会涉及司法诉讼主要是由经济资源获取引发的,涉及司法诉讼是其有经济活力的表现。因此,基层老年协会在资源获取过程中,既要知法、守法,做好社团资产经营管理工作,也要做好经济纠纷风险防控管理工作。

第十二章　文化养老与养老文化,本章的养老文化包括有关养老的理念、制度与设施体系三个方面,养老文化包括文化养老。中国传统孝道文化不仅可为老人赋能,也能赋权,即获得社会普遍的尊重;西方国家则通过健全的社会养老保障制度为老人赋权。构建新时代社会养老文化,既需要传承传统孝道文化,也需要借鉴西方国家社会养老保障制度,全面提升养老事业发展水平。

第十三章　福建宗祠文化的当代社会价值,本章通过调查发现,福建宗祠管理组织多与老年协会重合,宗祠场所也往往是老年协会活动中心。当代乡村宗祠组织本质是文化组织,有利于维护乡老(即乡里年高德劭的人)在乡村社区中文化权力地位。

第十四章　福建村庙文化的当代社会价值,本章通过调查发现,福建村庙组织多与老年协会组织重合,多数村庙也是社区老年协会活动中心,村庙文化活动丰富了社区公共生活,有利于维护乡老在乡村社区的权威地位。

第十五章　农村居家养老服务解决方案的福建经验及推广建议,本章总结福建乡村老年协会承办居家养老服务有从低到高四个层次:老年活动中心平台基本服务型、幸福园平台服务型、老年食堂平台服务型、敬老院平台服务型。乡村老年协会承办居家养老拥有诸多优势,需要加强培育引导,但加强乡村老年协会规范化建设是基础。

第十六章　发挥乡村老年协会在社会建设中更大作用的晋江经验,本章总结晋江市在推进农村养老事业发展过程中,充分发挥基层老年协会的作用,激发社会参与,探索出了一条依托乡村老年协会承办居家养老服务的办法,同时也促进了基层社会治理与社会建设水平的提升。

本书是国内学术界第一部系统研究中国乡村老年协会的专著,主要以福建乡村老年协会为研究对象,总结乡村老年协会发展历程、乡村老年协会参与社区公共生活、社区居家养老、社区治理、社区文化建设等情况,其中对于乡村老年协会承办居家养老服务关注较多。本书主要采取以实证案例研究为主,文献研究为辅的研究方法,力图通过丰富多彩的案例,展示乡村老年协会在社区社会建设中的重要作用。本书认为,在政府的大力支持下,全国城乡社区老年协会已有长足的发展,但受制于传统文化组织资源,农村社区老年协会普遍比城市社区活跃;拥有社庙与祠堂等传统文化组织资源与文化空间资源的乡村,其乡村老年会更活跃;福建乡村老年协会推动乡村社区居家养老服务从无到有,出现老年活动中心、幸福园、老年食堂、村办敬老院等服务平台。面对"老龄化"和"空心化"越来越严重的乡村,农村居家养老服务应当鼓励乡村老年协会承办,这也是一个经济可行的办法或者一条经济可行的路径。乡村老年协会组织承办社区居家养老,涉及场所、人员、经费与管理问题,比较复杂,本书通过案例方式呈现解决办法,内容翔实,可为乡村老年协会建设以及农村社区开展居家养老服务提供参考。

第一章　政策、文化与乡村老年协会发展

国务院在《"十三五"国家老龄事业发展和养老体系建设规划》(2017)中提出,到2020年底,全国城乡基层老年协会覆盖率90%以上,在社区互助养老服务中发挥更大作用;在"基层老年协会规范化建设工程"中,要求多渠道筹措资金支持基层老年协会建设,改善基层老年协会活动设施和条件,加强基层老年协会骨干培训和活动辅导,鼓励专业人士在基层老年协会能力建设中发挥骨干作用;积极推进基层老年协会党建工作,探索基层老年协会在促进当地发展、调解涉老纠纷、开展互助服务、活跃老年人精神文化生活等方面发挥积极作用的有效方式和途径。在政府的大力支持下,全国城乡社区老年协会已有长足的发展,老年协会已成为最重要的社区社会组织之一,但受制于传统文化资源的影响,农村社区老年协会普遍比城市社区活跃。回顾中国城乡基层老年协会从无到有的发展史,政府推动与传统文化对于老年协会发展具有决定性的作用。

第一节　当前基层老年协会发展及研究概况

基层老年协会是城乡社区最为普及的草根社会组织。截至2014年底,我国城乡社区老年协会已达49万个,覆盖率达74%。据福建省老龄委统计,截至2014年底,福建省有乡镇(街道)、村(居)老年协会15094个,会员220.07万人,其中,乡镇(街道)老年协会763个,村(居)老年协会14331个。① 2017

---

① 福建省老龄委:《2014年福建省老龄事业发展统计公报》。

年福建省老龄委发布的《"十三五"福建省老龄事业发展和养老体系建设规划》中,提及基层老年协会在"十二五"期末创建率为城镇社区94%,农村社区90%;"十三五"期末发展目标98%、95%。从笔者在福建城乡社区的实地调查经验来看,城市社区老年协会建会率虽高于农村社区,但这类城市社区老年协会只是在社区居委会门前再挂一块牌子,本身并没有什么活动,无实质社会意义。真正有活力的是乡村老年协会,因为乡村老年协会建会率高,活动有开展,而且乡村是熟人社会,有一定的民间社会组织基础,如宗祠组织、村庙组织等。城市社区是非熟人社会,并没有这种传统文化基础。因此,城乡社区老年协会建设单靠政府推动还不行,必须要有相应的文化基础。

改革开放以来,农村老年协会发展至今大体分为三个阶段:民间自发与政府探索阶段、行政主导的全面推广阶段、规范化建设与服务提升阶段。2002年以前,属于民间自发与政府探索相结合的阶段。1982年老龄问题世界大会后,国务院正式批准中国老龄问题全国委员会作为常设机构成立。随后,全国老龄工作在组织建设方面获得长足发展。1991年,全国农村老龄工作经验交流会召开,农村自发成立的"老人会""老人互助会"等老年人互助组织得到政府的重视,开始在全国农村推广,部分乡村成立了老年人协会。2002年国家老龄办印发《关于在十省市进行城乡社区老龄工作试点的通知》,提出社区老龄工作试点的重要工作任务是发展老年群众组织,标志着政府开始重视推广社区老年协会组织,老年协会迎来了快速发展期。2012年全国老龄工作委员会办公室出台了《关于加强基层老年协会建设的意见》,政府力推老年协会规范化建设,以便为老人提供更好的互助养老服务。2015年全国老龄办、民政部出台《关于进一步加强城乡社区老年协会建设的通知》,要求深化城乡社区老年协会建设工作,提出争取把老年协会建设纳入地方财政预算,以加大对老年协会的资金扶持;制订老年协会骨干培训计划,安排专项培训经费,用3—5年时间完成对老年协会骨干的业务培训,以推进老年协会规范化建设。因此,2012年以后属于老年协会规范化建设与服务提升阶段。

从学术期刊检索数据来看,中国学界对于乡村老年协会的关注起始于1993年,此后十年间的研究论文仍比较少,直到2004年,学界发表有关老年协会研究的论文开始显著增多,每年标题中有"老年协会"的论文都在20篇以上。这种关注态势与政府对于基层老年协会的重视度相关。

有文章认为,20世纪70年代初在一些地方已经存在老年组织。1972年,全国第一个自发农村老年组织"老人互助会"在江西省兴国县江背人民公社高寨大队成立。但考察一些文献后发现,乡村老年协会并非解放后的新生事物,在解放前的福建、广东等沿海地区的村庄就存在类似的组织,如老人会、祠堂会、村庙会等组织,它们或多或少带有老人互助性质。① 改革开放后,这些民间组织又重新复活,但在初期由于政府"反封建迷信"等原因,宗祠理事会与村庙管委会无法公开活动,以"老人会""老人互助会"等名义开展活动,无疑是比较好的选择。此时,中国要实行计划生育政策,宣传"只生一个好,政府来养老",对于如何帮助农村老人养老,政府当时还没有做出实质的行动。农村地区计划生育工作向来实施难,如何让农民响应政府计划生育的号召,减少对未来的养老顾虑。承认民间自发的老年人互助组织,并发挥其积极功能成为必然的选择。在一些城乡社区中,老人们暇闲时聚集在一起休闲娱乐,偶尔还会从事一些帮助老人维权和社区公益等活动,这些老人也亟需组织化,于是由地方政府推动老年协会成立的方法就应运而生。因此,老年协会是城乡社区内生性组织之一,政府助力推动,有助于民间非正式组织正规化,有利于发挥积极的社会功能。

在政府的推动与鼓励下,20世纪80年代后,各地农村基层老年组织不断成立。1982年,浙江省青田县成立了全省第一个农村老年协会;1984年底,河南省清丰县陶河村成立老年人理事会,主要协助村集体发展经济、改变落后面貌;1985年,山西省大同市南郊区城关乡新华村成立的"老年领导组",主要是为了承担审核和发放村里老人的退休金。20世纪80年代末,福建省的长乐县、南平市、沙县等地的老年人相继自发成立了"老人会""老年会"组织,主要提供互助互济和文化娱乐活动等服务。1992年,山东省莱西市店埠镇东庄头村成立老年协会,推动了村里经济发展,取得明显成效。很多乡村老年协会起步于宗祠与村庙管理组织,在乡村拥有较高的社会威望,拥有较强的资源获取能力。在家庭养老功能弱化,国家老人福利供给不足的情况下,乡村老年协会

① 甘满堂:《乡村草根组织与社区公共生活》,《福建行政学院学报》2008年第1期。

所提供的社区福利不容忽视。综合来看,老年协会为老年人提供的社会服务主要有四个方面,一是文化娱乐,如老年协会活动中心就置办了电视、麻将、扑克牌等设备,供老人休闲娱乐;二是生活关怀,如老人生病,会派人慰问;三是物质经济方面的补助,如村老人会(或村集体)在重阳节和春节时会给老人发放慰问金;四是权益保障,如发现子女不孝顺老人,会主动干涉。在经济较发达的乡村,村老年协会在政府与村两委支持下,承办居家养老服务,进一步提升社区老年人福利水平。

政府对民间社团的发展是有所忌讳的,为何会支持老年协会的发展?这主要是因为当前家庭养老功能越来越弱化,政府一时也难以向农村老年人提供福利,而老年协会却具有强大的福利功能,能够弥补政府关于农村老人福利的短缺。政府发展农村老年协会乃是迎接农村人口老龄化的一项重大决策。① 地方政府对社团组织的选择性管理为老年协会自主性的获得提供了发展空间,而老年协会的连带性吸纳功能增强了它在农村的权威及其在集体行动中的动员能力。因此,老年协会的独立性相对较强,它与党支部配套组织的团支部、妇代会等群众组织不同。老年协会的资源获取渠道更多来自民间,如活动经费大多依靠村民捐献,对政府的依赖性较弱,这也使得它们区别于商会、经济合作社等经济性质的社团。在浙江省的乡镇普遍建有的商会、经济合作社等经济社团,它们经常求助于地方政府,通过与政府合作来获得优惠的发展条件,如批土地、拨贷款等。②

在解放前的中国农村社区,权力结构体系基本为金字塔式,村庄社会中拥有很多民间组织,但这些民间组织有一个核心组织,就是乡老组织,即由乡老统治乡村,其统治基础通常是祠堂会、神庙会,故杜赞奇将乡老称为"文化权威"。③ 在人民公社时期,权力结构体系呈现一元化直线式结构,政府行政权力主导一切,没有真正意义上的民间组织存在。改革开放后,农村社区权力结

---

① 刘书鹤:《迎接农村人口老龄化的一项重大决策——论发展农村老年协会》,《人口学刊》1993 年第 5 期。

② 邓燕华、阮横俯:《农村银色力量何以可能?——以浙江老年协会为例》,《社会学研究》2008 年第 6 期。

③ 杜赞奇:《文化·权力·国家——1900—1942 年的华北农村》,王福明译,江苏人民出版社 1996 年版,第 134 页。

构出现党政主导下的多元发展格局,既有民间自发的祠堂与村庙管理组织,又有政府推动的老年协会组织,此外还有村庄境内的公司企业方面的经济类组织。福建乡村老年协会多在村庙或祠堂内活动,三者组织有重合的地方,使得乡村老年协会拥有了强大的资源动员能力。①

乡村老年协会从数量、经济实力以及行动能力等方面都展示了较大的实力,因此,俞可平将老年协会列为乡村权力组织。② 在浙江不少村庄,老年协会已成为独立的社区力量,影响着村庄的政治、经济和文化的发展,因而不少人认为,有些乡村的权力结构改称为"村三委"或许更为准确。在中国,官方将社团组织划分为群众团体、民办非企业单位、基金会三类,老年协会属于群众团体。学者根据组织的社团的自主性,把社团组织分为"准政府的"(quasi-governmental)、"半政府的"(semi-governmental)和"真正非政府的"(truly non-governmental)三种类型,也类似地把社团组织分为"官办"、"半官办"与"民办"三类。乡村老年协会无疑是真正的"民办""非政府的"组织。③

经过多年探索,各地村级老年协会建设大致形成了四种模式:一是依托村委会设立老年协会,将村老年人协会作为村委会下设的"老年人工作委员会",开展乡村老年服务工作,这在北方农村地区较普遍,这种模式下老年协会缺乏活力。二是把村级老年协会作为村"两委"领导下的村内社团,这种情况在中部地区较普遍,老年协会也缺乏活力。三是把村级老年协会作为乡镇老年协会的分支机构,具备条件的镇级老年协会在民政部门登记,村一级老年协会作为镇级协会的分会,不进行登记,这种情况见诸上海、江苏等地老年协会。四是老年协会与村内其他社团联合设置,福建村级老年协会多采取村级老年协会、关心下一代协会、老年人体育协会等"三会合一",实行统一领导、分工负责,发挥各自优势,完成各自任务。④

---

① 焦长权、周飞舟等:《祠堂与祖厝:"晋江精神"的社会基础和历史渊源》,《东南学术》2015 年第 2 期。

② 俞可平:《中国农村的民间组织与治理——以福建省漳浦县长桥镇东升村为例》(上、下),《中国社会科学季刊(香港)》2001 年总第 30、31 期。

③ 邓燕华、阮横俯:《农村银色力量何以可能?——以浙江老年协会为例》,《社会学研究》2008 年第 6 期。

④ 朱耀垠:《农村社区老年协会发展回顾与展望》,《社会治理》2018 年第 10 期。

第二节　政府扶助老年协会发展

改革开放以来,为应对老龄化社会的到来,中央开始重视老龄事业的发展,关于基层老年协会发展的社会政策大体也分为三个阶段:2001年前属于政府探索阶段,2001—2012年属于政府主导全面推广阶段,2012年后属于推动基层老年协会规范化建设阶段。

中央政府对于老龄事业问题的全面重视,起始于1982年中国组团参加联合国发起召开的老龄问题世界大会。中国老龄问题全国委员会代表团回国后向国务院提交参会报告,分析我国人口老龄化形势,呼吁政府要高度重视人口老龄化问题。报告分析,我国1980年60岁以上老年人口约8000万人,占总人口的8%,预测到2000年将达1.3亿人,占总人口的11%;到2025年,将达2.8亿人,占总人口的20%,即此后几十年内,我国老年人数都会位居世界各国的首位,人口老龄化问题已经给老年人本身和整个社会发展带来严重的影响,成为需要广泛研究和认真对待、亟须解决的社会问题。根据中国老龄问题全国委员会提议,国务院正式批准中国老龄问题全国委员会作为常设机构成立,并从组织机构与社会政策两方面引导老龄事业的发展。在机构方面,中央层面先后成立中国老龄问题全国委员会(1982—1995)、全国老龄工作委员会(1999年至今);在社会政策方面,陆续出台全面建立养老金制度、建立居民养老服务体系等;在民间组织方面,中央成立中国老年基金会(1985)、中国老年学学会(1986)、中国老年科学研究中心(1989),这些组织都挂靠在中国老龄问题全国委员会。各省、区、市先后成立了老龄问题委员会(老龄工作委员会)、老干部局(处)、离退休职工管理委员会等部门。地方政府也号召城乡老年人成立自组织,开展自我服务,但随后成立的基层老年人群体组织以城镇居多。①

---

① 全国老龄工作委员会办公室、中国老龄协会主编:《中国老龄工作年鉴》(1982—2002),华龄出版社2004年版,第207—212页。

1991 年 12 月,全国农村老龄工作经验交流会在山东召开,会议公报肯定了农村老年协会的作用,提出要发展、巩固农村老年协会,这是官方第一份正式提出要推动农村老年协会发展的文件。当时全国 28 个省区市老龄委负责人,以及民政部、农业部与司法部代表 140 人参加全国农村老龄工作经验交流会,会议认为,我国 80% 的老年人口生活在农村,老龄工作的重点和难点也在农村,切实加强农村老龄工作,把农村老年人的事情办好,是老龄工作的重要任务。我国广大农村出现的老年协会组织,是老龄工作中的一个新生事物,是适应我国人口老龄化迅速发展客观需要的产物,是党和政府联系老年群众的纽带和桥梁,也是老龄工作在基层的重要载体,要发展、巩固农村老年协会。据统计,全国行政村建立老年协会组织的占比达到 47%,不少省区市的农村达到了 70% 以上。①

中国老龄问题全国委员会发布《中国老龄工作七年发展纲要(1994—2000 年)》的通知,充分发挥老年群众组织作用,积极支持各老年群众组织的工作,大力办好农村老年协会,发挥他们在发展老龄事业中的作用。②

1995 年,中国老龄问题全国委员会更名为"中国老龄协会",为国务院副部级事业单位,由民政部代管。2005 年 8 月,经中央编委批准,中国老龄协会与 1999 年成立的"全国老龄工作委员会办公室"实行合署办公。1996 年《老年人权益保障法》颁布实施,法律规定"基层群众性自治组织和依法设立的老年人组织应当反映老年人的要求,维护老年人合法权益,为老年人服务"。

1999 年,国务院批准成立全国老龄工作委员会,作为全国老龄事业管理的领导与协调机构。2000 年,中共中央、国务院颁布了《关于加强老龄工作的决定》,该文件是 21 世纪中央政府关于老龄事业发展的纲领性文件。文件表示,从我国社会主义初级阶段的基本国情出发,努力建立和完善中国特色老年社会保障制度和社会互助制度;建立以家庭养老为基础、社区服务为依托、社会养老为补充的养老机制;逐步建立比较完善的以老年福利、生活照料、医疗保健、体育健身、文化教育和法律服务为主要内容的老年服务体系,切实提高

---

① 曹炳良:《全国农村老龄工作经验交流会备忘录》,《中国社会导刊》2008 年第 14 期。

② 全国老龄工作委员会办公室、中国老龄协会主编:《中国老龄工作年鉴》(1982—2002),华龄出版社 2004 年版,第 130—132 页。

老年人的物质和精神文化生活水平,基本实现老有所养、老有所医、老有所教、老有所学、老有所为、老有所乐。保障老年人合法权益,重视发挥老年人的作用。

2001年2月28日,在全国老龄工作委员会第三次全体会议上,时任国务院副总理李岚清强调指出,"老龄工作的重点在社区、在基层"。为了贯彻落实岚清副总理的指示精神,探索加强基层老龄工作的有效途径,2002年11月,全国老龄工作委员会办公室与民政部在云南召开了"加强社区老龄工作座谈会",会后出台了《关于在十省市进行城乡社区老龄工作试点的通知》,决定在北京、上海、天津、黑龙江、辽宁、山东、江苏、福建、湖北、云南等10省、市,每个省、市各选择一个城区和一个县(市)作为试点单位,用一至两年时间进行加强城乡社区老龄工作的试点。通知还强调,社区老龄工作试点的重要工作任务是发展老年群众组织,能否把老年群众组织建设好是试点成败的关键。在政府部门强力推动下,出现老年协会会长由社区(村)党政领导兼任,协会其他主要成员经选举由热心老龄工作的老同志担任的组织构成模式。至2005年底,城市社区和农村老年人协会已发展到31.7万个,在组织广大老年人参与基层社区建设、社会公益活动和维护老年人自身权益等方面发挥了积极作用。

2006年全国老龄办下发的《关于加强基层老龄工作的意见》,为基层开展老龄工作提供了具体的政策指导文件。该文件特别强调要加强基层老年协会建设,以协会为依托来推动基层老年工作的落实,要求认真落实《中共中央、国务院关于加强老龄工作的决定》(2000年颁布),推动建立健全县(市、区)、乡镇(街道)老龄工作机构,保证相应的工作条件,要求村(居)委会加强对老年协会建设工作的指导,提供工作条件,不断提高工作人员的素质和工作水平,充分发挥村(居)老年人协会的积极作用。

2012年全国老龄工作委员会办公室出台了《关于加强基层老年协会建设的意见》(全国老龄办发〔2012〕1号)(以下简称《意见》),这是全国老龄办第一份文件名称中有"老年协会"的文件,显示了全国老龄办对于基层老年协会建设工作的高度重视。同年,全国老龄办在广西壮族自治区召开了全国基层老年协会规范化建设经验交流会。全国老龄办将老年协会建设视为加强和创新社会管理的重要举措,是加快发展老年社会组织、推进老年社会管理的有效措施,是加强基层老龄工作的重要载体,具有重要意义。《意见》界定了基层老年协会的性质和主要职责,明确了基层老年协会建设的主要任务。"十二五"期间,全国成立老年协会的城镇社区争取达到95%以上,农村社区(村)达到80%以上。《意见》要求做好四项工作:一是抓好组织建设,发挥组织的带动作用;二是健全工作制度,使协会工作有规章可循;三是加强队伍建设,培养一些老年协会活动骨干力量;四是推动场所建设,使老年协会有开展日常活动的空间。

2014年,全国老龄办启动实施了基层老年协会建设"乐龄工程",要求把基层老年协会建设作为2014年到2015年的七项重点工作之首要任务,通过积极筹措资金,引导社会资金进入,适当降低建会门槛,减免注册和年检费用等措施提高基层老年协会普及率。民政部本级福利彩票公益金要继续重点扶持中西部地区协会建设。

截至2014年底,我国城乡社区老年协会已达49万个,覆盖率达74%。但全国老龄办通过调研发现,全国基层老年协会建设仍存在覆盖率不高、区域发展不平衡、经费设施不足、作用发挥不够充分等问题,使老年协会难以适应人口老龄化形势的发展和老年人的需求,需要进一步破除老年协会发展过程中的种种障碍。①

2015年全国老龄办、民政部出台《关于进一步加强城乡社区老年协会建设的通知》,要求深化城乡社区老年协会建设工作,具体工作目标与工作方法有八项:一是提高覆盖率,二是做好登记管理,三是加强设施建设,四是加大扶持力度,五是鼓励社会力量参与,六是开展业务培训,七是优化发展环境,八是加强组织领导。《通知》鼓励城乡社区老年协会自愿组合,成立联合组织,如乡镇街道一级可以成立老年协会联合会;依法进行登记,降低登记的门槛,对于不符合登记条件的老年协会采取"备案制";另外,《通知》提出争取把老年协会建设纳入地方财政预算,积极协调财政部门研究制定对老年协会的资助

---

① 崔静:《全国老龄办启动"乐龄工程"助推基层老年协会发展》,http://www.gov.cn/jrzg/2014-02/27/content_2625125.htm。

和奖励办法,以加大对老年协会的资金扶持;制订老年协会骨干培训计划,安排专项培训经费,用3—5年时间完成对老年协会骨干的业务培训。该通知有关提法都是前所未有,特别是将老年协会资金扶持纳入地方财政预算,更是具有创新意义的社会政策设想。该《通知》下发后,各地相继出台了对于城乡老年协会建设的扶持措施。

2017年2月,国务院《"十三五"国家老龄事业发展和养老体系建设规划》(国发〔2017〕13号)提出"多渠道筹措资金支持基层老年协会建设,改善基层老年协会活动设施和条件,加强基层老年协会骨干培训和活动辅导,鼓励专业人士在基层老年协会能力建设中发挥骨干作用。同时,明确城乡社区老年协会覆盖率目标值为90%,实施"基层老年协会规范化建设工程"。

2018年1月,民政部发布《关于大力培育发展社区社会组织的意见》,将老年人等群体服务的社区社会组织纳入重点培育范围,从实施分类管理、加大资金扶持、促进能力提升等方面加大了培育扶持的政策措施力度,要求到2020年,实现城市社区平均拥有不少于10个社区社会组织,农村社区平均拥有不少于5个社区社会组织的发展目标。

2018年2月,民政部等九部委联合印发《关于加强农村留守老年人关爱服务工作的意见》(民发〔2017〕193号),要求继续培育扶持农村老年协会,提升服务能力,推动其向专业化方向发展,把农村老年协会打造成农村老年人互助关爱的网络。

2021年11月,中共中央、国务院《关于加强新时代老龄工作的意见》指出,发挥中国老龄协会推动老龄事业发展的作用,提升基层老年协会能力,及时总结推广老龄工作先进典型经验。2021年12月,国务院印发《"十四五"国家老龄事业发展和养老服务体系规划》也提出政府部门要鼓励和引导老年人在城乡社区建立基层老年协会等基层老年社会组织,搭建自我服务、自我管理、自我教育平台,并指导和促进基层老年社会组织规范化建设;同时以"专栏"形式介绍如何促进基层老年协会规范化建设。

在推动老年协会发展的同时,各省区市老龄办对于老年协会的职能作了具体规定。浙江省1991年8月颁布了《浙江省行政村、居民区老年人协会组织通则(试行)》,1998年出台了《浙江省基层老年协会组织通则》和《浙江省老年人协会规范化建设标准》;1992 年,福建省福州市老龄委制定了《基层老年协会组织章程》。福建省老龄委在"十二五"规划中提出,到"十二五"末,全省各地要争取 90% 以上的行政村(社区)成立老年协会,其中规范化基层老年协会达到 30%;到"十三五"末,争取 95% 以上的行政村(社区)成立老年协会,规范化基层老年协会达到 40%。所谓规范化老年协会是指要做到"五个有":有组织、有制度、有经费、有场所、有活动。福建省老龄委还希望基层老龄协会有统一的规范化建设标准,做到组织健全,制度完善,基础坚实,活动经常,作用明显。

浙江省民政厅、浙江省老龄工作委员会办公室印发的《浙江省基层老年协会组织通则》(2004 年)对基层老年协会的任务有着详细的规定,通过分析这些规定,我们可以看到政府期待老年协会承担的功能如下:(1)帮助党和政府管理老年人,组织老年会员进行思想学习,不参加邪教和封建迷信活动;(2)协助"两委"建设和谐农村社区,调解邻里、家庭纠纷;(3)补充政府老年福利供给不足,多渠道筹集协会经费,为协会活动提供资金支持;(4)作为利益表达渠道,反映老年人的要求和愿望,为党和政府有关老龄政策法规的制定提供依据。①

从各省区市出台的老年协会章程范本看,政府希望老年协会工作的工作总目标是在党的基本理论指导下,积极协助村、居两委搞好党的各项中心工作,促进经济发展和社会稳定;认真贯彻执行党的各项老龄工作方针、政策,切实替老年人说话,为老年人办事,维护老年人合法权益,全心全意为老年人服务,努力实现"老有所养、老有所医、老有所教、老有所学、老有所为、老有所乐"目标。具体任务有以下九大项,但核心任务还是做好互助养老工作,促进社区老年人福利提升。

1. 配合村(居)两委做好党政各项中心工作,发挥老年人参谋顾问作用,贯彻落实老龄工作方针、政策,围绕"六个老有"开展老龄工作。

2. 定期组织会员学习时事政治,学习法律知识和文化科学技术,加强老年人的思想政治工作。

3. 积极协助村、居两委调解邻里、村民等民事纠纷和负责签订赡养老人协

---

① 浙江省老龄办:《浙江省基层老年协会组织通则》,2004 年。

议书,并检查其执行情况。

4. 关心老人生活,参与社区为老服务工作,尤其要关怀和照顾孤寡、特困、残疾、患病高龄老人,帮助解决实际困难。

5. 组织老年人开展各种适合老年人特点,有益于老年人身心健康的科学向上的文体活动,丰富老年人的精神文化生活。

6. 协助村、居两委积极创办村、居委会公益事业和老年福利事业。

7. 积极协助村(居)两委维护社会治安,促进社会安定稳定,做好反对宗派、宗族械斗宣传工作和思想教育,促进乡里、邻里团结,积极参与社会主义精神文明建设。

8. 关心下一代,加强对青少年的帮教,使他们健康成长。

9. 积极为当地政府和村(居)委会发展地方经济献计献策,因地制宜地积极开拓创办各种老年经济事业,开辟老有所为的场所,组织引导老年人从事力所能及的工作,为社会创造财富,为协会积累资金。

第三节　传统乡村文化的组织资源

从全国各省区市基层老年协会发展态势来看,浙江、福建、江西、云南、广东等省发展态势较好,农村又比城市好,其原因在于基层老年协会作为基层群体组织,单靠政府行政力量推动成立还是不够的,还要依靠传统文化组织基础,即要有传统的宗族文化与村庙文化,它们是基于宗祠、村庙等传统信仰文化场所空间所形成的组织,这些组织通常是非正式的,得不到官方承认的,但却在传统乡村社区真实存在,仍发挥着联络作用。如果没有文化组织资源,单靠政府行政命令来推动是无法展开的。

我国第一部系统介绍农村老年协会的专著《农村老年协会工作指南》认为,江西省兴国县江背人民公社高寨大队老人会是全国第一个自发成立的农村老年组织,时间为 1973 年。① 王习明在《乡村治理中的老人福利》对兴国县

---

① 刘书鹤、张同春主编:《农村老年协会工作指南》,华龄出版社 1992 年版。

江背镇高寨村自发产生的老年组织进行调查,发现高寨村是宗族村庄,宗族组织一直较发达,人民公社时期成立的"老人会"主要职能是帮助经济困难的家庭料理老年人的丧事。改革开放后,随着农村经济发展水平提高,高寨村老人会的社区服务功能不断扩大,如建立老年人活动中心、春节慰问全体老人等,在为村庄老年人谋福利的同时,也参与乡村治理,如修桥补路、调解纠纷、宣传计划生育等。① 乡村老人会帮助老人料理丧事,这在解放前的南方农村比较普遍,并非解放后才有,如莫里斯·弗里德曼在《中国东南的宗族组织》提及,民国年间,荷兰人德·格鲁特在闽南调查时、美国人库尔伯在广东潮州凤凰村调查时,都发现了农村老人会组织的存在,其功能就是帮助处理老人的丧葬问题。②

兴国县属于赣南地区,农村宗族组织解放前就很发达。毛泽东在1930年赣南寻乌县所作的《寻乌调查》发现,农村很多土地属于"公共地主"所有,这种"公共地主"反映的是当时农村自组织的发达。公共地主包括祖宗地主、神道地主、政治地主,占有农村总土地的40%。祖宗地主即祠堂,神道地主包括神、坛、社、庙、寺、观等六种,政治地主包括考棚、宾兴、孔庙、学租等教育类、桥会、路会和粮会等社会公益类组织。③ 林耀华在1934年福州郊县所作的《义序的宗族研究》发现,义序是以黄姓为主的乡村,宗族组织——祠堂会负责主管全乡事务。"宗族组织,原为家族组织的伸展,宗族的祠堂,原为家族的宗教机关,家族渐渐发展到宗族,祠堂也渐渐地扩张变为社会的、经济的、政治的、教育的机关了。因此祠堂的功能,不只是祭祀,其他如迎会、社交、娱乐、教育、裁判、外交等事宜,也归于祠堂行使职权。"义序除宗族组织发达之外,村庄内还有标会、把会(神明会)、诗社、拳社等自组织,每个自组织都有独特的社会服务功能。④ 非宗族性村落,村庙理事会的权力突出,其社会功能也类似于祠堂会组织。

新中国成立后,随着农业集体化和人民公社体制的建立以及社会正统对

---

① 王习明:《乡村治理中的老人福利》,湖北人民出版社2007年版,第153—156页。
② 莫里斯·弗里德曼:《中国东南的宗族组织》,上海人民出版社2000年版,第120页。
③ 《毛泽东农村调查文集》,人民出版社1982年版,第106—112页。
④ 林耀华:《义序的宗族研究》,三联书店2000年版,第188页。

家族组织文化的打压,使家族这种典型的民间社会组织失去了生存的理由和发展的空间,族田和族产被没收再分配,祠堂被占用,族长被打倒,祭祀活动也被当做"封建迷信"而禁止。然而,国家摧毁的只是家族的象征符号(如祠堂、族谱等),在城乡分割的户籍政策下,农民不能自由流动,农村聚族而居的格局并没有消除,这就存留了家族文化的社会载体。改革开放后,家族社会复兴,其重要标志是重建祠堂,重修家谱,重新启动家族祭祀等活动。现在所谓的族长,通常是祠堂理事会会长,其与传统社会的族长不一样,他们没有很大权威。因此,所谓家族社会复兴,不过是祠堂文化复兴。村庙组织的境遇在解放后与祠堂组织类似,也在改革开放后得到复兴,其在社区中发挥功能超过祠堂。因为祠堂是血缘团结纽带,而村庙是地缘团结纽带,不同姓氏宗族可通过村庙社区神崇拜形成超越血缘的地缘共同体。

相比较而言,南方农村传统文化资源传承情况较好,而北方地区农村却不乐观,村落内的祠堂、村庙保存数量较少。因此,北方农村老年协会活跃度也较低。受新中国成立以来的多次疾风暴雨式"反封建"扫荡的影响,中国长江以北很多农村的传统文化组织资源已失传,祠堂与村庙的分布密度非常低。尽管近十年来传统文化组织有所复兴,但其影响力仍很有限。村庄内的社会关系纽带疏散,村庄舆论对个人行为约束力明显降低,村庄休闲生活以聚众赌博为主,低俗化倾向非常严重,老年人在村落社区中基本上没有什么权威,得不到社区应有的尊重。2016年春节,笔者回安徽省庐江县老家过年,得知本村(行政村)在政府资金的支持下,已成立老年协会,并建有专门的老年协会活动中心。本村是拥有20多个自然村的行政村,居住较分散,村干部将老年协会活动中心设立在自家所在的一个偏僻的自然村内,而不是设在地理位置相对较好的村委会附近。本自然村老人很少去,邻村更是没有人愿意去,大多数时间门是锁着的,这样的老年协会活动自然是摆设。本村也是纯粹意义上的行政村,20多个自然村内,有60多个姓氏,既没有宗族祠堂,也没有民间村庙,自然村之间联系完全依靠行政整合。

那些缺乏传统民间资源的地区,比如中西部地区的农村,老年协会发展就出现困境,有时不得不靠外部来推动,无论是政府还是社会力量都是相对有限的。2002年,华中科技大学中国乡村治理研究中心开始了通过建设村庄老年人协会来重建乡村文化的乡村建设实验。实验的主要内容是从村庄外部注入部分资源(以经济资源为主),让农村老年人自己组织协会并开展活动。虽然有所发展,但仍然存在一些助老活动不够,特别是资金缺乏等得不到解决的问题。①

老年协会作为基层群体组织,单靠政府推动来组织成立是没有问题的,但要经常开展活动,则要有文化基础,这不是行政命令能做到的。有学者认为,农村推进互助养老需要志愿服务、低偿服务和"时间银行"等三种互助养老技术来推动,②但笔者认为,如果没有传统文化做支撑动员,农村互助养老服务开展必是困难重重。笔者家乡在安徽中部农村,去年在政府推动下成立了老年协会,但并没有开展实质活动,仅仅是挂了牌的房子,所有的东西都存在于纸面上,因为本乡村并没有宗族组织。与此相对比,福建农村发展状况良好,这得益于其本身基础好,有宗祠理事会与村庙管委会组织做依托,文化组织纽带强,这就是福建农村老年协会相对发达的原因。

福建省城乡地区的村庙与祠堂非常多,福建省城乡村(居)民委员会有2万多个,据本人不完全调查统计,福建村庙(社区公共民间信仰活动场所)有3万多座,祠堂也有近2万余座。因此,基本上村村有庙,无庙不成村。围绕村庙与祠堂管理都有村庙管委会与祠堂理事会,而这类组织通常就是乡村老年协会的基础组织。对于福建乡村老年协会来说,宗祠与村庙文化就是传统社区组织资源。福建乡村老年协会普及率高,活动开展相对较好,这与福建乡村拥有丰富的宗祠与村庙等文化组织资源有关,也与一个村庄(指一个自然村形式的聚落,福建沿海一个村庄聚落往往有好几个行政村)拥有较多人口数量有关。从城乡社区老年协会建设实践来看,乡村社区老年协会远比城市社区老年协会要活跃(村改居的社区居委会例外)。在由多个商品房小区构建的城市社区中,很多老年协会在社区居委会推动下成立,但实际上能经常开展活动的非常少,主要是缺乏整合的纽带。很多商品房小区连业主委员会都

---

① 谭同学:《老年人协会、村庄生活与民族精神——乡村视野中民族精神的培育与弘扬》,《华中科技大学学报(社会科学版)》2006年第2期。
② 贺雪峰:《互助养老:中国农村养老的出路》,《南京农业大学学报(社会科学版)》2020年第5期。

难组织起来,何况组织成立小区老年协会。

在福建传统社区里,现在基本上活跃着三种以男性老年人为主体的非正式组织,而且都与村庙管理有着直接或间接关系。一是宗祠管理董事会(理事会),如果是单姓村,宗祠理事会通常也兼管村庙事务;二是村庙管理委员会,专门管理村庙的组织;三是村老年协会,通常也兼管村庙事务。宗祠与村庙理事会都是村民自己组织起来的,老年协会最先也是由村庄老人自发组织的,后来得到基层政府的注意与承认,并将之推广到福建全省范围。村老年协会受村委会领导,宗祠董事会没有上级主管部门,村庙有时由县级宗教管理部门或县市道协领导,但大部分村庙没有自己的归属管理部门,只要不违反法律与法规,影响社会稳定,政府对村庙信仰活动并不干涉。

宗祠董事会(组织)的权威来自血缘认同,村庙管理委员会(组织)的权威来自社区神崇拜的认同,老年协会(组织)的权威来自地方政府授权。就开放性而言,宗祠组织比较封闭,以血缘作为准入标准,而村庙组织与老年协会则具有开放性。老年协会不一定有自己的活动场所,它的场所都是借用宗祠或村庙。在人员上,这三者往往又是重叠在一起的。这三个组织基本上将村庄老年精英们统一到自己的组织中来,从而形成村落中的世俗权威中心。村落社区的政治精英、经济精英们都是这些世俗精英的亲戚邻居,对于世俗精英们的意见常常是听取的。世俗精英们依靠自己的声望,来获取政治或经济上的支持,村落中的公共活动场所因而得以兴建,各种文化娱乐活动因而得以开展。在以一家一户为主要生产单位的农村社区,村庙信仰活动将村民们聚拢在一起,从而达到文化整合的目的。

最近 5 年来,福建有很多乡村老年协会办起老年食堂,将社区居家养老服务落到实处。考究福建乡村老年协会能办老年食堂,这与社区拥有良好的基础设施相关。福建多数乡村一般都有祠堂、村庙,以及公共礼堂、老年活动中心等公共文化活动空间(公共礼堂、老年活动中心有的附设在祠堂或村庙内),内部配有或附设有厨房、餐厅等,配备成套的餐具、桌椅等,宗族祭祀宴会、村庙神诞聚餐、酬神演戏,以及村庄婚丧喜庆活动都在这些公共文化空间内举办。拥有这类公共文化空间,乡贤推动村庄创办老年食堂等居家养老服务就比较容易,实质就是将偶尔性集体活动变成经常性或日常性集体活动。

传统祠庙类公共文化活动空间是多数北方乡村所没有的基础设施,因此,这些乡村若办老年福利食堂显然困难重重。

第四节　引导乡村老年协会健康发展

福建省乡村老年协会普及率非常高,也非常活跃。老年协会在福建乡村社区的兴起,是农村民间组织化增加的表现。福建乡村老年协会除开展老人福利互助与维护老人权益之外,还兼办社区公共文化娱乐活动与其他公共事务,丰富了社区公共生活,也减轻了村委会的工作负担。在当前乡村城市化与工业化进程中,村庄与外部的利益冲突较多,时常能看到老年协会成为"维权"的急先锋。现在乡村干部提到老年协会,都有难色,担心老年协会无法管理。因此,对老年协会的发展颇有些顾虑。

当前,中央强调要加强社会管理创新,以加强社会建设与维护社会稳定。社会管理创新的目标是增强社会的自我管理能力,而各种社会组织就是实现社会自我管理的依托。在农村村委会组织中,村干部都是兼职的,他们一方面忙于自己的生计与事业,另一方面忙于管理村务,精力是有限的,而村老年协会拥有较高的社会威望与组织动员能力,可以通过加强引导,来发挥其积极作用,抑制不良组织行为。笔者一直认为,对于老年协会在发展中所遇到的问题,只要加强引导,老年协会应当会成村委会的可靠帮手,而不是麻烦的制造者。因此,对于乡村老年协会组织的发展应当予以积极鼓励与支持,引导老年协会参与乡村社区建设。至于如何引导老年协会发展,笔者认为可以采取培训、经济资助及表彰等方式加以引导。

如何在新时代发挥老年协会的积极作用。首先需要对老年协会负责人加以培训,以更新老年协会主要负责人的知识体系,引导他们应当做什么,怎样才能更好地发挥民间协会的积极职能。老年协会负责人多是离退休干部,他们的知识观念需要跟上时代步伐,因此对他们加以培训非常重要。如目前征地拆迁过程中,乡村干部应首先争取老年协会的配合与支持,讲解有关法律法规与利益补偿办法;关于老年人权益保护,要走依法维护老年人的权益之路,学习老年人权益保障法有助于老年人依法维护自身的权益。在推进居家养老服务时,老年协会可助力推动社区志愿者队伍的组建,依托社区老年志愿者,建立独居老年人定期联系机制,防止发生老人在家突然病故,尸体发臭才被发现的人伦悲剧发生。社区特殊人群管理也可以引导老年协会参与,如刑满释放人员、社区矫正人员、精神病患者、吸毒人员以及艾滋病感染者等。老年协会可以通过结对子,对特殊人员所在的家庭给予重点帮扶。关于宗祠管理,可以引导宗族成立助学基金,让宗族中家庭困难的学子也能有读书上进的机会。在村庙管理中,要促进民主化管理,收支要透明,有香火收入、收支盈余应当用来发展社区公益事业,而不能作为少数管理人员的集体福利。

此外,经济资助方式引导老年协会发展。有些老年协会缺乏经费,可以采取经济资助方式,通过资助的方式引导老年协会定向开展某类活动。村委会拨款是老年协会经费的主要来源,此外还有社会捐助与经营性收入,如店面出租收入。在经济发达的乡村,老年协会在举办村庄集体活动时,都能得到村委会的资助,这是很好的现象。村委会也可以发展一些身体健康、社会公益心强的老年人承担社区志愿者,为有需要的家庭提供志愿服务支持。为鼓励老年志愿者的积极性,村委会或老年协会要给这些老年志愿者提供必要的午餐与路费补助。

表彰优秀的老年协会,也有利于引导老年协会的健康发展。榜样的力量在于引导社会向优秀的典型学习。发挥榜样与带头的作用,可以在全省或市县区范围内举办表扬"十佳老年协会"等活动。如在举办活动的过程中建立和完善评选标准,如有健全的领导机构,能维护老年人权益与提高老年人福利;能开展乡村文化娱乐活动,丰富老年人生活;有固定的、设施较完备的老年协会活动场所,面积不少于多少平方米;协会活动经费每人每年不少于多少元等。通过这些评选条件,也可以引导老年协会看到自己的长处与不足,努力加强建设。

第二章 福建省乡村老年协会与社区公共生活

第一节 福建乡村老年协会概况

在福建沿海农村地区,几乎村村皆有老年村民自发成立组织——老年协会(或称"老人协会"、"老人会"、"老年人协会"等);在市区内,由村庄改制为居委会的城市社区中,也有这类组织。村老年协会是村老人自发成立的互助组织,受村委会领导,是被农村基层政权所认可的"合法组织"。据福建省老龄委调查统计,截至 2017 年底,全省 60 岁以上老年人口已达 555 万人,约占全省总人口的 14.2%。全省共有村(社区)16497 个,建有老年协会 15919 个,其中行政村 14398 个,有老年协会 129958 个,占 90%。① 由此看来,福建乡村老年协会普及率非常高。

福建乡村老年协会何时出现?据福清市民政部门调查,20 世纪 70 年代末 80 年代初,福清农村就已经有了老年人协会的雏形。当时农村已开始逐步实施联产承包责任制,农闲时间增多,村庄中的老人们经常自发地或聚集在村庙,或聚集在某些场所打牌、娱乐;为了改善娱乐场所,进而又自发筹资修缮村中庙宇、祠堂,作为老人们活动的场地。老人们还自办互助活动,如村中有老人去世,大家自发筹资为其办后事;若发生不履行赡养义务的事情时,他们出

---

① 福建省统计局:《福建统计年鉴》(2018 年)。

面教育、开导年轻人;另外,他们还以集体的名义与村委会交涉有关老年人事宜,等等。为了便于开展活动,他们征得了村委会同意,正式成立了老人会。①为配合农村计划工作,老年协会组织在 90 年代的福建农村得到推广,现在福建农村已基本普及老年协会组织,为传统社区中重要的自愿组织之一,可以说是"草根型"的民间非政府组织。根据地方政府规定,村老年协会接受村委会领导,其活动场所与经费可由村委会或自己解决。老年协会会长多是由有知识、有社会威望的老年人充任,他们有的是退休回乡干部,懂得利用《老年人权益保障法》为自己争取合法的社会权益,也善于利用当地的传统文化为老人在家庭中争得应有的地位。因此,老年人的合法权益得到了应有的保护,老年人的休闲娱乐活动也得到很好的开展。

福建传统社区中的老年协会起源实际上很早,并不一定是 20 世纪农村"分田到户"才出现的。据荷兰人德·格鲁特 20 世纪初在闽南的调查,老人会组织当时就已经存在。他说:"在福建乡村,死者由与他同村的人们抬到坟墓,而在市镇,抬棺人则是由丧事承办者雇请的苦力。市镇中的穷人由十几二十个成员组成老人会,组织他们办丧事。"美国人库尔伯在广东潮州的凤凰村作调查时,也发现凤凰村有老人自愿组成的两个老人会组织,其功能也是帮助处理老人的丧葬问题。② 从以上两个外国人所做的调查来看,老年协会组织产生较早,"分田到户"后的老人会出现,应是一种传统民间组织的复兴,并被赋予新的职能。当代福建传统社区的老年协会,其职能有所扩大,它不仅仅是老年群众自办自治福利互助组织,还兼村内其他公共事务,其中管理村庙事务是他们的主要事务之一,如果在单姓村落,它还管理宗族与宗祠事务。

在福建沿海农村,凡年满 50 岁的老年人都可参加村老年协会,有的需要每月交纳 2—5 元会费,有的村庄集体经济发达,则免交会费。会员每年重阳节时集体聚餐一次,村委会给予一定补助。有的老年协会收入较多,逢年过节

---

① 福清县民政局理论组:《关于福清县老人福利互助会的由来和发展探讨》,见福州市民政局、福州市民政学会编:《福州市民政学会成立大会、首次民政理论研讨会、先进民政信息员表彰会专辑》,1986 年 11 月,铅印本,内部资料。

② 莫里斯·弗里德曼:《中国东南的宗族组织》,上海人民出版社 2000 年版,第 120 页。

时还会为老人发放一些礼品。以 50 岁作为其参考老年协会的年龄有点过早，《老年法》规定女性 60 岁，男性 65 岁才算是老人，但福建民间普遍规定 50 岁就算老人。是否加入老年协会取决于自愿，由于老年协会具有很强的老人互助的特征，吸引着村民主动加入。老年协会都有自己固定的活动场所，福建乡村社区都有祠堂与村庙，许多老年协会活动场所都附设在这里，祠堂、村庙建筑也就有了新的用途，成为社区公共活动中心。在解放前，乡村祠堂与村庙多是村落社区的居民公共生活中心，现在只不过是恢复传统而已。在福建乡村，许多村庙与祠堂门前都要挂上"某某村老年协会"的牌子，这类祭祖敬神的"封建迷信活动场所"因有老年协会的进驻而具有存在的合法性。如果政府管理部门借口反"迷信活动"要禁建或拆毁这类建筑，因有"老年协会活动场所"的名称就会得到幸免。①

第二节　老年协会资源获取途径

乡村老年协会作为民间社团组织，其活动需要多方面的资源支持，既要有明确的规章制度，还要有一定的经济基础支持活动的开展。在福建沿海乡村，众多老年协会在村庄老年精英的领导下，办得相当不错，普遍制定成文的"公约"作为协会活动的指导性文件，并利用各种措施以获取开展集体福利的经济资源。现以闽侯县荆溪镇厚屿村老年协会为例，以资说明。闽侯县荆溪镇厚屿村位于福州至闽侯县城甘蔗镇之间，有铁路与省道穿村而过，交通便利，全村有人口 2400 人，50 岁以上的老年人有 238 人。厚屿村老年协会理事会成员有 14 名，其中，会长 1 名，顾问 1 名，理事 2 名，财务 2 名，组长 8 名。会长与顾问分别是本村与本镇的退休干部，该村分 8 个村民小组，故设 8 个小组长。组长也是由具有社会威望的老年人充任。在其主要活动场所——本村庙宇内的墙上贴有其新拟定的"公约"，兹录如下：

---

① 甘满堂：《存在的合理性与发展的合法性——福建民间信仰复兴与发展逻辑》，《宗教与世界》2006 年第 2 期。

一、守国家政策法令,热爱祖国,热爱中国共产党,热爱社会主义。

二、会员必须自觉共同遵守本会公约制度,互助互利,互爱互善,同心同德办好老年福利事业。

三、发扬尊老敬老的社会传统美德,开展关心爱护老年人文化,创造美好优良环境。

四、凡是本村村民年龄在50岁以上的人,欢迎申请加入老人会组织,参加老年人活动。

五、老人会已办25年历史,现申请入会人必须交100元(外村移民交130元,以50岁为限,超出一年须再补20元),此款作为老人会固定福利基金。

六、凡是本会会员逝世时,全体会员每人必须发扬互助互爱精神,履行每死一人应交三元到老人会,此款作为互助基金开支。

七、一年一度的九九重阳节宴会活动,必须是本会会员参加,家属不能代替。

八、凡会员逝世时,应由亲属写出死亡报告交组长证实后,由扶养人领取火葬互助金1000元人民币。

九、凡是会员在一年内拒缴三元互助金,以自动退会论处,撤销资格,停止享受本会一切权利。

十、本约自2002年1月1日零时执行。

2001年10月28日①

通过以上老年协会公约可以发现,入会须交一次性会费,此外,逢会员去世时在世会员须交纳3元作为"互助基金",老年协会的互助性质是非常显著的,发放"火葬互助金"可以减轻老人家庭因丧葬而产生的经济负担,有助于子女养老敬老。我们从其2001年重阳节收支表中,可发现老年协会拥有较广泛的社会资源,能为自己的事业筹集到较多的资金,而这些资金是开展集体公益活动的基础。

---

① 甘满堂:《闽侯荆溪镇厚屿村老年协会访谈》,2002年4月20日。

表 2-1　厚屿村老年协会 2001 年重阳节收支情况

收入		支出	
项目	金额	项目	金额
村委会拨款	2000	重阳节酒席	5545
林光进兴达店	2000	死亡互助金 5 人	3075
林辉工艺厂	500	添桌椅神像等	1028
陈锦清特艺厂	500	电费	375
江仁钦福闽工艺厂	500	报刊	284
福州希望饲料厂	500	付出合计	10307
福州粉磨站	500		
林观根顺发工艺厂	300	总结	
环宇工艺厂	300		
林培基	300		
各组互助基金(8 个)	2,865	收支节余	3038
桌椅租金	1680	上年结余	32901
房屋租	880	现存款	36038
利息	520		
收入合计	13345		

资料来源:张贴于老年协会活动场所的墙上。

　　从表 2-1 重阳节收支表可以看到,重阳节老年协会聚餐宴得到村委会、村境内的企业与个人的赞助,这方面的收入计有 7400 元,占其总收入的 50.1%;租金与利息收入占 23.1%,这可以列为老年协会的经营性收入。在开支中有一笔"添置桌椅神像"的费用,显然证明老年协会也兼管村庙事务。老年协会节余的钱一方面用于老人死亡互助基金,另一方面用于重建村庙(老年协会活动场所)的开支。2002 年 9 月,作者再去厚屿村作访谈时,旧的村老年协会与村庙正在被拆除,准备重建,而贴在村口的老年协会告示正号召村民为重建本村的"蔡十九尊王庙"捐资"积德"。2003 年正月,作者再次访问厚屿村时,看到村庙主体工程已完工,正在内部装修之中。新建的村庙占地 1000 平方米,前厅后殿,中有天井,旁接厢楼。前厅分上下两层,设有戏台。无论从外部装修,还是从内部结构来看,都显得很高大,气势宏伟,在福州地区少见。村老年协会一名负责人说,该庙已耗资 70 多万元,如果全部完工,至少还要 50 万元的投入。所有这些钱都是村民自愿捐献的,本村的一位企业家就捐助了 20 万元。看着村庙,听着老人的介绍,笔者不由得惊叹该村经济实力雄厚。厚屿村老年协会理事会认为,建好村庙,并为群众管理好村庙是他们的重要职责,也是他们"老有所为"的重要表现。在当地群众看来,老年协会管理村庙是为群众做好事,并不仅仅是为他们少数老年人谋福利。村委会支持盖庙的理由是,这座庙既是老年协会活动场所,又是召开村民大会的会堂,具有多种用途。

福建乡村中都有宗族祠堂,一些老年协会的活动场所就设立在祠堂中。祠堂是祭祀祖先的地方,也是宣传"出悌入孝"的窗口,祠堂壁画经常有宣传传统孝道的"二十四孝图"(村庙壁画中也常有)。有些祠堂则将新时期宣传"老年人权利保障法"相关内容刻写在祠堂的墙面或柱面上。笔者在闽侯县青口镇傅筑村黄氏宗祠的前厅中看到柱面贴的多副对联,就是宣传老年人权益保护的:"全社会都来关心和支持老龄工作;尊老敬老光荣,虐老弃老可耻。""弘扬中华民族尊老敬老传统,重视老龄工作发展老龄事业。"由此看来,村庄老年人非常善于利用传统资源与现代国家法律来保护自己的权益。

老年协会活动离不开经费支持,老年协会活动经费主要有四类来源渠道,一是村委会拨款,二是会员会费,三是社会捐助,四是经营性收入。在经济发达的乡村,老年协会每年都能得到村委会的资助,如厚屿村老人会;在没有集体经济的地方,老年协会主要靠自己想办法解决活动经费问题。会员交纳会费通常是象征性的,许多老年协会的会费是每人每月2元,厚屿村则采取一次性交纳入会费,此后,还要交会员亡故"慰问金",每次3元也是很低的。社会捐助收入通常是老年协会的主要收入。村庙神诞庆典的唱戏费用,则请全村村民自愿赞助,从而解决费用问题;有华侨的村庄邀请海外华侨捐助活动经费;如果村落境内有企业的则请企业赞助。老年协会还从事一些经营活动,如老人馆中还配有大量的桌、椅、碗盏及殡仪用品,村落中如有家庭需要,则租借给村民使用,厚屿村老人会收入来源中就有"桌椅租金"一项。还有些老年协会拥有自己的店面与房产,通过出租店面与房产获得稳定的收入。

从以上个案来看,老年协会既是一个老年福利互助组织,也是一个社区公益组织,其活动资源主要是利用传统的地缘与血缘关系取得,其次是市场经营取得。由于老年协会的"草根性质",福建乡村老年协会还没有一家在民政部门登记注册,但由于基层政府与社区群众的普遍支持,其社会存在具有充分的合法性。

第三节 老年协会与社区公共生活

一般来说,老年协会的活动可以分成三种形式,即日常活动、节庆活动和突发情况活动。平日里,老年协会会员在固定的老年协会活动场所内活动,场所内备有娱乐休闲的棋、牌、电视,书报、躺椅和茶水等。老人们可以在这里打牌、下棋、看电视、看书报;也可以聊天,休息,等等。茶水是需要付费的,通常是一毛钱一杯,续水免费。看电视是免费的,但打麻将与扑克牌也要收场地费的,通常是一张桌子每半天(分上午,下午,晚间)收费5角或1元。这两项"生意"由村民承包经营,承包款构成老年协会收入的一部分。老人馆一年360天都对外开放,通常早上9点开门,但上午来的人很少,午饭后来的人增多。到了节庆日,如春节、五一、重阳节、国庆节等则举行庆祝会、联欢会活动。当然最隆重的是九九重阳节,老年协会组织盛大的联欢活动,活动内容有放电影,或请戏班唱戏等,村委会给老年人赠送过节礼物,最后是聚餐活动。大多数老年协会重阳节的活动都是聚餐。有的老年协会还会给每个年龄逢十的会员过生日、送纪念品、摆生日宴等,丰富老人平淡的晚年生活。发生突发情况的活动,主要是指村中老人去世、某个老人生病或某个老人家庭发生纠纷等时的活动。村中老人去世时,老年协会会送上数百元钱到丧家,并送个花圈表示哀悼,安排老人参加葬礼,有老人乐队者则为葬礼奏乐。当某个老人生病时,老人会会组织慰问,请医送药,对重病号派人轮流护理,一些卧病不起的老人,老人会也会定期派人上门探望。如果某个老人与家庭成员发生纠纷,老年协会会根据情况进行调解,教育该老人的子女孝敬老人。发生损害老人权益的事情时,老年协会出面督促村委会予以处理,以监督老年人权益保障法的执行。正是因为如此,老年协会有如此众多的支持者,很多老人踊跃报名参加老年协会活动。老年协会活动能力与会长关系重大,会长多是社区中德高望重的"长者",他们在未退休之前都是乡村干部,拥有丰富的社会网络资源,能够为社区老年协会办实事,解决实际问题。

老年协会还为乡村社区提供公共文化生活服务。在传统社会中,福建农村经常由宗族或村庙组织出面举办文化娱乐活动,如酬神唱戏、迎神赛会等,解放后,这类传统的文化活动多被禁止,改革开放后这种活动又复兴起来,组织这类活动的多数是乡村老人会,或以老人会成员为核心的村庙理事会等。因此,在很多乡村,筹办一年一度的酬神演戏与迎神赛会活动成为老年协会的重要工作,这也是他们老有所为的表现。酬神演戏与迎神赛会活动具有民俗宗教与社区文化娱乐的双重功能,它们的举办丰富了乡村群众的文化生活内容。① 在福州地区,村庙神明诞辰必演戏,这时联系戏班,招待演员、维持秩序等事务则由村老年协会负责。② 闽侯县青口镇灵济宫所属社区拥有两万多村民,村民们捐助的愿戏也多,每年在宫庙内要演出地方戏六七十场,以村老年协会会员为骨干的村庙管委会承担起所有的戏剧演出安排工作。福州地区乡村每年端午节的龙舟竞渡活动也由村老年协会组织,募集资金、招募划手皆由老年协会出面筹办。

现在许多村落社区中,成年男性大多在外工作,老人多留守家里,老年协会组织的重要性得以显现。现在乡镇政府与村委会在日常有关村务的决策中经常要征询村老年协会的意见,在政策执行时也要力求取得老年协会的支持与配合。在农村工作中,最令乡村干部头疼的事,一是计划生育,二是农业税费征收,三是征地拆迁。为了能使工作好开展,乡村干部在行动之前,最先取得老年协会的支持,然后老年协会会员再做普通村民的工作。在村委会选举中,竞选者更是需要得到老年协会的支持,否则胜算难料。正是因为老年协会作用巨大,现在乡村的重大活动都要请老年协会会长出席。因此,人们经常形象地将老年协会称作是乡村的"政协委员会"。③

社区老年协会的存在较好解决了老年人权益保障与休闲娱乐问题,增强了老年朋友对协会的归属感,老年协会真正成为老年人的"家"。老年协会在解决自己娱乐休闲的同时,也参与社区公共事务活动,在多方面协助村委会开展工作,减轻了村委会的工作负担,实为村委会不可多得的帮手。

---

① 甘满堂:《闽侯傅筑泰山庙迎神赛会调查报告》,《民俗研究》2004年第2期。

② 甘满堂:《福建村庙酬神演戏与社区公共文化生活》,《福建省社会主义学院学报》2006年第1期。

③ 甘满堂:《闽侯县上街镇访谈》,2004年5月。

第四节　发展中的问题与前景

福建乡村老年协会组织除开展老人互助活动之外,还兼办社区公共文化娱乐活动,丰富了社区公共生活。不过,老年协会在发展过程中也遇到一些问题,需要加以重视与引导。

福建乡村多同姓聚居在一起,村落有祠堂等宗族建筑,围绕祠堂祭祖活动,有宗祠管理委员会,老年协会经常与宗祠管理委员会重合,因而有的老年协会就是宗族组织的另外一种表现形式,有人因此担心老年协会被宗族组织所利用。笔者认为,无论是宗族组织或老年协会,只要其不违背国家法律,不影响社区公共利益的提高,二者之间重合也并没有多大关系。也有人担心老年协会参与民间信仰活动,是带头搞"封建迷信活动"。福建乡村老年协会活动常设在村庙内,老年协会经常参与村庙管理活动,修庙塑神像,搞迎神赛会,等等。由于民间信仰不属于国家认可的五大宗教(佛教、道教、基督教、天主教与伊斯兰教),其活动常有被指责"搞封建迷信"。① 从老年协会的角度来看,社区性民间信仰是群体公共生活不可缺少的一部分,老年协会接办民间信仰事务,是老有所为的表现,在为村民办实事之时,自己从中也得到精神寄托,实际上无可厚非。民间信仰是中国传统文化的一部分,动辄将开展民间信仰扣上"封建迷信"的帽子也是不妥当的。

一些老年协会没有固定活动场所,活动经费不足,困扰着老年协会开展正常的互助活动。女性在老年协会活动中几乎是缺席的。笔者走访诸多的老年协会,会长与组长都是清一色的男性,在老人馆中打麻将、喝茶、聊天休闲的多是老年男性,绝少看到老年妇女。福建在传统上重男轻女,女性多在家里做饭照顾孙儿孙女,根本没有时间出来活动,男人成为她们的代表。这种情况是传统因素所导致,不是短时间能改变的。部分地方乡政府担心老年协会在村落社区中权威过重,影响村干部的正式权威。因此,对老年协会的发展颇有些

---

① 甘满堂:《福建民间信仰宗教社会学研究》,《中国社会科学院院报》2004 年 4 月 8 日。

顾虑。

　　笔者认为,对于老年协会在发展中所遇到的问题,只要加强引导,老年协会应当会成为村委会的可靠帮手,而不是麻烦的制造者。因此,对于乡村老年协会组织的发展应当予以积极鼓励与支持。老年协会在福建乡村社区的兴起,是农村民间组织化增加的表现。福建乡村老年协会除开展老人福利互助与维护老人权益之外,还兼办社区公共文化娱乐活动与其他公共事务,丰富了社区公共生活,也减轻了村委会的工作负担。在当前社会主义新农村建设中,依托乡村草根型民间组织兴办社区公共事务是一条重要途径。随着乡村老年人口不断增加,老年协会的重要性也会不断增强,老年协会的功能还可以适当扩张,如参与监督村务公开,促进村民自治建设等。

第三章　乡村老年人协会规范化建设指标体系设计探索

乡村老年人协会是老年人互助组织,也是乡村建设中不可或缺的草根组织。本着"以评促建"的工作思路,在当前乡村老年人协会建设过程中,亟须一套科学评价体系,通过评估来推进乡村老年人协会发展,提高乡村老年人社会福利水平。作者在主持民政部老年人社会工作服务项目时,结合《社会团体登记管理条例》《老年人权益保障法》以及项目地乡村社会经济发展现状,设计出乡村老年人协会规范化建设指标体系。该体系有 6 个一级指标,每个一级指标下有 5 个二级指标,共 30 个二级指标。二级指标均是客观指标,以定性为多,评分较简便易行。

第一节　研究背景与文献评论

乡村老年人协会既是老年人互助组织,也是乡村建设中不可或缺的草根组织。在当前农村人口快速老龄化的背景下,促进老年人协会健康发展,发挥其积极功能具有非常重要的社会意义。因受地方经济社会文化发展水平的影响,各地乡村老年人协会发展水平参差不齐,有相当数量的老年人协会还存在组织、经费与活动开展不全等问题。本着"以评促建"的工作思路,在当前乡村老年人协会建设过程中,亟需一套统一的科学评价体系,以评估乡村老年人协会建设成就及存在的问题。笔者在主持民政部老年人社会工作服务项目时,[①]结

---

① 福州市榕树社会工作服务中心承接的项目为"农村山区贫困老年人社会工作服务项目",项目来源:"2014 年度民政部福利彩票公益金特殊困难老年人社会工作服务示范项目",http://sw.mca.gov.cn/article/tzgg/201407/20140700676899.shtml。

合中国老年人权益保障法以及项目地乡村社会经济发展现状,以组织社会学相关理论为指导,设计出一套针对福建沿海乡村老年人协会规范化建设指标体系,希望能有助于乡村老年人协会的发展。

乡村老年人协会是目前中国东南地区较为普及的社区社团组织,它通常是以行政村为单位组建,由全村老年人本着自愿原则参加,在村(居)两委会的领导下,开展老年人自我教育、自我保护、自我管理、自我服务等活动,其宗旨是贯彻执行党的各项老龄工作方针、政策,切实替老年人说话,为老年人办事,维护老年人合法权益,全心全意为老年人服务,努力实现老有所养、老有所医、老有所教、老有所学、老有所为、老有所乐目标。关于社区老年协会规范化建设也是国家老龄办所倡导的。

早在2000年,全国老龄办与民政部在加强基层社区老龄事业发展之时,就将老年协会建设作为推进基层老龄事业的重要载体。2006年全国老龄办下发的《关于加强基层老龄工作的意见》,为基层开展老龄工作提供了政策指导,该文件第一次强调基层老年协会建设工作。2012年全国老龄工作委员会办公室出台了《关于加强基层老年协会建设的意见》,认为加强基层老年协会建设,是贯彻落实中央关于加强和创新社会管理有关精神的重要举措,是加快发展老年社会组织、推进老年社会管理的有效措施,是加强基层老龄工作的重要载体,具有重要意义。当年,全国老龄办在广西壮族自治区召开了全国基层老年协会规范化建设经验交流会。《老龄事业发展"十二五"规划》提出要在"十二五"期间,全国成立老年协会的城镇社区争取达到95%以上,农村社区(村)达到80%以上,具体推进工作方法有四项工作:抓好组织建设、健全工作制度、加强队伍建设、推动场所建设。2015年全国老龄办、民政部出台《关于进一步加强城乡社区老年协会建设的通知》,要求深化城乡社区老年协会建设工作,提出争取把老年协会建设纳入地方财政预算,以加大对老年协会的资金扶持;制订老年协会骨干培训计划,安排专项培训经费,用3—5年时间完成对老年协会骨干的业务培训,以推进老年协会规范化建设。所谓规范化建设,福建省老龄委在《关于加强基层老年协会规范化建设的意见》(2014年)中认为,就是要做到"五有":有组织、有制度、有场所、有经费、有活动,这是对基层老年协会规范化建设较简洁、较全面的概括。

目前,有关老年人协会的研究成果较丰富,很多研究集中在村老年协会的功能层面上,希望老年人协会在老龄化社会到来之际发挥更大的作用,也有的从乡村治理角度来谈。很多论文都讨论到其积极的正功能,也有研究注意到地方政府对于老年人协会还是抱着谨慎的态度。邓燕华等通过基于对浙江乡村老年会的调查认为,地方政府对社团组织的选择性管理为老年协会自主性的获得提供了发展空间,但同时从"维稳"的目标出发,要加强对老年协会的管理,不过,这种规管在短期内难以奏效,因为村老年人协会资源动员能力非常强。[①]

从老年人协会建设角度的研究成果还不多。鲁可荣、楼海波通过对浙江省 179 个农村老年协会的抽样问卷调查发现,协会建设发展与村"两委"的支持和村集体经济发展密不可分,农村老年协会还存在缺少经费和专门人才、缺乏政府有效支持和优惠政策等问题。促进农村老年协会的发展,要从法律和政策层面加大对老年协会的保障和扶持,积极壮大村级集体经济实力,增强老年协会发展的经济基础,规范和加强老年协会的自身能力建设和内部组织管理。[②] 也有的调查发现以下问题:一是基层老年协会建会率虽然较高,但部分协会没有实质性的运作,没有很好地发挥引领作用,有的名存实亡。二是开展活动少,部分基层老年协会缺乏活动场所和活动设施,没有发挥协会应有的作用。三是经费普遍短缺。基层老年协会经费短缺在各老年协会中普遍存在,由于财政投入较少,无稳定的经费和阵地保障。四是老年协会会长待遇标准普遍偏低,有的根本没有资金待遇,在一定程度上很难调动工作的积极性,影响了基层老年协会工作的开展。[③]

对于如何促进老年人协会发展,有些地方采取评选表彰的办法进行促进。通过百度检索发现,最早在 2007 年广东省江门市就开过"十佳老年人协会评

---

①　邓燕华等:《农村银色力量何以可能——以浙江老年协会为例》,《社会学研究》2008 年第 6 期。

②　鲁可荣、楼海波:《浙江省农村老年协会建设与管理现状及促进政策》,《社团管理研究》2012 年第 7 期。

③　编辑部:《农村老年协会建设要抓好四个方面》,《中国民政》2014 年第 5 期。

选"活动,①此后,云南、浙江、江苏、山东等地也开展过类似活动。2014 年福建省晋江市也开展"十佳老年人协会"评选活动,不过是网络投票。虽然各地陆续出现"十佳老年人协会"评选活动,但是如何衡量什么是"优秀老年人协会"或"达标老年人协会",目前还没有一套指标体系。有鉴于此,笔者结合本人所主持的乡村老年人社会工作项目,概括项目地——福州市闽侯县乡村的社会经济与文化情况,拟定了一套指标体系,希望能有助于乡村老年人协会规范化建设。

第二节　福建乡村老年协会规范化建设引导办法

一、规范化建设内容

根据 2015 年全国老龄办、民政部出台的《关于进一步加强城乡社区老年协会建设的通知》,以及福建省老龄委在《关于加强基层老年协会规范化建设的意见》(2014 年),本书认为老年协会规范化建设就是做到"五有":有组织,有制度,有场所,有经费,有活动。

1.有组织。乡村老年协会是由居住在本村范围内的老年人自愿组成,在村党组织的领导下,进行自我管理、自我服务、自我教育、自我保护的老年群众组织和村级配套组织。基层老年协会的领导班子,是基层老年协会开展一切活动的核心力量,是组织会员顺利参与一切活动的重要保证,是基层老年协会永远跳动着的"心脏"。没有一颗机能健全的"心",就既不好"活",又不能"动"。

搭建好领导班子,落实好职务分工:加强基层老年协会领导班子建设,必须搭建好一个上级领导信任、群众拥护、坚强有力、团结协作、责任心强、务实肯干、办事公道、深孚众望的班子;同时,还要落实好职务分工,会长、副会长、秘书长、联络、宣传、文体、调解、会计、出纳、保管、值班等,都要各司其职,各负

---

① 周颖:《"十佳老年人协会"出炉》(大洋网—广州日报),http://news.sina.com.cn/o/2007-11-02/035312829690s.shtml。

其责。不断提高领导成员素质,优化服务质量:基层老年协会的领导成员,尤其是会长、副会长、秘书长,他们必须是领导能力强、业务水平高、工作经验丰富、在群众和会员中有较高威望的老年人,同时,他们还必须具有联系群众、关心会员、了解乡情、敢于负责、勇于担当的"勤政爱民"的工作品质和服务精神。

2.有制度。党有党纪,国有国法,家有家规,会有会章。无规矩不成方圆。基层老年协会,必须依照章程规定,制定具体详细的规章管理制度,并依照规章制度,开展日常各种活动,才能保证活动的正常化、规范化、健康化,才能更好地发挥基层老年协会的社会功能。

老年协会重要制度就是社团章程,相关政府部门已代为拟定,需要照章遵守。社团章程是总的规章制度,具体规章制定还要在参考章程的基础上再细化,如基层老年学校管理活动制度、活动场所值班制度、老年志愿者服务队伍的管理制度,协调配合社区、村关工小组开展关心下一代工作的规章制度以及运动场地、健身器材、道具服装等管理制度。

3.有场所。基层老年协会,无论开展任何活动,都必须有场所、场地和与之相配套的设施设备。而这些场所、场地和设施设备建设,又取决于经济条件。城市和沿海地区,经济条件较好,基层老年协会的服务设施设备建设,也相对比较健全完善。老年协会也都有自己固定的活动场所,不过多数活动场所都附设在祠堂或村庙中,这使得祠堂与村庙有了新的用途。独立建设的,健全完善的基层老年协会会所,可分办公区和活动区。

(1)办公区建设:包括办公室、接待室、会长室、值班室、器材、道具、档案保管室等及其配套设备。

(2)会员活动区建设:包括会议室、讲堂、舞厅、乒乓球室、电视室、读书阅报室、泡茶聊天室、电脑室、书画室等及其配套设备。

(3)为老服务中心区建设:包括服务区办公室、卧室(日间休息)、厨房、日间照料室等及其配套设备。

(4)志愿者服务队部建设:包括队部办公室、队部器材服装室等及其配套设备。

4.有经费。老年协会经费来源渠道较多,主要有会费收入、村委会拨款、社会捐助收入、经营性收入、利息收入五项。在有些地方,还有市、镇财政划拨的专项经费、老年福利基金会投资收益等。

5.有活动。围绕"五个老有"目标,维护老年人的合法权益,开展老年文体活动,发展老年福利事业,提高老年人生活、生命质量;协助村(社区)两委做好基层老龄工作,弘扬健康文明的社会风尚,参与城乡社区建设,为构建和谐村(社区)贡献力量。

组织老年人学习时事政治、法律知识和村规民约,加强老年人思想道德建设;传播先进科学文化知识,引导老年人崇尚科学,反对封建愚昧,抵制邪教,实现积极老龄化。

协助村(社区)党组织、村(社区居)委会贯彻落实《中华人民共和国老年人权益保障法》等各级各部门关于老龄工作的法律法规和方针政策,切实维护老年人的合法权益。关爱空巢老人、孤寡老人和特困失能老人等弱势老年群体,为其提供物质帮助和精神慰藉。

提倡文明健康科学的生活方式,开展有益身心健康的老年文体活动,丰富老年人的精神生活。

努力创造条件,建立老年福利基金会和养老创收基地,为老年福利事业筹措资金;做好老年活动中心(室)、老年学校、居家养老服务站、敬老院等老年设施的管理维护工作,服务基层老年群体。

组织老年群体主动配合村(社区)和上级党委、政府做好各项中心工作,充分发挥老年人在参与纠纷调解、开展移风易俗、城乡社区建设、项目征地拆迁等方面的积极作用。

二、当前老年协会规划建设引导办法

老年协会组织自身也存在一些问题。一是少数乡村还没有老年协会组织;二是不少老年协会缺乏经费,老年互助活动无法开展;三是老年协会活动室内的日常活动内容单一,除了看电视之外,就是打麻将,赌博,因此老人馆也有麻将馆之称。形成这方面的原因,一是村集体经济较薄弱,无法资助老年协会开展活动;二是老年协会缺乏有号召力的领导,导致老年人协会没有凝聚力;三是很多老年人协会负责人对于如何办好老年人协会没有经验与办法。

福建乡村老年协会虽然很多,但绝大多数都没有作为社团纳入登记管理。

福建省民政部门对于乡村老年人协会登记管理问题进行过调研,后来形成的内部意见是,对于符合登记条件的乡村老年人协会可以在市县区民政局登记为社团组织;不符合登记条件的,依旧归基层政府管理与引导,活动可以照常开展。按《社团管理条例》要求,福建省乡村老年人协会符合登记条件的应当不会超过10%。由于登记后履行的手续比较麻烦,造成运行成本的增加,一些符合登记条件的乡村老年人协会并不想"被登记管理"。

当前中央政府强调要加强社会管理创新,以加强社会建设与维护社会稳定,社会管理创新的目标是增强社会的自我管理能力,而各种社会组织就是实现社会自我管理的依托。在农村村委会组织中,村干部都是兼职的,他们一方面忙于自己的生计与事业,另一方面忙于管理村务,精力是有限的,而村老年协会拥有较高的社会威望与组织动员能力,可以通过加强引导,以发挥其积极作用,抑制不良组织行为。笔者一直认为,对于老年协会在发展中所遇到的问题,只要加强引导,老年协会应当会成村委会的可靠帮手,而不是麻烦的制造者。因此,对于乡村老人协会组织的发展应当予以积极鼓励与支持,引导老年协会参与乡村社区建设。如何引导老年协会发展,笔者认为可以提供场所、经费资助、培训及表彰等方式加以引导。[①]

各地要通过整合村(社区)资源,依托村(社区)居家养老服务站、农村幸福院、老年学校、老年活动中心等设施,落实老年协会办公和活动场所。采取有关部门资助、村(社区)集体经济扶持、社会捐赠等方式,为老年协会提供经费支持。加强基层老年协会骨干培训和活动辅导,鼓励专业人士在基层老年协会能力建设中发挥骨干作用。注重总结老年协会的先进经验,加强对优秀典型、先进事迹的宣传,凝聚"正能量",营造关心、支持老年协会建设的良好社会氛围。

表彰优秀的老年协会,也有利于引导老年协会的健康发展。榜样的力量在于引导社会向优秀的典型学习。发挥榜样与带头的作用,可以在全省或市县区范围内表扬"十佳老年协会"等活动。如制定一些评选标准,有健全的领导机构,能维护老年人权益与提高老年人福利;能开展乡村文化娱乐活动,丰

---

① 甘满堂:《引导乡村老年协会健康发展》,《福建日报》2012年4月2日(视点专栏)。

富老年人生活;有固定的、设施较完备的老年协会活动场所,面积不少于多少平方米;协会活动经费每人每年不少于多少元等。通过这些评选条件,也可以引导老年协会看到自己的长处与不足,努力加强建设。

第三节　乡村老年协会规范化建设指标体系设定与实践

笔者在研究福建乡村老年协会时,非常希望福建省有关部门对于老年协会能够"以评促建",以前写文章呼吁过,这个想法与一些主管官员交流过,当时得不到响应。2014年笔者以榕树社会工作服务中心名义申请到民政部福彩公益金特殊困难老年人群体社会服务项目,就把评选"十佳老年人协会"付诸实践。

福州市榕树社会工作服务中心承接的"2014年度民政部福利彩票公益金特殊困难老年人社会工作服务示范项目"工作时间为2014年8月至2015年5月,地点在福州市闽侯县鸿尾乡,服务对象是60周岁及以上的贫困老年人。项目实施主要是在乡政府与乡老龄委的支持与配合下,围绕老年协会职能拓展以及互助养老机制的建立来进行,从老年人多元化的需求出发,为他们进行专业的社会工作服务和常规综合服务;通过链接社区资源,建立健全老年人协会组织服务功能,依托乡村老年协会,构建乡村互助养老的服务平台,形成一系列服务程序与规范,为各地创新养老服务、资金投入方式以及推动养老服务社会化、专业化提供示范和借鉴。我们能为老年协会所做的事共有四项:(1)推动老年协会规范化建设。协作制定乡村老年协会规章制度,规范老年协会内部机构,推动协会活动正常化。(2)协助培育老年人文娱活动小组,丰富老年协会活动内容。推动各乡村老年协会成立特色文娱活动小组,如十番吹乐队、腰鼓队、书画协会、广场舞队等,资助其定期开展活动。(3)协助开展老年协会负责人培训,推进互助养老活动开展。老年协会培训工作坊至少三次,并针对各村(山区、半山区、平原)自身实际情况进行互助养老指导;定期组织看望有困难的老年人,协助解决相关问题。(4)定期开展各种公益服务活动。联系社会相关资源,组织医疗健康、心理咨询等方面专家,定期在奎石、鸿尾、桥头等村开展公益服务与讲座活动。在获得县、乡里领导的支持后,在乡政府的配合与帮助下,我们于 2014 年 8 月 19 日,在鸿尾乡乡政府办公楼四楼会议室召开了闽侯县鸿尾乡老年互助养老服务培训会议,对各村老年协会会长进行了一次项目培训,并表示要在年底对老年协会标准化建设进行评比。

根据《社团登记条件》,成立社会团体,应当具备下列条件:(1)有 50 个以上的个人会员或者 30 个以上的单位会员;个人会员、单位会员混合组成的,会员总数不得少于 50 个;(2)有规范的名称和相应的组织机构;(3)有固定的住所;(4)有与其业务活动相适应的专职工作人员;(5)有合法的资产和经费来源,全国性的社会团体有 10 万元以上活动资金,地方性的社会团体和跨行政区域的社会团体有 3 万元以上活动资金;(6)有独立承担民事责任的能力。据此,我们拟定老年人协会达标建设概括为"五有":有组织、有制度、有场所、有经费、有活动,进一步细化为 7 个一级指标,它们分别是组织建设、制度建设、场所建设、经费保障、协会活动开展、社区文化组织或参与、村务参与,后 3 项也可总称为"有活动",突出老年协会组织要有活动能力。

1.关于组织建设,具体指标有:有健全的领导班子,能按时换届;协会负责人热心于公益事业,且乐于奉献,有感召力;协会内部有分工,财务、娱乐、维权、照料等有专人负责;每年都有新会员加入。

设置理由:对应社团条例条件之(1)、(2)、(3)与(6),拥有健全的领导班子与组织是否有活力的关系密切,也是协会组织可持续发展的重要保障。

2.关于制度建设,具体指标有:订立老年协会章程;有会议、活动、财务等专项制度;财务收支透明,收支要定期公示;档案资料齐全,有会议、活动、财产、慰问等活动记录等。

设置理由:成立社团要订立章程,社团需要章程行事,健全的规章制度则是组织可持续发展的重要保障。档案资料主要是指建立"五簿一册"。"五簿"具体指:《会议记录簿》、《活动登记簿》、《财产登记簿》、《走访慰问登记簿》和《特殊困难老年人登记簿》;"一册"具体指:《会员花名册》。

3.场所建设,具体指标有:有固定的活动场所,活动面积不少于 100 平方米;有桌椅,桌子不少于 10 张,椅子不少于 20 张;有电视、棋牌等娱乐设备与器具;有农家书屋,报纸杂志图书不少于 100 本(种)以上;场所环境整洁,没有乱丢弃烟头、瓜子壳等现象。

设置理由:对应社团条例条件之(3)。关于有图书室等配备,目的是保证老年人协会活动场不要变成单纯的"麻将馆",老年人的娱乐活动要多样化。

4. 经费保障,具体指标有:有自主经济收入来源,如场地租金等;能从村集体得到资金支持;能从社区内外获得乡贤赞助支持;会员能积极缴纳会费(规定免收会费除外);经费收支略有盈余。

设置理由:对应社团条例条件之(5)。根据乡村老年人协会发展现状来看,拥有村集体的经济支持与自身也拥有收入来源,这样的老年人协会才能办得好。

5. 活动开展,具体指标有:日常活动,活动场所每天都开放,且有村民参与活动;集体聚会活动,有组织会员集体学习、重阳节聚餐、外出旅游等;救助活动,会员出现养老困难问题,给予多种形式救助;维权活动,遇到会员子女不孝顺,老年协会能出面干涉;探望活动,会员生病住院,能组织人去探望;慰问活动,会员去世,能协助家属料理丧事,并给予慰问金。

设置理由:对应社团条例条件之(4),以及《老年人权益保障法》中有关保障老年人权益的要求。第五条内容要求能确保乡村老年人协会能成为老年人的互助组织,维护老年人的基本权益,老年人协会除日常活动之外,还要有救助、维权、慰问等特殊活动,让老年人及其子女感受到集体组织的温暖。

6. 社区文化组织或参与,具体指标有:协会活动中心图书室每天都开放,有村民读书看报;领导或参与村庙与祠堂日常事务管理,重大民俗活动组织等;社区有妇女为参加主体的广场舞、打腰鼓等活动;社区有业余十番吹、闽剧票友会等娱乐团体与活动;关于下一代健康成长,开展助学等公益活动。

表3-1 鸿尾乡村老年人协会达标建设指标及评分标准

	评价维度	分值	具体指标	分值	得分
1	组织建设	15	有健全的领导班子,能按时换届	5	
			协会负责人热心于公益事业,且乐于奉献,有感召力	5	
			协会内部有分工,财务、娱乐、维权、照料等有专人负责	3	
			每年都有新会员加入	2	

评价维度	分值	具体指标	分值	得分
2 制度建设	15	订立老年协会章程	4	
		有会议、活动、财务等专项制度	4	
		财务收支透明,收支要定期公示	4	
		档案资料齐全,有会议、活动、财产、慰问等活动记录	3	
3 场所建设	15	有固定的活动场所,活动面积不少于100平方米,每天都能开放	3	
		有桌椅,桌子不少于5张,椅子不少于20张	3	
		有电视、棋牌等娱乐设备与器具,有茶水供应	3	
		有农家书屋,报纸杂志图书不少于100本(种)以上	3	
		场所环境整洁,没有乱丢弃烟头、瓜子壳等现象	3	
4 经费保障	20	有自主经济收入来源,如场地租金等	5	
		能从村集体得到资金支持	5	
		能从社区内外获得乡贤赞助支持	4	
		会员能积极缴纳会费(规定免收会费的除外)	3	
		经费收支略有盈余	3	
5 助老活动开展	15	集体活动,有组织会员集体学习、重阳节聚餐、外出旅游等	3	
		救助活动,会员出现养老困难问题,给予多种形式救助	3	
		维权活动,遇到会员子女不孝顺,老年协会能出面干涉	3	
		探望活动,会员生病住院,能组织人去探望	3	
		慰问活动,会员去世,能协助家属料理丧事,并给予慰问金	3	
6 社区文化组织或参与	10	协会活动中心图书室每天都开放,有村民读书看报	2	
		领导或参与村庙与祠堂日常事务管理,重大民俗活动组织等	2	
		社区有妇女为参加主体的广场舞、打腰鼓等活动	2	
		社区有业余十番吹、闽剧票友会等娱乐团体与活动	2	
		关于下一代健康成长,开展助学等公益活动	2	

	评价维度	分值	具体指标	分值	得分
7	村务参与	10	积极支持与配合村两委工作,为村集体发展献计献策	2	
			积极参加村民自治,包括选举、村务公开	2	
			主动对乡村不良社会风俗行为进行干预,如反赌博、反吸毒等	3	
			积极倡导美丽乡村建设,提升乡村环境卫生水平	3	
	合计	100		100	

设置理由:对应《老年人权益保障法》、《老年人协会》相关条款,要求老年人协会要开展群体性文化娱乐活动,以丰富乡村老年人生活,这也是"老有所为"、"老有所乐"的表现形式。

7. 村务参与,具体指标有:积极支持与配合村两委工作,为村集体发展献计献策;积极参加村民自治,包括选举、村务公开;主动对乡村不良社会风俗行为进行干预,如反赌博、反吸毒等;积极倡导美丽乡村建设,提升乡村环境卫生水平。

设置理由:对应《老年人权益保障法》、《老年人协会》相关社区公共活动参与的条款。村务参与也是村老年人协会"老有所为"的表现,此举可以争取村集体支持老年人协会发展,同时也是村老年人协会对于村集体的回报。

表3-2　鸿尾乡老年人协会达标建设评价

序号	协会名称	地理区域	协会有无	达标建设评价
1	奎石村		有	较高
2	超墘村		有	中等
3	官路村		有	中等
4	大模村	平原村	有	较高
5	桥头村		有	较高
6	鸿尾村		有	中等
7	溪源村		有	中等

序号	协会名称	地理区域	协会有无	达标建设评价
8	南下村		有（不健全）	低
9	埕头村	闽江边村	有	中等
10	青马村		有	中等
11	源口村		有	中等
12	古洋村		有	较高
13	罕头村		有（不健全）	低
14	南坑村		有	中等
15	大坑村		有	低
16	安樟村	山区村	有	中等
17	南园村		有（不健全）	较低
18	大罕村		有（不健全）	低
19	里头村		无	低
20	岩石村		无	低

综上，本书设计出乡村老年人协会规范化建设指标体系有 7 个一级指标，每个一级指标下有 3—5 个二级指标，共 32 个二级指标。32 个二级指标在考虑其影响力的基础上，最高赋值为 5 分，最低为 2 分。7 个一级指标的选定与分值设定，目的是突出组织建设、制度建设、场所建设、经费保障与协会活动开展的重要性，同时也考虑了乡村老年人协会在满足本组织与成员的需求时，也要回馈社区，应当积极参与乡村政治、经济与文化建设活动。二级指标均是客观指标，以定性为多，评分较简便易行，见表 3-1。

2015 年 1 月 24 日上午 9 时许，"鸿尾乡 2014 年度十佳老年人协会暨老龄事业先进工作者表彰与经验交流会"在闽侯县鸿尾乡政府会议室举办。本活动由福州市榕树社会工作服务中心与鸿尾乡人民政府联办，特邀嘉宾，县、乡政府领导，村老年人协会会长或村长代表老年事业先进工作者代表，榕树社工，以及福建教育电视台和闽侯电视台媒体记者，共 40 余人到场与会。在会前，榕树社工中心组织社工研究生担当志愿者前往鸿尾乡重点村老年人协会进行考察,依据榕树社工机制拟定的达标建设标准,针对全乡老年人协会标准化建设成就进行评价,见表3-2。在此基础上,项目组征询乡老龄委的意见后,评出全乡"十佳老年人协会"。会上表彰了十佳老年人协会和协会先进个人,还邀请几个十佳老年人协会的会长上台进行经验交流分享。

以上就是笔者主持老年人社会工作项目时,对于乡村老年人协会标准化或规范化建设的思考与实践,希望能有助于乡村老年人协会健康发展,以推进老年人社区福利水平提升与乡村社区建设的发展。

附件:福州市长乐区基层老年协会
星级评定工作方案(试行)

中共福州市长乐区委办公室　福州市长乐区人民政府办公室
关于印发《福州市长乐区基层老年协会星级
评定工作方案(试行)》的通知

为认真贯彻落实党中央、国务院关于加强和完善城乡社区治理的决策部署,进一步推进我区基层老年协会规范化建设,全面提升老年人参与城乡社区治理的积极性,充分发挥基层老年协会在深化移风易俗、促进乡村振兴等方面的正能量作用,根据区委、区政府的工作安排,为做好全区基层老年协会星级评定工作,特制订本方案。

一、目标任务

1. 参评对象。参评"星级老年协会"的对象是指在民政部门依法注册登记的"党建核心引领、组织机构健全、章程制度规范、基础设施完善、财务管理严格、活动开展正常、作用发挥明显"的基层老年协会。

2. 重要意义。在全区基层老年协会中广泛开展争创"星级老年协会"活动,是推动和提升我区基层老年协会规范化建设,充分发挥基层老年协会示范带头作用的新举措,是强化激励机制,鼓励创先争优,积极探索破解基层老年协会建设难题的有效途径。

3.工作目标。基层老年协会组织建设更加健全、管理制度日趋完善、队伍建设进一步加强、经费投入机制基本建立、老年活动场所和为老服务设施较好地满足老年人需求,全社会尊老爱老助老的良好氛围进一步浓厚,是我们开展争创"星级老年协会"活动的根本目标。

二、评选办法

1.工作机构。由区民政局牵头,成立由区纪委监委、组织部、文明办、区民政局、卫生健康局、农业农村局等部门组成的区级基层老年协会星级评审小组,作为组织开展老年协会星级评定的工作机构。

2.工作流程。"星级老年协会"的评选,采取自下而上、逐级考评推荐的办法,按基层老年协会申报、乡镇(街道)初审推荐、区级考核评审的程序进行。各乡镇(街道)可对基层老年协会进行初审,对达到各星级标准的老年协会可向区评审小组推荐申报,填报《基层老年协会星级评定申报表》(附件1)并附被推荐协会申报相应级别协会的佐证材料。区评审小组对各乡镇(街道)推荐申报材料进行把关汇总,组织人员开展实地考评验收,最后报区评审小组联审评定。

3.评定周期。自今年起,"星级老年协会"评定工作每年第四季度开展一次,已经获得"星级老年协会"称号的老年协会每两年进行复审,考评结果作为评定(复评)的一项重要依据,区评审小组按照考评标准量化打分,并根据每个老年协会所得的分数确定星级。

4.评定等级。"星级老年协会"分为五个等级,最高级别为五星级老年协会,其次为四星级、三星级老年协会,二星级、一星级为不合格协会。区评审小组负责五星级、四星级老年协会的评定,统一颁发星级牌匾及证书;乡镇(街道)负责三星级老年协会的评定,三星级及以下星级老年协会的评定工作由各乡镇(街道)自行安排。对获得五星级、四星级称号的老年协会,区评审小组将结合工作需要不定期进行复查,对检查中发现有不符合星级标准的行为将给予降级或取消相应星级的处理。

三、评选标准

1. 文件依据。以福建省老龄工作委员会《关于加强基层老年协会规范化建设的意见》（闽老龄委〔2014〕3 号）、福州市老龄工作委员会《关于进一步加强基层老年协会规范化建设的意见》（榕老龄委〔2015〕3 号）和长乐区委办、政府办《关于印发〈关于进一步规范提升基层老年协会的若干意见〉的通知》（长委办〔2018〕109 号）等文件为依据，结合我区基层老年协会建设实际，制定《福州市长乐区星级老年协会考评表》（附件 2）。

2. 考评标准。根据考评标准进行综合评分，从高到低，分设五个等级，综合评分在 90 分以上、80 分至 90 分、60 分至 80 分的可以分别参评五星级、四星级、三星级协会，低于 60 分的二星级、一星级协会不参评、不授牌。

3. 创建指标。五星级、四星级老年协会实行好中选优、总体指标控制，原则上，各乡镇（街道）的五星级老年协会占总量的比例不高于 10%、四星级老年协会占总量的比例不高于 20%。

四、考评管理

1. 动态管理。已经挂牌的四星级以上老年协会每两年重新申报一次，区评审小组组织复审，符合标准的继续认定为"星级老年协会"，否则将调整星级或取消牌匾。机构调整、重组、撤销的单位自动取消"星级老年协会"称号及牌匾。对考评、监督过程中发现有问题的"星级老年协会"限期整改，到期整改不合格的撤销星级称号并收回牌匾。

2. 档案管理。建立健全"星级老年协会"档案资料和信息库，保证资料齐全、分类科学、立卷完备，使管理工作科学化、制度化、规范化，确保信息资料全面反映创建成果。

3. 挂牌管理。凡获得五星级、四星级称号的基层老年协会，应在醒目位置悬挂对应的星级牌匾，以便接受社会监督。

4. 成果运用。各乡镇（街道）要以星级协会创建活动为载体，按照活动要求和创建内容，结合实际、发挥优势、突出重点、强化特色，广泛动员更多基层老年协会积极参与"五星级老年协会"创建活动,培育并宣传创建活动中涌现的先进典型,努力形成争取先进、力创一流的浓厚氛围。

中共福州市长乐区委办公室
福州市长乐区人民政府办公室
2019 年 10 月 15 日

附件:
    1.福州市长乐区基层老年协会星级评定申报表
    2.福州市长乐区基层老年协会星级考评表

附件1:

福州市长乐区基层老年协会星级评定申报表

协会名称			负责人		联系电话	
基本情况	注册登记时间		所在村人口情况	常住人口____人 60 岁及以上老年人口____人		
	办公场所面积(m²)			低保老年人数____人 五保老年人数____人 空巢老年人数____人		
	活动场所面积(m²)		场所属性	○农村幸福院或社区居家养老服务站 ○宗祠 ○礼堂 ○其他		
协会级别	○行政村(居)级 ○自然村(居)级 ○宗族姓氏级					
申报材料(请根据申报材料逐项√,并将相关材料附后)	○党建工作	提供协会党组织或党建指导员名单、兼职人员名单、党建活动材料等		○登记注册	提供《社会团体登记证书》复印件、年报年审材料、机构牌照片等材料	
	○组织机构	提供协会班子成员花名册、会员花名册等材料		○基础设施	提供办公场所、室内及户外活动场所照片,以及文娱设施、健身器材、书刊报纸清单等材料	

续表

○制度建设	提供协会章程、管理制度、目标规划与"五簿一册"记录等材料,以及会议、学习、活动和工作制度落实情况	○财务管理	提供协会财务年度报告、财务管理制度及监督情况等材料
○作用发挥	提供协会开展为老服务、公益慈善、村容村貌、矛盾调解、社会治安、移风易俗、乡村振兴和关心下一代等活动材料	○特色加分项	提供表彰复印件、在交流会上作为典型经验发言材料,或在刊物上刊发经验做法的文字材料
评定情况(根据《福州市长乐区基层老年协会星级考评表》评分)	协会所在村评分及申报等级	盖章(公章) 时间:	
	乡镇(街道)评分及推荐等级	盖章(公章) 时间:	
	区级评审小组评分及等级	盖章(公章) 时间:	

附件2:

福州市长乐区基层老年协会星级考评表

申报单位(盖章):   申报时间:年   月   日

项目	考评内容	分值	评分
党建工作(10分)	协会党的组织和党的工作有效覆盖。具备条件的协会依托村级党组织成立党小组,暂不具备条件的,通过村级党组织选派党建工作指导员、联络员等途径开展党建工作。	4	
	落实村级协会会长兼任村(社区)有关职务制度,是党员的会长兼任村党组织书记助理,非党员的会长兼任村(居)委会主任助理。	4	
	围绕协会健康发展、贴近群众需求开展协会党员活动,落实"三会一课"、民主评议党员等制度,发挥党员在协会工作与活动中的示范带动作用。	2	
登记注册(5分)	有《社会团体登记证书》正、副本。	2	
	按规定时间进行年报年审(首次年审时间未到的视为通过)。	2	
	机构牌、公章及对外宣传等依法使用登记注册核准的规范名称。	1	

项目	考评内容		分值	评分
组织机构 (5分)	协会会长、副会长和秘书长等负责人均符合"九不能"要求，经村(社区)党组织提名并报镇街党(工)委审查把关后，按章程规定民主选举产生，并能按期换届、分工明确。		2	
	协会班子成员思想素质好、工作能力强、服务热情高、具有一定的组织能力和群众威望。		1	
	会员入会率达到80%以上，入会率达到80%—90%得1分，90%以上得2分，80%以下不得分。		2	
基础设施 (15分)	有30平方米以上办公室场所。		4	
	有300平方米以上室外活动场地。		4	
	有200平方米以上室内活动场所。		3	
	有电视、音响、棋牌等5种以上文化娱乐设施。		2	
	有老年人健身运动器材。		1	
	有5种以上适合老年人阅读的书刊报纸，有一定数量图书。		1	
制度建设 (30分)	有规范的协会章程、管理制度、目标规划，并制版上墙。		3	
	有规范的"五簿一册"(会议记录簿、活动登记簿、财产登记簿、走访慰问登记簿、特殊困难老人登记簿和会员花名册)，并记录翔实。		3	
	会议 制度	每三年至少召开一次换届选举大会(首届届内不扣分)。	1	
		组织召开理事会会议(4次/年)。	2	
		组织班子成员召开工作例会(12次/年)。	2	
	学习 制度	学习时事政治(12次/年)。	2	
		组织健康等讲座(4次/年)。	2	
		组织学习法律知识(2次/年)。	1	
		组织参观学习(1次/年)。	1	
	活动 制度	有老年人活动计划，有年度工作总结。	1	
		活动场所有专人负责管理,卫生整洁并对老年人开放。	1	
		组织开展活动(12—24次/年)。	3	
		组织开展养老互助、公益慈善活动(4—8次/年)。	2	
	工作 制度	接待老年人来信来访。	2	
		协助村委会工作。	2	
		组织开展公益活动。	2	

项目		考评内容	分值	评分
财务管理 (20分)	经费收支	有相对固定的社会捐赠收入。	2	
		有自筹能力或其他合法收入,有固定的会费收入。	2	
		有村(居)委会的经费补助或上级部门活动支持资金。	2	
		经费支出符合章程规定要求。	2	
		经费收支平衡略有结余。	2	
	监督机制	严格执行财务管理规定。协会负责人不兼任财务人员,财务有专人负责。	2	
		协会会计不兼任出纳,由有资质的人员担任,或委托有资质的机构代理记账。	4	
		有对公银行账户、财务账本。	2	
		有财产登记和接受捐赠台账,定期公布经费使用情况。	3	
作用发挥 (15分)		引导老年人遵守社会公德和行为规范。	3	
		能够密切联系老年人,听取老年人的意见,了解老年人的需求,反映老年人合理诉求。	3	
		能够组织开展高龄、特困、重病老年人走访慰问和为老服务以及老年互助活动,为高龄、空巢、失能老年人解决实际困难。	3	
		能够协助村居委做好相关公益慈善、村容村貌、矛盾调解、社会治安、移风易俗、乡村振兴和关心下一代等活动。	3	
		依法维护老年人的合法权益,预防和调解虐待和不赡养老年人事件发生,无老年人因受歧视、虐待而致非正常死亡的现象。	3	
合计			100	
加分项		协会正能量作用发挥明显,形成先进典型经验,被国家级、省、市、区等媒体宣传报道的,分别加 10 分、8 分、5 分、3 分。	10	
一票否决项		协会班子成员违反"九不能"要求的。		
		以协会名义阻碍重点项目工程建设、组织非法上访、干扰村级组织换届选举、侵占集体资产资金、违法占地建设和涉黑涉恶等违法违纪行为的。		

第四章　互助养老理念的实践
模式与推进机制^①

随着人口老龄化进程加快,我国老年人口比重不断上升,正以超越发达国家老龄化速度进入了老龄化社会。据 2010 年的第六次全国人口普查的数据显示:我国 60 岁及以上人口占总人口的 13.26%(即 17765 万人),其中 65 岁及以上人口占 8.87%。中国人均收入水平还处在世界中下水平,"未富先老"的人口老龄化趋势,将不可避免地给社会带来各种挑战。高龄化和空巢化老年人口的增加,再加上城市家庭小型化的发展趋势,以及日益普遍的"四二一"家庭人口结构使得基本依靠子女、亲属照顾的传统家庭养老功能弱化。另外,中国社保基金存在较大的支付风险,难以保证每位到退休年龄的工作人员获得较充足的养老金,以安度晚年。这一切对养老事业的发展形成了巨大压力。

对于老年人进行有效的照料服务,需要家庭与机构的支持,更需要充足的资金的支持。但现在我们的养老事业,面临养老金不足、家庭支持不足,机构护工有限等问题。面对日益庞大的老年人口群体,单纯依靠家人,以及专业护工显然不足以解决问题。借助养老保险的制度中的养老金互助设计,人们发现养老过程中也可以搞"服务互助",即依靠家庭成员以外的非老年人以及"相对年轻"且"健康的"老年人照顾年老的且身体不健康的老年人,两类人群是在自愿的基础上结合起来的,相互扶持、相互照顾。^② 这就是当前发达国家较为流行的"互助养老",目前中国某些省区市也在积极将互助养老理念应用

①　本章原载于《重庆工商大学学报(社会科学版)》2014 年第 4 期。

②　刘雪成:《时间银行——互助养老新模式》,《神舟养老》2012 年第 1 期。

于养老实践。

这也是一种社会参与式养老,年轻的照顾年老的,待自己年老时,也有社会人照顾自己的老年生活。这种互助养老具体包括以服务换服务的"服务与时间储存"志愿敬老服务等运作模式,老年人结伴而居的拼家养老、老年人在养老机构内相互照顾的互助养老。互助养老模式可以应用于社区居家养老,可以应用于机构养老,可解决老年照顾服务与护理员短缺等问题,同时也可以为老人提供多层次的社会互动的机会,丰富老年人的老年生活。本书试图对互助养老模式理论体系、模式实践及其功能的架构等几个方面予以阐述。

第一节　互助养老理念的理论基础与实践基础

互助养老作为一种理论构想,有其存在的理论基础,就是人力资源理论、非政府组织理论与社会交换理论。人力资源理论让我们看到老年人也是重要的人力资源,是可以开发利用的;非政府组织理论提醒我们在解决老年人养老问题时,可以发挥社会团体的力量,特别是老年人群体自己的组织逐步形成协会的作用;社会交换理论让我们看到老年人在互助过程中,交换的不仅仅是服务,还有价值、尊重等。

人力资源理论与老年群体的人力资源价值。人力资源理论认为,所谓人力资源是指劳动力资源或劳动力,是指能够推动整个经济和社会发展、具有劳动能力的人口总和。具体而言,是指在一个国家或地区中,处于劳动年龄、未到劳动年龄和超过劳动年龄但具有劳动能力的人口之和。从这个定义来看,老年人口群体中,只要有劳动能力的人仍是具有价值的人力资源,仍然可以创造价值,为社会做出贡献的。1982 年维也纳老龄问题世界大会通过的《老龄问题国际行动计划》所指出的:"老年只是每一个人的生命期、事业的经验和自然延续。而他的知识、能力和潜力,在整个生命周期都一直存在。"这种认识事实上既肯定了老年人的价值,又承认了老年人在社会经济活动参与方面应有的权利。[1]

---

① 王树新、杨彦:《老年人力资源开发的策略构想》,《人口研究》2005 年第 3 期。

人力资源理论认为,教育和培训是人力资源开发最重要的渠道,老年人通过教育与培训仍然可以为社会作出新贡献。面对中国老龄化社会的到来,老年人的人力资源开发得到各方面的重视。面对养老事业中的护理人员不足等问题,老年人可以经过教育与培训,承担起一定的养老护理工作,"助人自助",在此过程中,也可以丰富老年人的生活、陶冶老年人的情操,其收益是多方面的。

第三部门是指相对于政府、企业之外的社会组织部门,主要是非营利组织(NPO)或 NGO 等,它们是民间自发组织起来的组织,向组织成员或外部成员提供非垄断性公共物品或准公共物品,其组织目标则是集体利益或公共利益,能够在社会多元化进程中"填补"政府功能的空白与"市场失灵"等问题。为提高老年生活质量,老年群体也在社会各方面的支持下成立老年互助组织,通过志愿服务等形式解决老年人权利保障、休闲娱乐等方面的问题,这方面最重要的组织就是社区老年协会。到 2010 年底,全国共有各级老年协会 40 多万个,参加人数达 4389 万人,各地老年协会在自我服务自我管理中发挥了重要作用。在福建沿海农村地区,几乎村村皆有老年村民自发成立组织——老年协会(或称"老人协会"、"老人会"、"老年人协会"等);在市区内,由村庄改制为居委会的城市社区中,也有这类组织。村老年协会是村老人自发成立的互助组织,受村委会领导,是被农村基层政府认可的"合法组织"。

社会交换理论与互助养老的社会与经济基础。从社会交换理论看来,人类的一切行为都受到某种能够带来奖励和报酬的交换活动的支配,因此,人类一切社会活动都可以归结为一种交换,人们在社会交换中所结成的社会关系也是一种交换关系。交换品不是通常所说的物品与金钱,也包括赞赏、表扬等。社会学家将其分类为"内在性报酬"和"外在性报酬"两大类。内在性报酬是指从社会交往关系本身中取得的报酬,如乐趣、社会赞同、爱、感激等;外在性报酬是指导在社会交往关系之外取得的报酬,如金钱、商品、邀请、帮助、服从等。[1]

老年互助养老可以基于交换形式展开,这里所说的交换并不是金钱,而是

---

① 乔纳森·特纳:《社会学理论的结构》,华夏出版社 2001 年版。

劳务、时间,还有奉献与尊重的精神。这种交换实际上也是一种激励机制,鼓励人们自觉地帮助他人,帮助他人就是帮助自己。这种理论的应用成果就是最早在西方发达国家推行的"劳务储蓄"或"时间银行"制度,即非老年人可以通过参加养老服务积蓄劳务或时间,然后等自己老年需要服务时换取别人的服务。德国政府最早就实施了一项特殊的政策,以解决老年人护理员短缺的问题,其基本内容是:公民年满 18 岁之后,利用公休日或年假日义务为老年公寓或老年病康复中心服务,不拿报酬,但参加老年看护的义务工作时间可以累积起来,通过"义务网络管理系统"存入提供服务者的时间储蓄卡或劳务档案中,到公民年老或需要帮助护理时,再把这些储存的时间提取出来,享受免费照顾。德国政府的这种做法得到了公民的拥护,成为公民在参加志愿服务时的自觉行动。①

西方国家最早进入老年化社会,有许多较成熟的互助养老经验可供我们学习。国内学者从 20 世纪 90 年代开始注意到西方的互助养老活动。通过清华同方的中国期刊网检索,从 1990 年到 2012 年的 22 年中,篇名中含有"互助养老"的论文有 29 篇,其中有 6 篇是讨论养老保险的;如果精确检索,则有 10篇。在 23 篇以"互助养老"为主题的论文中,2012 年的论文就有 9 篇,2011 年为 5 篇,2010 年为 3 篇。由此来看,互助养老的理论与实践正在得到中国学界的关注。最早在论文中介绍"互助养老"的是穆光宗教授,该文题为《建立代际互助体系,走出传统养老困境》,发表于《市场与人口分析》1999 年第 6期。到 2011 年时,有更多的学者与地方政府注意到互助养老模式的价值,并以试点方式进行推行,效果良好。

考虑到互助养老多依托社区开展,我们再以论文名题目是否含有"社区老年服务"为检索词,并以"精确方式"检索,共获得 24 篇文献,其中有 6 篇是介绍西方发达国家的社区老年服务经验的,主要介绍是英、美、日,其中介绍日本的就有 4 篇。② 这种现象体现了国内学者对于西方国家经验的重视。

---

① 穆光宗:《建立代际互助体系——走出传统养老困境》,《市场与人口分析》1999 年第6 期。

② 沈洁:《福利非营利组织在社区福利供给中的作用——以日本社区福利为例》,《华中科技大学学报》2004 年第 2 期。

第二节 当前互助养老理念在国内外的应用情况

"互助养老"从理论上看,是可行的;在西方国家与中国近年实践应用中,也被证实是可行的,收效显著。在此,本书简介互助养老理念在国外与中国的应用实践模式,以取长补短,促进互助养老事业的发展。

一、在发达国家的应用情况

1. 西欧国家的时间银行互助养老

在英国、德国等西欧国家都有以"时间银行"的形式开展互助养老服务。会员通过为他人提供服务来储蓄时间,当自己需要帮助时,再从银行提取时间以获取他人服务。其实质是通过时间银行这个中介,将服务用时间来量化,实现劳动成果的延期支付,从而在社区达到互助共济之目的。在德国,社区老年人共同购买一栋别墅,分户而居,由相对年轻的老人照顾高龄老人,还有的地方安排大学生和独居老人合住,由大学生照顾老人,大学生可获得免交房租的优待。[1]

2. 美国的社会参与式自助养老

美国文化强调自强、自立,不能单纯地依赖政府和社会,所以政府提倡自助养老,政府与社会提供各种项目帮助老人做力所能及的工作,发挥其自身价值。一是祖父母的养育项目,指低收入的老人每周为残障儿童工作一段时间以获得报酬。老人可以给这些孩子特别的关注、友谊和建议;还可以帮助孩子完成家庭作业,并把自己的经历和智慧告诉他们。二是为老年人提供的雇佣项目,老年人可以到老人服务中心、学校、日间照顾中心等做力所能及的兼职工作,并领取一定的薪水。三是老人帮助老人的老年人互助项目,指雇用低收入的老人去帮助生病的、年老的等各种有需要的老人,如陪伴、聊天、做饭等。

---

[1] 陈成文、孙秀兰:《社区老年服务:英、美、日三国的时间模式及其启示》,《社会主义研究》2010 年第 1 期。

四是老年志愿者项目,指社会服务机构、红十字会以及福利团体等招募和培训老年志愿者,让他们在社会工作者的指导下做些志愿性服务,如接送服务对象、为卧床不起的人购物、让医院中的病人心情愉快、做维护性工作等。美国社区老年服务种类繁多,有日间护理中心、老人服务中心、廉价营养午餐项目等。

3. 日本社区居民互助养老

非营利组织是日本养老服务中的主要力量,承担80%以上的社会养老服务。日本的非营利组织可以划分为四种类型:社会福利协会型、政府助手型、社团组织经营型和居民互助型。由于日本政府沿袭国家福利模式,对非营利组织的支持和发展缺乏政策和法律的援助,所以规模宏大、资金雄厚的福利非营利组织体系相对比较弱,而活跃在社区层面上的小规模、自发形成的自然组织比较发达。其中居民互助型就是一种小规模的贴近居民生活的福利非营利组织,其所提供的福利服务已经成为居民生活中不可欠缺的一部分。它是生活在同一社区中的居民之间,本着邻里互助的精神自发成立的一种福利服务供给体,目的不在于营利,而在于通过互帮互助营造一种民主管理体系和比较宽松的社区生存环境。它的经济来源和劳动力来源主要依靠政府资助、社会捐助、经营收入以及志愿者提供的无偿劳动。由于居民互助型组织具有成本小、亲情浓、能够满足居家老人需求的优势,近年来发展速度非常快。

二、国内实践情况介绍

20世纪90年代以来,随着中国步入老龄化社会,中国城乡社区也在积极探索社区养老问题,其中互助养老理念也被实施。综合各地实际案例来看,主要模式有三种。第一种是城市社区中的服务与时间储蓄型的,这个需要地方政府与志愿服务组织参与;第二种是农村社区的老人互助模式,主要是发挥老人协会与社区居委会的组织与动员能力,为居家养老提供老年照顾服务;第三种是在养老机构内的老人互助,也是利用动员与参与方式解决老人互助问题。

1. 城市社区互助养老实践

上海是中国率先进入老龄化的大城市,上海也是最先尝试互助养老的。据国内较早在论文中讨论互助养老经验的学者穆光宗教授介绍,上海社区早在 1999 年就开始尝试推行时间银行制度。到 1999 年 6 月,日趋成熟的上海"老年生活护理互助会"走上了制度化、规范化和法制化的轨道。"老年生活护理互助会"实行会员制度,其业务主要是组织会员开展增强老年自我保健意识和能力、搞好老年人生活护理和心理保健等知识和技能的培训活动。互助会的老人生活护理分"劳务储蓄"和"货币互助"两种。参加"货币互助"的会员每年需交纳一笔护理互助费,因疾病或正常衰老导致生活不能自理时,可向互助会提出申请,经核准享有每天最多 4 小时的护理劳务或护理费用补贴。参加"劳务储蓄"的会员,在部分或完全丧失生活自理能力时,可向互助会提出申请,由互助会向其提供护理劳务服务,服务的有效时间原则上与该会员在互助会储存的护理劳务的总量相当。特别有意义的是,互助会实现全市计算机网络管理,提供服务者人手一册全市通用的"时间储蓄卡",可以转让和继承。此外,如果所处地没有合适的低龄老人为会员提供服务,互助会将为会员请钟点工服务,以保证兑现会员的"劳务储蓄"。

为了更好地推广互助养老模式,上海老龄事业发展中心制定了一个长期性"老伙伴"互助养老项目,并承接给社会组织。以社区成员之间的情感为纽带,开展与家庭和社区生活密切相关的互助服务,服务对象主要是 80 岁以上的高龄老人和子女不在身边的独居老人。具体承接这一项目的社会组织,将在社区中招募低龄的老年志愿者,并对志愿者进行培训。培训内容主要包括心理关爱、慢性病防治、老年人居所的意外防范三个方面,经过培训的老年志愿者将定期与高龄老人沟通,具体方式包括上门聊天、电话访问及通过社区老年活动室等平台组织集体活动,让独居、高龄老年人建立更多的社会联系,得到更多的社会关爱。①

近年来,互助养老理念在其他城市也得到了实施,如广州市的低龄健康老人照顾高龄人的"时间储蓄"互助模式,武汉、青岛市的邻里互助模式。为缓解居家养老压力,广州考虑在各社区推行互助式养老模式,即低龄健康老人照顾高龄人,无论是出钱还是出力,由政府登记贡献程度。目前,广州市越秀区

---

① 鹿美华、王雷:《发挥社区民间组织优势,创建社区互助养老新模式》,《中国民政》2007年第 10 期。

正在开展以公民养老互助服务为主题的养老服务储蓄服务试点,发动低龄健康老年人为孤寡、独居、重病、高龄老人提供服务,并把服务时间以小时为单位"储蓄"起来,在自己需要时可提取"时间"接受服务。政府通过开办的中介机构把人们为老年人服务的时间记录下来,待他们自己不能动有需要时,再优先享受养老服务(如 60 岁老年人照顾 70 岁以上的,待自己 70 岁时再来享受别人的服务)。① 武汉、青岛市的邻里互助模式主要通过社区居委会来具体推动。首先在全市范围内,以社区或者街道为单元,建立健全所有 55 岁以上老人的信息资料,包括经济状况、收入、住房、爱好、生活方式、婚姻状况等,这些资料输入计算机后共享,居委会工作人员和每个老人随时可以上网查阅。对于单身的空巢老人,鼓励其寻找生活伴侣同居;对于不和子女一起生活的正常夫妻,鼓励他们和另一对夫妻结对生活,组成临时大家庭。②

2. 农村社区互助养老实践

中国农村地区也在自发推进互助养老,其中比较典型的是福建老年协会推进的社区老人互助,以及河北、湖北等地政府推进的互助养老服务。福建乡村老年协会会长多是由有知识、有领导能力的老年人担任,他们大多是退休回乡干部,社会威望高,号召力强。老年协会也都有自己固定的活动场所,不过多数活动场所都附设在祠堂或村庙中,这使得祠堂与村庙有了新的用途。活动场所内备有电视、书报、杂志、棋牌、躺椅等,供老人平时休闲娱乐,非老年村民也可以参与活动。因此,村庄老年协会活动中心也是社区公共活动中心。老年协会经费来源渠道较多,主要有村委会拨款、会费收入、社会捐助收入与经营性收入等。依托较充裕的经费支持,老年协会开展的活动也较多。平日里,老年协会会员在固定的老年协会活动场所内活动,老人们可以在这里打牌,下棋,看电视,看书报;也可以喝茶聊天,休息等。逢节庆日,老年协会要举行联欢会活动,最隆重的是九九重阳节,活动内容有放电影、唱戏、聚餐等。村财政收入较多的村庄每年还组织老年人外出旅游一次。有的老年协会还会给

---

① 占志平:《广州考虑推广互助养老模式,政府记录市民贡献度》,《羊城晚报》2012 年 10 月 12 日。

② 魏瑞雪:《青岛市四方区——创建互助养老新模式》,《社会福利》2008 年第 2 期。

每个年龄逢十的会员过生日、送纪念品、摆生日宴等,丰富了老人平淡的晚年生活。当某个老人生病时,老年协会将登门慰问,请医送药,对重病号派人轮流护理,一些卧病不起的老人,老年会也会定期派人上门探望。若遇到村中老人去世时,老年协会派人送上数百元慰问金,并送个花圈表示哀悼,还安排老人参加葬礼,有老人乐队为葬礼奏乐。如果某个老人与家中成员发生纠纷,会长将根据不同情况进行针对性的调解,教育该老人的子女要孝敬老人。发生损害老人权益的事情时,会长将督促村委会予以处理,以监督老年人权益保障法的执行。乡村老年协会的存在较好地解决了老年人权益保障与休闲娱乐问题,增强了老年朋友对协会的归属感,使老年协会真正成为老年人的"家"。①

湖北省探索建立没有围墙的养老院与河北农村的幸福院项目。湖北省自2011 年开始在全省开展农村互助式养老服务试点,由湖北省民政厅负责推行。一年多来,全省建立村级农村互助照料活动中心近 400 个,互助式养老要完成"五个一"建设:建设一个老年人互助照料活动中心、成立一个养老服务互助协会、配置一套满足基本服务需求的设施设备、建立一套日常活动管理制度、形成一个正常运行的长效机制。② 河北省农村社区的互助幸福院项目也是一种农村社区与养老院相结合,以家庭互助养老为理念,以解决服务供给问题。③ "幸福院"是以村集体名义主办,不配备服务人员,以共同生活老人之间相互帮助、帮助服务方式为主,场所上用因地制宜的方式解决,管理上坚持自愿、自主与自保的原则。④ 这种乡村社区养老互助模式要求乡村拥有较高的自治传统与一定的集体经济基础,否则,互助养老只是空中楼阁。从实际运行效果来看,还缺乏相关的配套机制,社会参与不足,许多细节问题还需要细化。⑤

---

①　甘满堂:《乡村草根组织与社区公共生活——以福建乡村老年协会为考察中心》,《福建省行政学院、福建省经济管理干部学院学报》2008 年第 1 期。

②　彭文洁:《湖北:探索农村互助式养老服务新模式——解读〈湖北省民政厅关于开展农村互助式养老服务工作试点的指导意见〉》,《社会福利》2012 年第 3 期。

③　陈欣、黄露:《互助式家庭养老——城镇养老的有效模式》,《社会福利》2010 年第 7 期。

④　朱云鹏:《河北力推互助幸福院,破解农村养老难题》,《社会福利》2011 年第 5 期。

⑤　赵志强:《河北农村互助养老模式分析》,《合作经济与科技》2012 年第 10 期。

3.养老机构内的互助养老实践

一些养老机构也在机构内部探索老人互助,其中最典型的是广西重阳老年公寓的养老机构内老人互助活动。广西重阳老年公寓在探索新养老模式过程中积累了一些互助养老模式的实践经验。入住养老机构的老人在年龄、性格、爱好、入住时间乃至知识程度、贫富差距等诸多方面都参差不齐,而养老机构又因受制于运营成本、床位紧张等诸多因素,往往只能将老人按护理级别进行分类安排。在这种外力作用下,老人间就出现了一种"知己"难求的局面,久之便会抑郁、自卑、厌恶养老机构甚至轻生。如何妥善解决这个问题,直接影响着在养老机构中实践互助养老模式的成败。重阳老年公寓经过多年经验探索,采取了三项措施。

(1)由专业社工对老人的兴趣爱好进行摸底调查,协助老人组建兴趣小组。老人入住养老机构后,由社工对老人的心理状况、爱好、行为习惯等诸多方面进行评估,排解老人之间的矛盾,招募拥有共同兴趣爱好的老人开展各式各样的兴趣小组活动。在条件允许的情况下,给老人调换房间,帮助他们"找朋友"。这样通过社工的工作一个多人间就形成了一个微型的互助养老点。养老院对老人自发组织的兴趣爱好小组给予支持,如帮助联系活动场地,协助解决器材问题,对开展活动较好的兴趣小组给予发奖状表彰。

(2)组织在住的热心老人成立老人共同管理委员会。养老院将那些当过领导干部,组织与活动能力强的老人吸收到共同管理委员会中,调动老年人自我管理能力的提升,让共管会中的老年人参与到老人之间矛盾协调、老人互助活动组织,以及院务民主管理,让老人在帮助别人的同时,自身也得到极大的心理满足。通过这种共管活动的开展,老人们有了困难与问题,都会主动找到老人共同管理委员会,有些问题在老人内部就解决了,大大减轻了护理人员的工作负担。

(3)公寓对机构外老年团体开放了露天舞池、健身器材等许多设施,加强对外交流。养老院将院内公共健身设施对外开放,吸引院外老年人到院内活动,使广西重阳老年公寓成为一个开放式的老年社区,丰富了入院老年人的生活。这种开放式的养老机构有助于满足老人的交流需求,也是一种老人互助模式。

第三节　目前国内互助养老模式
存在的问题及推进办法

就目前来说,互助养老模式的推动大都是以民间机构主导、老年人自愿参与的方式聚在一起,老年人相互帮扶及相互救济。这是一种道德层面的互助,这种模式在相对年轻且身体好的老年人占大多数的情况下比较适合,但这种相互帮扶救助是出于伦理道德,没有强制约束力,且存在服务力量单薄、运营资金缺乏保障、服务质量较低等问题,这些问题急需要解决,以推进社会化养老服务的进程。

一、当前国内互助养老模式存在的主要问题

1. 缺乏相关政府部门的支持与推动

就目前来说,我国互助养老模式还处在摸索阶段,具体的内部管理主体不明确,相关规章制度不健全,涉及各类活动安排、矛盾纠纷处理等具体事务很难协调起来;同时,在运用互助养老模式为脆弱老人提供服务的过程中,难免有服务不到位的情况,粗放式的服务甚至可能出现事故,这些潜在的风险由谁来承认、如何解决都是很模糊的。另外,就"时间储蓄"互助模式来说,其所要求的相关制度保障更是迫切。一方面,该模式的运行程序比较繁杂,从建档、申请条件及时间存储都需要相应的制度加以规范;另一方面,由于服务人员参与的初衷不一,有的是出于道德层面,有的是为降低自身在迈入老年时所带来的风险做准备,在没有相应的法律法规的情况下,其在服务过程中的服务态度及服务水平存在参差不齐,这一定会影响互助养老服务的正常有序发展。一些部门对开展和加强社区养老服务的重要性和迫切性认识不足,观念落后,没有积极开展和鼓励相关民间组织加入互助养老服务的市场化运作中来。可是因现有的服务能力有限,服务力量薄弱,服务形式单一,没有专业的服务组织加入,难以有效提升互助养老服务工作的水平。

2. 民间组织与社会参与力量较弱

作为一种新生事物,互助养老服务仅仅依靠政府倡导及扶持是远远不够的,如果得不到社会力量的支持和参与,就很难维持下去。在现阶段,许多地方还没有建立健全的老年互助组织,如社区老年协会组织的覆盖率较低。另外,许多民间组织甚至老年人自身及其子女对互助养老服务这个概念比较模糊,对这个贴合实际的新型养老模式有待进一步了解和认同。

3. 互助养老模式的启动及持续资金缺乏保障

目前,城市社区的互助养老所需资金大都来自政府拨款,部分文体设施由社会捐赠获得;农村地区主要来自村委会拨款与乡贤赞助。整体来说,城乡社区养老服务的资金来源渠道比较单一,城市社区仅仅依靠国家投入和经办求发展的互助养老事业是不能满足社会日益增长的养老服务需求。同时,政府本身财政支配额度有限,一些社会建设和社会发展事业更是迫不及待地需要政府支持,因此政府不会把大量的金钱投入到互助养老服务中来,在这种情况下,互助养老模式可能会陷入缺乏后备资金,吸引不到合适的人员,缺乏足够的资源支持的困境,该模式的持续性发展也因此失去了动力。

4. 相关服务培训与保障机制有待进一步加强

由于老年服务人员缺乏相关专业服务教育背景及服务技能的培训,所能提供的服务仅仅停留在提供探视、简单家务、代为购物、陪同聊天等基本层面上,致使日常照料护理等服务的技能、技术、心理、科技辅助手段及专业知识传授、普及、组织和指导都还跟不上老年人快速增长的需要,使得"互助养老"服务的口号响亮,服务质量却难以保证,在一定程度上影响了居民对互助养老模式的认可,从而阻滞了互助养老模式的整体有效性发展进程。

二、互助养老的推进策略

在社会养老形势严峻、家庭养老及机构养老模式难以支撑的情况下,各地区推行互助养老模式具有明显的现实意义。在发展互助养老模式过程中,集体的服务方式是多样化的,可以发展老年人自身志愿性的互助养老方式,也可以用 NGO 的形式加以辅助或代替以充分培育和激活民间社区的社会资本。显然,在发展互助养老模式过程中,是需要政府、社会和社区等多方的共同努力的,加大社区互助养老队伍,拓展互助养老资金来源渠道及具体服务模式,促进互助养老服务得以充分有效的发展,增强社区的凝聚力和促进社区和谐,从而减轻社会养老压力,促进社会发展。

1. 政府加大宣传与投入,促进互助养老服务的持续性发展

在推行互助养老模式过程中,政府应加大对互助养老服务的资金投入,使更多老年人享受到政府购买和社会提供的服务,完善互助养老点服务设施建设,健全老年福利体系,以更好地为社会老年群体提供多种形式的养老服务。同时加大宣传力度,鼓励社会各界积极关注养老事业,鼓励社会团体、企事业单位和个人向社区居家养老服务站捐资、捐物或提供无偿服务,积极探索并建立与市场经济相适应的互助养老社会化服务体制,这样既能拓宽互助养老资金来源,又能满足社区不同层次老年人的服务需求,促进了互助养老模式的持续性发展。

2. 加快互助养老模式的制度化及法治化建设,使得互助养老服务健康有序发展

目前,我国的互助养老模式虽大都是以政府为主导,以自上而下的方式展开,然而与之相关的法律、法规及制度化建设严重缺乏,如我们国家到现在还没有一部"志愿服务法"。同时需要加强诚信体系建设,设定较清晰的服务标准,对服务质量进行有效评估,对服务时间准确登记存档,为以后"服务时间储蓄"的接续服务提供证据,确保服务提供者享受相应的服务资源。同时还要确保"时间银行"中存储的劳务能在不同机构中"通存通兑"。因此,建立相应的制度和法律法规是互助养老服务模式正常运行的必要保障,不仅可以维护服务对象和服务提供者双方的权益,而且对服务人员提供的"时间储蓄"服务加以法律层面的规定,促进了互助养老模式的有效运行。

3. 以老年协会为依托,引导社区老年互助的深入开展

如何在新时代发挥老年协会在互助养老事业的积极作用呢? 笔者认为可以依托老年协会推进社区互助养老,具体办法是通过培训、经济资助、表彰等方式进行引导。① 对于社区中没有老年协会的,要协助其成立;对于已有老年

---

① 甘满堂:《引导乡村老年协会健康发展》,《福建日报》2012 年 4 月 2 日。

协会组织的,要激发其活动的积极性,使其在维护老年人权益、开展老年人互助过程中发挥积极作用,必要时给予经费资助。对于开展社区互助养老活动较好的组织,可通过表彰,以激发更多的老年协会自觉从事社区互助养老活动。

4.加强对志愿服务队伍建设与培训,深化互助养老服务内涵

积极鼓励志愿者参与到养老服务中来,完善对志愿者的意愿及服务特长与其希望提供的服务等相关信息的登记,以方便对志愿者进行分类,并对其进行培训,拓展互助式志愿者服务,使志愿者尽可能地发挥各自的专长,有针对性地开展服务,提高服务效率。这种专业人员和志愿者服务人员相结合的互助养老服务队伍,从不同的侧重点为老人提供各类服务,保障了互助养老服务质量,丰富了互助养老模式的内涵。

第五章 老年协会办食堂与农村
社区居家养老服务创新

办好老年食堂被认为是推动社区居家养老的重要方式。城市社区居家养老服务因有政府推动,发展较快,而在没有政府补助的背景下,农村社区能否办好社区居家养老服务,福建省南安市金山村做了很好的尝试。金山村主要是通过老年协会组织管理、本村乡贤经济资助、老年人互助等方式来筹办老年食堂,带动农村社区居家养老服务的开展。

第一节 老年食堂:农村社区居家
养老服务的标配

自1999年我国步入老龄化国家行列以来,老年人口正以每年3.2%的速度递增。从户籍人口来看,城市社区老龄化人口比例较高;若从日常社区生活人口来看,农村老龄化人口更高,因为农村青壮年多离乡外出打工,留下农村的是老人、妇女与小孩,其中最多的是老人。农村留守老人如何安度晚年,已成为一个重要的社会问题。在有些地方,政府在农村推行建设养老院进行集中供养,即将农村一部分有特殊困难的人纳入了公共财政保障体制,实现了五保供养从集体共济向国家财政供养的转变。但对非特殊困难群体而言,目前还无法做到集中供养。现在一个乡镇只有一所敬老院,而留守老人就有千人左右。想办更多的养老院,国家没有补助,村镇承担不起,还缺人手去服务。光靠政府投资来解决,政府也会勉为其难。也有学者建议政府应当鼓励更多的机构和个人举办农村养老机构,同时给予适当补贴。但由于农村老人经济条件较差,即使有政府补贴,农村养老院仍然会面临经营困难等问题。现在政府在城市探索社区居家养老服务,即老人仍住在家里,由社区提供一些配套服务,如送餐、送医、上门照料等,主要运作模式是创办老年食堂,采取社区出场地,政府补贴,吃饭老人交费的方式运作。这种老年食堂在农村地区还是很少见,因为没有政府补助。① 不过,在福建省南安市霞美镇金山村,在本村热心于公益的企业主的经济支持下,村老年协会通过创办老年食堂,使乡村社区居家养老服务落到实处。本书在此借实地调查,介绍南安市金山村的经验,希望有利于农村社区居家养老服务模式的创新与推广。

社区居家养老是指老年人按照我国民族生活习惯,选择居住在家庭中安度晚年生活的养老方式。它以社区为平台,整合社区内各种服务资源,为老人提供助餐、助洁、助浴、助医等服务,使老年人老有所养、老有所依、老有所学、老有所教、老有所为、老有所乐。这种服务模式既解决了在养老院养老亲情淡漠的问题,又解决了传统居家养老服务不足的难题,是一种介于家庭养老和机构养老之间的新型养老模式。② 办好老年食堂被认为是搞好社区居家养老服务的关键。

老年协会(或称"老人协会"、"老人会"、"老年人协会"等)主要是为了丰富老年人的晚年生活,提高老年生活质量和福利水平,使老年人安享晚年,在社会各方的支持下由老年人自发组织、参加、自治的群众性组织,具体地说是一种老年人互助组织,其主要活动形式是通过志愿服务等来解决老年人权利保障、休闲娱乐等方面的问题。福建乡村老年协会非常活跃,是乡村老年人的重要互助组织。③

---

① 赵立新:《社区服务型居家养老:当前我国农村养老的理性选择》,《广西社会科学》2006年第12期。

② 孙凌寒:《居家养老与社区照顾评述》,《浙江树人大学学报》2010年第10期。

③ 甘满堂:《乡村草根组织与社区公共生活——以福建乡村老年协会为考察中心》,《福建省行政学院经济管理干部学院学报》2008年第1期。

第二节　霞美镇金山村老年协会与老年食堂

金山村属于福建省泉州市南安市霞美镇,位于风景秀丽的金鸡山边,东与泉州市鲤城区金浦社区相邻,距泉州中心区 7 公里,西与玉田村交界,南与西山村、四甲村交界,距霞美镇区 3 公里,北靠泉州市的生命河晋江,对面是著名的风景名胜区"九日山"。1965 年建造金鸡拦河闸把晋江南北两岸连接起来,是南北的交通要道。村落面积有 1.1 平方公里,全村辖 3 个自然村(麻山、桥头、崎后),8 个村民小组,村民 675 户,2273 人,90%的村民姓吴,还有近 10%的村民姓林。金山村 60 岁以上老年人近 350 人。受工业化影响,金山村人均耕地不足 0.2 亩,大部分村民主要从事工商业,特别集中于厨具制造行业。泉州厨具制造行业排名第一与第三的两家企业由该村村民创办。

像众多闽南乡村一样,金山村也有老年协会,它专为本村老年人维权、提供休闲娱乐服务。该村老年协会现任会长是一位退休小学校长,这是一位很有想法的老年人。2005 年,他接任老年协会会长后,针对农村老年人休闲方式单调的问题,他将本村已废弃的小学校舍改造为一所集学园、乐园和花园为一体的"老年学堂"。老年学堂内有图书室、电脑室、书法与绘画创作室、传统器乐室、综合娱乐室等。另外,还有室外园艺工作田等,村民在此除可以打牌、看电视之外,还可以读书、看报、上网、弹琴、打鼓等,也可养花种菜,参加适度的体力劳动。农村学堂还自编乡土教材,定期举办科技讲座、报告会、交流会,向村民传达最新的惠农政策、花卉种植技术、法律知识,丰富了老年人生活,也提高村民的科学文化水平。

农家学堂解决了乡村老人的娱乐休闲问题,但一些根本性的问题没有解决,就是一些留守在家的空巢老人的吃饭问题。金山村中青年人都在外面务工经商,老人留守在家。有些老人一天只做一次饭,经常吃剩饭剩菜影响身体健康。村民们都认为建一个老年食堂很有必要,既可以解决了老年人吃饭的后顾之忧,又可以促使留守老年人走出家门。2012 年初,会长等人出面与本村企业主商讨兴办一家老年食堂的可行性,得到本村企业主与热心于公益的村民支持。老年协会将原先的村文化馆(原村庙演戏的剧院)整修改建为老年食堂,经费由本村热心于公益的企业家捐助,厨房设备也由本村厨具企业无偿赞助。灶台、锅具、碗具、洗碗池等都是清一色的不锈钢设备,采用液化气为燃料,厨房设备先进、整洁卫生,是一般单位食堂无法比及的。目前,老年食堂投入运营已有两年多的时间,每年运营费用为25万元左右,其中90%来自本村企业家捐献,其他10%来自村民就餐所交的费用以及村庙香火钱收入。根据老年协会制定的规则,村民凡是年龄65周岁以上,并同意缴纳膳费者,均可报名就餐。具体资费为,60岁至75岁每月缴纳90元,76岁以上全免。食堂向全体就餐老人提供一日三餐,周末时间也照常开放,只有在春节与本村神庙佛生日期间会暂停开放,合计全年停火时间为10天。在金山村,目前有70多位老人享受着这样的福利。针对因病不能到食堂就餐的老人,老年协会委派其他健康的老人送餐上门。

老年食堂配两名厨师,由本村妇女承担,轮流负责做饭,每人每月补贴1500元工资。食品采购由老人会派两名身体健康的老人兼任,每月每人补贴300元路费。另有两名老人负责会计与出纳,并负责监督收支情况与伙食质量。工作人员严格遵守各项管理制度,尽职尽责、热情周到为老年食堂服务。老年食堂还认真听取就餐老年人的意见建议,不断与全体工作人员提高食堂服务质量。老年食堂在大家伙的共同努力下也办得有声有色的,深受老年人的喜爱,为老年人居家养老提供了极大的便利。

创办老年食堂能够为老年人提供生活方便的场所,是社区居家养老中助餐的重点和难点,但是在社区居家养老服务中却是非常必要,有助于促进社区居家养老的发展。之所以称创办老年食堂是社区居家养老的重点和难点,是因为创办老年食堂不但需要必备的硬件设施,而且开办食堂的一系列开销很大,收支很难达到平衡。因此,许多社区都有创办老年食堂的需求,但迫于在农村没有经济做后盾,城市社区也基本难以维持,往往刚尝试没多久就宣布破产了,有的甚至连尝试的机会都没有。金山村老年食堂得以开展下去,得益于富裕村民的支持,也得益于管理方法得当,以及村庄传统互助文化氛围。

第一,热心于公益事业的乡贤经济支持。泉州市是福建省经济较发达的地区,这里涌现出很多民营企业家,很多民营企业家也热心于家乡公益事业。

金山村就有两位财力雄厚的企业主,主要从事厨具用品制造业,其实力规模位于泉州厨具用品行业的第一位与第三位。两位企业主在创业过程中,得到家乡父老的支持,而现在又有很多本村子弟在其公司工作,他们因工作原因不能经常回家照料老人。一位企业主看到留守在家乡的老人经常一天只煮一顿饭管三餐,于心不忍,主动向老年协会提议办老年食堂,由他带头捐款15万元,先把老年食堂办起来,此举也带动了本村其他企业主的捐助热情。现在每年25万元的运营费都来自捐赠。另外,老年协会倡议并动员村民同意从青山宫香火钱中拿出80%补贴老年食堂。这样,源源不断的资金支持老年食堂的正常开办并持续红火地开办下去。

第二,组织管理到位,账目公开透明。金山村老年协会在会长吴金斗的带领下,组成一个由十多名老人组织的食堂工作组,负责食堂的运营,账目公开透明,村民可以随时查账监督。他们从本地居民中招聘了炊事员、采购员、会计等人员,为鼓励他们的工作积极性,这些常务工作人员都有报酬,其中炊事员工资最高,为1500元每月,但管理小组成员是无私奉献的,他们不拿一分钱工资报酬的。老年食堂大厅的公开栏格外醒目,上面贴着"用膳缴费登记表"、"收支明细公布"、"日常进货明细公布",细到小葱、大蒜多少钱都标明。老年食堂的服务也很周到,一周的菜谱都事先预告,菜样做到每周都更新。

第三,全体村民的热心参与,有能力的老年人乐于奉献。据村老年协会统计,如今全村60岁以上老人有364人,占总人口的15.43%,其中留守老人家庭达109户。老年协会号召有能力自由行动的老人要到食堂来帮助做一些事,承担一些志愿服务工作。老人排队打饭时,有些老人手脚比较迟缓,老年志愿者还会帮忙打饭端菜;老人就餐时,对于那些没有来吃饭的老人,他们会马上派人去其家里看看,有什么情况就及时和老人的子女联系,免去老人子女的后顾之忧。食堂所雇用的炊事员、采购员、会计工资报酬都很低,但是他们乐于奉献,愿意为家乡父老服务。

第四,传统宗族互助文化的作用。金山村是以吴姓为主的村庄,村庄内有一座吴氏祠堂,这是宗族团结的空间象征。祠堂也归村老年协会管理,这无疑增加了老年协会在村庄中的权威。在传统社会中,宗祠组织在祭祀祖先、周济穷人、维护本族利益等各个方面发挥着巨大的作用,在当代祠堂组织仍有团结族人、照顾族人的基本功能。金山村宗族组织文化仍存在,这有助于凝聚村庄集体的力量,开展互助服务活动,这为创办老年食堂营造了良好的社区文化氛围。

第三节　公共食堂推动了农村社区居家养老服务开展

老年食堂的创办,为老年人之间加强沟通与交流提供了平台,促进了村里老年人关系的融洽。居家养老服务,办好食堂是关键。民以食为天,许多老年人在一起吃饭,可以增进相互之间感情,排解他们独自在家中的无聊与孤独,建立共同养老互助的一个共同体。老年食堂运行一年半来,不仅对该村老人照顾周到,也免除了小辈们的后顾之忧。现如今,金山村的老人们早晨到老年食堂吃过饭,走几十步就到农家学院,那里有电脑室、图书室、阅览室以及农家博物室等,也可在旧小学之外的山坡地上"开心农场"农耕作娱,种花、种树、种菜,老人们到这里选择自己喜欢的事情做。有了老年食堂和农家书院,金山村的老人们每餐都能吃上新鲜的饭菜,每天都能聚在一起聊天娱乐,这些小时候的玩伴,现在又聚在一起,老人们可以回味曾经的峥嵘岁月,谈国事村事家事,说话聊天,他们的老年生活充实、踏实而且温情。老年食堂推动了社区居家养老的服务,其功能可以从以下六个维度来探讨。

第一,老有所养。老年食堂为农村社区老年人提供了一日三餐,满足了他们最基本的需求。在老年食堂就餐不但饭菜营养搭配,符合老年人的口味,而且服务也很周到,细心、耐心地对待每一位来吃饭的老人。老年人每月只要缴纳少量的餐费,76 岁以上吃饭全免。针对因病不能到食堂就餐的老人,老年协会委派其他老人送餐上门。这样,老年人即使儿女不在身边,生病不能做饭,也有老年食堂做饭、送饭,解决了他们最基本的生活需求,使老人的生活得到最基本的照料。

第二,老有所依。人到了老年,会感到孤独无依,希望得到社会的关心、单位的照顾、子女的孝顺、朋友的往来、老伴的体贴,使他们感到老有所依、老有所靠。而事实有时候往往是老人们已不再是单位人,子女忙自己的事业、家庭却无暇顾及,朋友没有往来的平台与活动,整天面对自己的老伴也容易产生矛盾。村里老年协会与老年食堂的存在解决了以上的烦恼。老年人可以在老年食堂吃饭、在老年协会参加活动,找到自己的兴趣爱好,会产生一种归属感与依赖感。

第三,老有所学。老年人可以根据自己的需求与爱好来学习一点知识或者技能,也可以为老有所为奠定基础。金山村的老年协会会定期举办科技讲座、报告会、交流会,向村民传达最新的惠农政策、花卉种植技术、法律知识,提高村民的科学文化水平,那里还有电脑室、图书室、阅览室以及农家博物室可供大家学习,还可以成立下棋小组、垂钓、品茶、音乐会、广场舞等兴趣小组来共同学习。

第四,老有所教。老有所教并不是让老年人发挥余热再去教育他人,而是可以让老年人接受适合他们的教育,可以享受到接受教育的机会与权利。他与老有所学的区别是后者比较宽泛与随意,前者是接受较系统的教育,他可以是多方面的,例如,法律法规、文化知识、艺术、养老保健等,也可以是教与学的互动过程。

第五,老有所为。在老年协会和老年食堂,老年人可以继续发挥他们的余热,以积极的心态、用自己长年积累的知识、技能和经验来参与相关事务,为老年协会与老年食堂的发展作出新的贡献,推动社区居家养老的发展。73岁的吴金斗与老年协会的若干人兢兢业业地为居家养老事业的发展作出了巨大的贡献。老年人也可以在其他方面有所作为,像书画、棋艺、歌舞、写作、手工艺等方面都可以有作为。

第六,老有所乐。老年协会与老年食堂为老年人提供了活动交流的场所,让老年人走出家门,体味农村社区开展的活动与服务带来的乐趣。老年人可以在山坡地上开辟一块"开心农场",在上面种菜、种花等,也可以根据自己的兴趣爱好与志同道合的人一起切磋娱乐,也可以和伙伴们一起侃天侃地,回味自己的青春,等等。有了这个平台,老年人都可以找到自己的快乐,更幸福地度过晚年生活。

金山村老年食堂也存在一些问题。金山村是以吴姓为主的主姓村,本村还有 50 多户林姓自然村没有老人到公共食堂吃饭,表面上的原因是林姓所在的自然村离食堂较远(约 1 公里远),老人来回不方便。但真实的原因是,林姓自然村没有出大老板,没有给食堂捐款,当地村民不好意思来食堂吃饭。这反映出当下农村血缘意识还较强,食堂应当打破血缘意识,为全体老人提供服务。老年食堂主要依靠本村企业主捐助,也存在可持续发展问题,这也是隐忧。不过,只要本村村民所经营的企业发展正常,持续获得捐款不成为问题。

第四节 经验讨论与推广

金山村办乡村老年食堂后来经过媒体报道,引起很大社会反响,泉州许多乡村的老年协会过来参观学习,想要借鉴金山村的经验。据金山村老年协会负责人介绍,泉州有些乡村老年协会是有经济能力办老年食堂的,但食堂好办,管理难,想办一个让村民满意的老年公共食堂更不容易。针对金山村经验,本书在此就依托乡村老年协会开展社区居家养老提供如下建议。

第一,办食堂才是社区居家养老的主要服务项目。许多农村社区对于居家养老的了解不够多,把"量血压""测体温""刮痧""推拿",甚至"推销保健产品"等作为居家养老服务的主业,不创办老年食堂,这实质上已经偏离了居家养老的主业,陷入"伪居家养老"的怪圈。为此,应从政策上引导居家养老机构,把创办老年食堂作为居家养老服务的主业,舍弃"伪居家养老"。

第二,要善于利用老年协会,发挥它的有效作用,调动村民的积极性。据有关方面统计,到 2011 年,全国就共有各级老年协会 40 多万个,参加人数达 4389 万人,其中村(居)老年协会 33 万个,中国大部分的老年人协会由于经费短缺或缺少政策扶持没有很好地发挥作用,但是各地老年协会在不断努力,积极推进,在自我服务自我管理中发挥了越来越重要的作用。[①] 福建省各农村地区,大部分都建立了老年协会,在沿海农村地区,几乎村村皆建立了老年协会,普及率非常高。他们多为老年人自发组织成立的,但都是被地方政府认可

[①] 何广德、尹华立:《发挥农村老年人协会作用的几点体会》,《老年学杂志》1993 年第 2 期。

的合法组织。因此,将老年协会善加利用,它们将在养老方面发挥巨大的互助作用。①

第三,多激发热心公益人士的热情与积极性。办好老年食堂需要大量经费支持,依靠老年人吃饭时所交纳的费用根本无法弥补运营成本。如何解决资金来源,也是办好老年食堂的关键性问题。沿海经济发达地区的乡村老年协会通常拥有自己的经济收入来源,如店面出租收益,因此比较容易解决老年食堂经费来源问题,但对于很多没有经济收入的老年协会而言,开办老年食堂就要依靠村民捐助,其中动员本村富裕的企业主来赞助是解决问题的一种办法,但以根本来说还需要有自我造血功能,如老年协会有自己的产业,村委会要提供资金支持也是解决资金来源的重要渠道。

第四,通过老人互助带动老年食堂服务细化。老人互助是解决老年人养老服务的重要方式,针对老年人不同的身体情况与需求,将志愿服务与老人需要进行配对。其一,可以招募老年人志愿者进餐厅。有的老年人60多岁还很硬朗,而且年轻的时候在家务农做家务习惯了,闲不住,可以在餐厅开辟一些适合的岗位,可以以自己的服务累积换取以后的被服务或者餐费等。其二,可以提供点餐服务。有的老年人偶尔想改善伙食或者身体不适,可以提前一天在餐厅点菜,餐厅适当收取一点相应的费用。其三,可以提供送餐服务。上了年纪的老年人总有许多状况,有时候会感觉不太舒服或者不想出门的时候,这时候餐厅可以为其配送。也可以成立一个老年人派送小组,为有需要的老年人进行派送服务,为自己积累服务时间。不仅仅以上几种服务模式,还可以根据老年人的需求来开辟很多服务。

---

① 甘满堂、娄晓晓、刘早秀:《互助养老理念的实践模式与推进机制》,《重庆工商大学学报(社会科学版)》2014年第4期。

第六章　社区互助养老与村办
敬老院可持续运营

社区互助养老是指在社区组织动员下,社区居民本着志愿互助原则以无偿或低偿形式提供场所、资金与劳务,以支持社区养老事业的发展。晋江市萧下村敬老院由村老年协会负责管理,在地方政府与村委会的支持下,充分运用社区互助养老机制,有效降低运营成本,实现村办敬老院的可持续运营,同时还带动社区居家养老服务的开展。萧下村老年协会与村宗祠管委会相重合,社区资源动员能力强。

第一节　当前乡村敬老院发展现状

乡村敬老院是由乡镇政府或村级组织主办的社区福利机构,主要为农村五保老人提供集中供养服务。当前很多省区要求每个乡镇应当至少有一座公办敬老院,为农村五保户或有机构养老需求的老人提供养老服务,但事实上每个乡镇拥有一座敬老院还无法做到,已有的养老院运营情况并不好。据相关调查,农村敬老院普遍存在经费紧张、服务设施不齐全、服务人员素质低、入住率低等问题。[①] 当前农村敬老院入住率低,并不是农村养老观念保守导致的,主要还是敬老院经费投入有限,设施简陋,服务品质跟不上,导致一些有机构

---

① 王三秀、杨媛媛:《我国农村机构养老面临的现实困境及其对策研究——基于 Z 省 B 县的个案调查》,《四川理工学院学报(社会科学版)》2017 年第 3 期。

养老需求的老人不愿意入住敬老院,入住敬老院的多是有生活自理能力的五保老人。当前乡村敬老院如何提升养老服务品质成为各地方亟待解决的问题。有些地方提出乡村公办敬老院转成民办养老院,由民间资本负责运营管理,以提升服务品质,但会导致收费较高,一般老人无力承担等问题。①

　　近年来,在福建省政府鼓励城乡社区居家养老服务开展的社会政策推动下,福建村办敬老院数量不断增长,运营状况相对较好。村办敬老院多由村级组织发起,村级老年协会负责运营管理。得益于乡村宗祠与村庙文化的兴盛,福建乡村老年协会社区资源动员能力较强,其发起创办的敬老院能得到社会各方面的支持。福建乡村敬老院充分利用社区互助养老机制,促进敬老院高品质可持续运营。社区互助养老是指在社区组织动员下,社区居民本着志愿互助原则以无偿或低偿形式提供场所、资金与劳务,以支持社区养老事业的发展。② 村办敬老院的优点是将养老院办在本村,也可提供社区居家养老服务,有些老人白天可以在家里做事或招待亲友来访,晚上回敬老院住,子女看望老人也非常方便,实现养老"离家不离村",其日常社会交往活动基本不受影响,因此,老人踊跃申请入住。福建晋江市私营经济发达,在地方政府的支持下,村办敬老院已有 30 多家,个别经济实力雄厚的村办养老院,符合入住条件的村民一律免费入住,如磁灶镇大埔村敬老院,投资 1000 多万元新建一座拥有200 张床位的大楼,入住能全自理的老人近 200 名,基本满负荷运营,每年费用 200 万元,由村庄敬老院基金负责开支。但像大埔村这样有经济实力的村庄毕竟是极少数,晋江其他乡村敬老院还是量力而行,经济办院,但服务品质并不差,这其中的重要代表是晋江东石镇萧下村敬老院。萧下村敬老院是在废弃幼儿园与小学的基础上创办,低偿收费运行,工作人员招募健康的住院老人兼任,并给予经济补助,经费不足部分由村民捐助解决,有效地解决了村办敬老院的场所、资金与服务人员问题,其经验值得推广。

---

　　① 穆光宗:《我国机构养老发展的困境与对策》,《华中师范大学学报(人文社会科学版)》2012 年第 3 期。
　　② 甘满堂、娄晓晓、刘早秀:《互助养老理念的实践模式与推进机制》,《重庆工商大学学报(社会科学版)》2014 年第 4 期。

第二节　萧下村养老院的创办历程

　　东石镇萧下村位于福建省泉州晋江市西南部,依山傍海,隔安海湾与南安市水头镇相望,户籍人口 6400 多人,村民多姓萧,外来流动人口 3000 多人,是东石镇人口大村。萧下村依山傍海,历代村民半农半渔,生活贫困。20 世纪初期,先辈即发起围垦海埭壮举,拓耕田地,建造盐埕,种植蛏蚝。至 20 世纪70 年代,萧下村成为远近闻名的鱼米之乡。改革开放以后,萧下村乡村企业迅速崛起,雨伞制造业成为村支柱产业,并带动五金、印花、电镀、机械等行业的发展。现有大小企业 120 余家,被誉为"中国制伞第一村"。

　　萧下村人口老龄化问题严重,老年人口比例较高,并且由于农村经济结构的原因,青壮年不是进厂务工,就是外出做销售、经商,导致不少老年人缺乏照顾,农村留守老人多,空巢老人剧增,酿出了很多悲剧。2009 年,本村一位空巢老阿婆独自生活,不知何故,猝死于床上,7 天后才被发现,身体已腐烂。这件事在村中产生很大的震动,当时的村干部萧开通认为有必要办一家敬老院,以照顾空巢老人,同时也可以免除在外打拼的子女们的后顾之忧。此提议得到村两委、老年协会的支持。

　　2011 年,经过多方调研、讨论,并经上级批准,萧下村决定利用闲置的原村中金山幼儿园的园舍进行改造,该园舍紧邻村宗祠与老年协会活动中心,非常方便老人进出。方案确定之后,面对缺乏建设资金的问题,筹建组采用向上级争取,村财政支持,社会贤达企业募集的方法,于 2011 年改造完成了可容纳32 张床位的敬老院。2015 年 5 月金山小学迁出,留下一幢 3 层钢筋水泥结构的校舍(与敬老院相邻),萧下村再次改造了 24 间房间,每间可容纳 2 — 3 张床位(夫妻 2 床、单身 3 床),这样又增加了 64 张床位,目前萧下村敬老院总床位 96 张,每个房间都有卫生间,内有抽水马桶、热水器;室内配有空调、32 寸电视机、衣柜等,入住老人只需带上衣服及日常用品即可。由于敬老院与村老年协会活动中心、宗祠等公共场所连为一体,住院老人休闲设施齐备,与村庄其他老人交往也非常方便。

萧下村敬老院自2011年10月创办以来,由小到大,不断完善,入住人数由创办时的11人,发展到现在的52人。萧下村敬老院已是集老年活动中心、居家养老服务中心、老年学校于一体的社区综合老年服务中心。敬老院入住条件是:凡是70周岁以上老人,生活能够自理;低保户老人、五保户老人优先入住;入住自愿,离住自由;每人每月缴交350元伙食费,专用于三餐伙食。由于市场物价上涨,现在院部补贴每人每月增加100多元伙食款。敬老院还为10多名老人提供居家养老服务,这些老人白天在养老院休闲吃饭,晚上回家居住。敬老院规定70周岁才可入住,原因在于放低年龄限制,申请入住的老人太多,无法接纳,但对低保与五保老人例外,60周岁以上也可申请入住。在萧下村敬老院,运行6年多的时间内,全村入住老人80多人次,因高龄或疾病原因去世的老人20多名。

第三节　萧下村养老院的运营管理

办好一座敬老院,需要解决场所、日常管理、运营资金以及服务人员配备等问题。那么,作为一家村办敬老院是如何解决上述问题的呢?

一、场所问题解决办法

萧下村境内有一片相邻而立的公共建筑物群,它们是村小学、幼儿园、祠堂与老人活动中心(老年活动中心附设在祠堂中)。它们都位于村庄中心地带,地理位置较好。村幼儿园因生源增多,原来场地不够用,于是就迁出原址。敬老院就利用废弃的村幼儿园办起来,床位有32张。后来村小学因生源减少,需要与周边乡村小学合并,于是村小学就搬出现在的校舍,导致原校舍被废弃。敬老院需要扩大,于是就将废弃的小学接收下来,改造为敬老院,床位增加至96张。由于没有新建敬老院楼宇,只有旧建筑改造费用,所以兴办敬老院一次性投入并不高。

现在萧下村小学、幼儿园与老年活动中心这三座建筑已连为一体,老年活动中心也可以作为敬老院的娱乐活动场所,村敬老院则兼做居家养老服务站。

村敬老院、居家养老服务站、老年协会活动中心实现三块牌子,一套人马,三位一体方式运作,既分工又合作,各项工作做到井然有序。居家养老服务站以敬老院为平台向本村老年人提供居家养老服务,老人可以在老年活动中心下棋、打牌、看远程教育、健身活动等。非住院老人中餐晚餐可以在食堂报膳用餐。敬老院还安排 3 间日间照料室、30 张躺椅供老人中午休息。

二、运营资金解决办法

村办敬老院不可能依靠住院老人交费的方式来运营,必须有其他资金来源,让老人少交费,这样才能够让老人住得安心。因此,敬老院要坚持长期运作,必须储备一笔敬老基金。为此,村委会与老年协会联手发动本村企业家与海外华侨捐资,敬老院创办仅 2 个月就筹措近百万元敬老基金。为了基金保值增值,村委会将这笔资金提供给本村诚信好、效益好的企业,约定每月利息1%,利息收入用于日常敬老院支出。另外,晋江市政府对敬老院进行床位补贴,每年也有数万元收入。

为增加基金规模,村老年协会逢年过节都会组织与动员爱心村民到敬老院慰问并捐款,有的还直接捐给住院老人。每年中秋、端午、重阳、春节等节日,本村籍的社会贤达、企业家,甚至华侨回家探亲都会到敬老院走一走,看一看老人们,给老人发红包的同时,还给村老年协会养老基金捐款。

目前敬老院基金总额已达 200 万元,每年投资收益为 20 万元;再加上晋江市政府对敬老院床位的补贴,这样敬老院的收入来源就有了保障,也就能够长期运营,打消了老人担心入住一段时间,敬老院不办了(倒了)的顾虑。现在老人们在村老年学校上课时,敬老院院长经常问大家村办敬老院前程如何?老人们都大声回答:"萧下敬老院永远不会倒,还会越办越好!"

三、管理队伍解决办法

办好乡村敬老院,必须有一支不计报酬、不忘初心、诚心诚意为老年人着想、为老年人造福的领导班子。村敬老院的领导班子是由老年协会正副会长兼任,另外有 1 名支部委员参与管理。敬老院发起人是老年协会会长,一直兼任敬老院院长之职,全面负责敬老院的管理工作,其他老年协会负责人则有的负责水电维护,有的负责财务。开办时,院长每天早上 6 点上班,下午 6 点回家,夜间值班专人负责,主要领导都是老党员,他们不计个人得失,埋头苦干,千方百计为广大老人谋福利,每当有新入住老人,敬老院管理者们都感到自豪,无比欣慰,说明他们的敬老院办得好,深受老人的欢迎。为方便服务老人与敬老院管理,自 2016 年春节起,院长就动员他太太也入住敬老院,这样就不用每晚回家了。

萧下村敬老院严格按照有关财务规定建立健全会计账簿,配有会计、出纳人员,其财务事宜做到日清月结、账款相符、账目清楚;严格执行审批制度,院里所有的开支都必须征得院长的同意,重大的开支还要向村领导请示,报销过程中要有相关票据,采购货物要有专人验收,报销凭证要由经办人、验收人、院长签字后才能入账,手续缺一不可;坚持财务公开,自觉接受院内老人的监督和有关部门的监督,整个敬老院账务一个季度公布一次,食堂则是按月公布;院内财务不得外借、采购按需定量、建立资产报表、财务人员接受监督。这一整套的现代化财务管理体系使得敬老院整个的财务系统有条不紊地运转着,自创办以来还未出现差错。

四、服务队伍解决办法

敬老院日常运营,需要配备厨师、保洁员、护理员等工作人员,另外还有采购、出纳与财务人员等。如果全部聘用全职人员,每月将有 3 万多元的开支,这对于乡村敬老院来说,是一笔很大的负担。为节省开支,同时也为了激发院民的活力,经过老年协会,村两委的研究,招募健康老年人协助承担敬老院日常服务工作,并给予一定的经济补偿激励。首先,帮厨员、保洁员从入住老人中挑选身体健康的老人协助,适当给予经济补贴;其次,院长及出纳、会计都是老协会班子人员兼任,适当给予津贴;最后是动员村庄年轻人组建志愿服务队,定期开展助老服务。目前敬老院只全职聘用全职厨师 1 名,其他岗位如帮厨、保洁员、护理等都由健康老人担任。帮厨每月补贴 500 元,保洁员每月补贴 800 元。村庄还有几位行动不便的老人也想入住养老院,由于敬老院没有专职护理员,管理者就想到运用老人之间结对帮扶的形式解决,即安排一位健康老人与行动不便的老人同居一室,实现“24 小时陪护”,费用则由被护理老人家属支付,每月费用在 1200 元左右。通过这种结对帮扶办法,半失能老人也可以入住敬老院。健康老人入住养老院还可以挣钱,敬老院也省钱,各方面都皆大欢喜。萧下村还动员在周边企业工作的本村青年成立一支人数达到 100 多人的志愿服务社,每周末都要轮流到村敬老院开展服务活动,如理发、按摩、送医等,实现志愿服务常态化,也缓解了养老院护理人员不足的问题。

五、医疗问题解决办法

农村敬老院通常因财力有限,难以配备专职医生。晋江市东石镇萧下村敬老院的做法是,依托村镇医疗卫生资源,在敬老院中设立医疗室,配备基本的医检设施与常用药,由卫生院与村卫生所定期派医生巡诊;制订应急预案防患于未然;成立助老志愿者服务队为老人做保健服务;开设保健课程做好预防工作,这样各项工作环环相扣,实现了最基本的医养结合。

为了使老年人在敬老院能得到医疗保障,萧下敬老院于 2016 年在东石镇中心保健院支持下,设立资金,建立卫生室,配备各种医疗设备,如氧气瓶,氧气袋,诊疗床及各种急救药品(特别高血压药)。聘请村卫生医生在固定日子里来院坐诊,免费为高血糖患者检查,免费为老人测量血压。不但为敬老院老人检查,还为全村老人免费检查血糖与血压,诊疗疾病所有药品以廉价优待老人。在敬老院入住的老人,每个月检查一次身体,测血压,检查老人的身体近况。

为了更好地贯彻医养结合工作,2017 年 6 月东石镇中心保健院与村老协会签订医养结合合同书,该院从 2015 年起每年为村中 65 周岁以上老人体检,并把检查结果都反馈到老人手中,指导服药就医。2021 年 3 月体检后,发现30 多位老人眼睛患白内障,长赤肉,老年协会与敬老院及时与泉州艾格眼科医院,泉州市一院和东石卫生院联系,筛选出患白内障的老人,组织他们去做手术,30 位老人都免费做了白内障手术,使这些老人重见光明,他们连声感谢慈善机构,使他们眼睛恢复以前的光明。

为预防老人突发身体不适,敬老院制定应急医疗预案。敬老院每间宿舍的老人床头都设有急事按铃,安排值班人员坚持 24 小时专人负责,保证一旦接到信号能及时处理。2017年9月14日晚上九点钟,在204号房,其中一位88岁的老阿婆,突然倒在床上,不省人事。值班员得知这个消息,即刻启动应急预案,一方面叫村医疗室医生进行抢救,检查测量发现血压为240,血糖降至2左右,及时简单施救;另一方面马上拨打120急救电话,并通知其家属子女即速到现场。值班人员只用30分钟就把病人送到医院,经过医生抢救,当晚老人就苏醒过来,隔天一切正常,第三天康复出院。事后,老人家属特意到敬老院来致谢,因其儿孙都在晋江市区城从事餐饮生意,没时间在家中陪伴老人,这次幸亏住进敬老院,不然老人死了都无人知晓。

为保证老人的饮食需求,食堂按季节进行粗细搭配,变化菜谱,有的老人有时会对食堂某些饭菜有忌食的情况,炊事员又另为他们开设小灶。每月居家养老服务站服务理发师还到敬老院,为入住老人理发,清洁卫生,为老人做剪指甲按摩等健康护理服务。

敬老院老人为增强身体素质,每天清早部分老人在小公园做健身操,或在健身器材区做健身活动;有的坐在按摩椅上;有的躺在按摩床上,做按摩保健活动,夜间参加广场舞活动。如78岁的王阿婆,每到夜幕降临吃饭后,拿来自备的音响,带领一群入住老人伴着优美的乐曲,翩翩起舞,既锻炼了身体,又使心情舒畅,这样让老人们越活越健康。

目前,敬老院入住老人有60多人,但是,还有一部分高龄病残行动不便的老人,在各自家中养老,经过调查落实,全村有67位居家养老,这类型的老人也需要照料和保健护理。于是,在2011年11月,村老年协会成立一支助老志愿者队伍,队伍中各配备一名医生,由村中5个卫生所的医生参加,分为5个服务小组,挨家为居家养老的老人进行医检服务。每月3日入户到5个片区,为老人检查身体,提供测血压、血糖、理发,剪指甲,按摩等护理,并做好探访记录每位受访老人身体健康状况等,有什么情况及时反馈给其家属,指导服药求医。五所村级卫生所授牌为萧下村居家养老服务站医疗点,并设置优待服务老人窗口。规定凡是为老人就诊或外出为老人看病,一律免收诊费,药费优惠,至于为老人测量血压等简单体检从不收费,并且要求医生对老人有求必应,随叫随到。2014年发现一位姓名叫萧前贫的特困老人,当年75岁,患心脏病,咳喘无力,病情严重,探访医生指导服药医治,但家境困难无钱买药,村老年协会马上通知医生送药给其治疗,近千元的医药费,由老年协会负责报销,服药后,该老人身体得到好转。又如受探访的中风患者萧光尊老人于 8 年前患中风症,因后遗症而坐轮椅。当志愿者探访时,他心理不平衡,觉得自己病前身体还强壮,不料一时患中风症,留下残疾,萌发轻生念头,志愿者通过与他谈心引导,安慰鼓励他振作精神,萧尊光老人要有信心,好好调养身体,病才会慢慢好起来。在他老伴日夜照料护理下,清早推轮椅去郊外练习行走,现在他能拄着拐杖一步一步地走动。每月 3 日是探访日,光尊老人就在自家大门口盼着这些志愿者来给他按摩护理和理发,7 年来他与助老志愿者建立了深厚的感情。

村老年协会敬老院还注重对助老志愿者老人护理医疗技术的培训。2014 年派出 4 位助老志愿者到福建省老龄委主办的助老护理医疗培训班学习了 9 天时间,学习期满他们都拿到了护理证书。2017 年又派出 3 位助老志愿者到晋江市中医院进行有关老人康复护理的为期 7 天的学习培训。通过进行培训使他们在老人康复护理技术方面得到提升。

萧下村助老志愿者队伍每月风雨无阻,已坚持七年多的时间,深受广大群众好评,和老人朋友们的欢迎和赞扬,也多次受到上级政府部门的嘉奖,以及媒体报道。如 2015 年晋江电视台侨声频道曾做过 15 分钟的报道,2014 年福建日报曾刊登晋江萧下村志愿者"我助老我积德"的专题报道。

村老年协会和敬老院利用老年学校上课时间,聘请保健院医生为老人讲解四时保健知识,对老年人比较容易患上的三高症状,即血压高、血糖高、血脂高的症状及病因起源症状预兆及如何防治,如平时应注意些什么,在饮食方面应做到怎样的粗细搭配,要怎样适量运动,要怎样养成良好生活习惯保持心态平衡进行讲解,每节课都有近 400 多位老人聚精会神地听讲,件件记在心里。从 2004 年老校开办至今已经 15 年了,根据我们深入调查,村中患上中风的患者为数不多,而患中风者老人都是没有来参加老校听课的老人,从这一点说明了,老人听课了,回家都能遵照医生讲课的内容去学去做,得到良好效果。也说明了敬老院医教结合的探索取得了很好的效果。统计显示,萧下村 2017 年下半年因病过世的老人有 16 人,平均年龄达到 76 岁,其中八位女性病逝平均年龄达到 79.5 岁,目前该村 90 周岁以上老人有 18 人,百岁老人 1 人,80 周岁以上 172 人,70 周岁以上老人 437 人,每年都出现百岁老人,2014 年就有 4 位百岁老人,2 位女性老人寿龄达到 106 岁,该村可以说是一个长寿村。这和"医教结合,医养结合"不无关系。

六、法人身份解决办法

当前民办养老院注册登记标准较高,如对建筑的消防标准要求较高,农村敬老院很难获得养老院登记许可证,拥有法人身份。若无法人身份,农村敬老院就无法开对公账户,也将影响政府有关鼓励村办敬老院发展的财政补贴资金发放。为解决此问题,同时也为推动乡村社区居家养老事业的发展,从 2011 年起,晋江市政府规定老年协会可以登记为社团法人,乡村社区居家养老服务中心与敬老院等都由老年协会负责运营管理,有效解决了敬老院的法人身份与对公账户问题。目前晋江市村级老年协会已登记 320 多家,基本实现村级老年协会都得到登记的目标。晋江市对于新建与改建的养老院都有财政补贴,每年还有床位补贴。补贴资金直接打到村老年协会账户,有效防止乡镇街道与村居组织截留财政补贴资金的可能。这种实事求是的行政管理政策值得称赞。

第四节　萧下村敬老院的启示

萧下村敬老院是晋江 10 多家村办敬老院的典型代表,也可以说是当前中国农村社区互助养老的典范。萧下村敬老院的主要特色就是在地方政府与村委会支持下,由村老年协会主导,充分发挥社区互助机制,量力而行,实现低成本发展,可持续运营。院舍利用废弃的幼儿园与小学校舍改造而成,不是投资新建的,院舍建设成本低。发动村民捐助运营经费,设立村庄敬老院基金,保障经费来源稳定。服务人员多由健康的村民承担,发动村民提供志愿服务,运行成本低。住院老人疾病预防与看病等主要通过链接镇村医疗资源解决。村老年协会以敬老院为平台提供社区居家养老服务,也接受半失能老人入住,能让更多的老人享受到社区居家养老服务。

一、发挥老年协会的领导职能

创办敬老院容易,但运营管理好则不容易,萧下村敬老院的经验是村老年协会负责敬老院运营管理,充分发挥老年协会互助养老的职能。乡村老年协会是老年人自我管理、自我教育、自我服务的老年社会组织,具有明显的公益性、服务性,多年来,在基层老龄事业、社区公益事业和社区治理中发挥了重要作用。有鉴于此,国家老龄委与民政部也非常关注基层老年协会的建设与发展,将老年协会作为基层老龄事业发展的重要载体,多次专门下文要求各级政府部门支持城乡社区老年协会发展。福建乡村老年协会比较活跃,资源动员能力强,在村委会与村乡贤的支持下,有的乡村老年协会还办有老年食堂、敬老院等,推进乡村社区居家养老服务层次不断提升。① 因此,在推进乡村社区老年事业发展的过程中,推进乡村老年协会组织的发展非常重要。晋江市民政部门将全市所有村级老年协会都给予社团登记,使其拥有独立法人身份,解决银行开户问题,便于承担社区居家养老服务等工作。基层政府请老年协会来牵头展开本村老年人养老事宜,这样既兼顾了专业性,又避免了权责不清、相互推诿责任的可能。

二、废弃学校改建敬老院是较好地解决场所问题的办法

兴办敬老院,院舍建设是一笔不少的开支。但在当前农村地区,兴办乡村幸福园、敬老院时,不一定要重新建房舍,利用农村闲置校舍也是一条非常经济的解决问题之道。② 现在很多乡村都有闲置的小学校舍,它们大都位于村庄附近,地理位置较好,交通也较便利,适合改造为老年公寓。教室改造为住宅,主要工程是铺设自来水与下水管道,因此建设费用较低。农村闲置学校改造为养老公寓是有法规可依的,各省区都有相关文件将废弃学校改为公益敬老院的相关文件。校舍交由当地村委会作为集体财产,用于农村社会公益事业使用。

---

① 甘满堂:《乡村老年协会可承接社区居家养老服务》,《福建日报》2016 年 12 月 27 日。
② 蔡政忠、郑邦镇、杨帅:《台湾废校校地社会化使用研究:以社会保障为视角》,《社会福利(理论版)》2012 年第 12 期。

三、村民捐助解决运营资金问题

　　敬老院是乡村福利事业,既需要村集体财力支持,也需要村民无私援助。由于很多村集体没有收入来源,敬老院运转还是靠村民捐助为主。农村是以"血亲社会"为主的熟人社会,血亲互助意识强,因此村办敬老院一定要发挥宗族团结优势,依托宗族血亲可以更好地使敬老院得到社区支持。晋江很多村为保障敬老院运营资金有稳定的来源,都会筹集一笔资金成立敬老院基金,再将这笔基金出借给本村企业家,约定好年利率,这笔利息就是敬老院每年的运营经费来源。运营资金来源稳定,村集体与老年协会负责人不用每年花费时间去募集资金,这样就有更多精力投入到敬老院的日常管理工作,住院老人也能放心入住敬老院。值得注意的是,晋江很多乡村都是单姓村,老年协会通常与宗祠管委会相重合,在村庄很有威望,老年协会以敬老院名义向村民筹款比较容易得到支持与响应。

四、发动院民与村民提供低偿与志愿服务

　　敬老院需要配备厨师、清洁工、护理员,另外还有出纳、财务等人员。如果全部聘用全职人员,将是一笔巨额支出。萧下村敬老院的管理工作由村老年协会骨干成员负责,健康院民承担部分服务等工作,采取低偿方式激励,保持了服务的可持续性,同时也减少了运营成本支出。志愿服务对于服务对象来说,应当是无偿服务,无需付费,但对于组织者来说,为激励志愿服务的持续性、专业性,给予必要的激励是非常需要且必要的。敬老院发动有行动能力的住院老人兼职清洁与帮厨工作,给予适当补贴。村老年协会发动村庄青年为敬老院提供志愿服务工作,给予精神激励,也保障了服务的可持续性。

五、量力而行,稳步发展

　　目前,晋江市已有30多家村级敬老院,不少村级敬老院依托村民捐助与村集体经济支持,财力雄厚,养老院等基础设施都是新建的,本村老人入住敬老院很多都不收费。从可持续发展角度考虑,村民入住敬老院采取低偿收费较好,基础设施要尽量盘活村庄已有公共设施,钱要花在刀刃上。村老年协会以敬老院为平台提供社区居家养老服务,可采取无偿、有偿等收费方式提供,

对于特殊困难老年人群体(如烈士家属、五保老人、低保户等)可采取低偿甚至无偿地提供服务,而对经济条件较好的则采取有偿服务,这样才不会因为钱把一些真正有困难的老人拒之门外,让更多的乡村老人享受到社区居家养老服务。

第七章　社工推进乡村老年协会
互助养老探索

　　随着人口老龄化问题的日益加剧,老年人群体的养老问题也越来越受到人们的关注。我国乡村老年人的养老模式主要是家庭养老,由子女供养老人,然而,现在这种传统的养老模式正在逐渐衰弱,原先养儿防老的美好愿景破灭,农村老年人需要新的养老模式支持。现在,老年人的养老主要是依托社区支持的力量,"互助养老"就是社区支持的主要形式。因此,我们可以将该模式引入广大农村地区推行。乡村老年人协会在承担老年人的维权和社会福利工作方面都有着突出贡献,并且已经在乡村互助养老方面发挥了重要作用,他们的加入有助于推动互助养老的开展。但是,乡村老年人协会自身存在的不足会影响互助养老开展。2014年7月,福州市榕树社会工作服务中心申报的"农村山区贫困老年人社会工作服务"获得民政部社会工作司批准立项,选址在福建省闽侯县鸿尾乡,探索具有本土特色的老年人社会工作服务模式,主要提出老年人协会功能拓展和互助养老机制建立两大块的工作。该项目通过社工机构协助拓展和增强老年人协会在农村互助养老过程中的功能和作用,旨在依托老年人协会的力量,建立起老年人互助养老的长效机制。

第一节　项目概况与相关概念界定

一、项目简介

2014年度民政部福利彩票公益金特殊困难老年人社会工作服务示范项

目是由中央财政通过民政部本级福利彩票公益金安排的用于开展特殊困难老年人社会工作服务的示范性社会服务项目,目标是通过政府购买服务方式,在黑龙江、福建、江西、广东、四川、青海等 6 省探索具有本土特色的老年人社会工作服务模式,促进发展一批为老年人服务的社会工作专业人才和专业机构,为各地创新养老服务资金投入方式,推进养老服务社会化、专业化提供示范借鉴。

项目实施地点与时间:福州市闽侯县鸿尾乡,2014 年 7 月—2015 年 6 月。鸿尾乡是福建省闽侯县的一个山区半山区村,共 35168 人,65 岁及以上的老年人有 2354 人。其中因病因灾等致贫老年人占有相当比例,本乡享受五保、低保的老年人有近 150 人,中国社保基金存在较大的支付风险,难以保证每位适龄老人都获得较充足的养老金以安度晚年。这一切都对养老事业的发展形成了巨大压力。另外,大部分五保、低保老年人没有子女或者子女长期在外务工,成为高龄空巢老人,使得基本依靠子女、亲属照顾的传统家庭养老功能弱化。而且老年人平日也很少活动,这不仅对他们的生活有所影响,还存在很大的安全隐患,尤其是还有些老年人住在山上,人烟稀少,交通不便,出意外时也不能及时得到救助。

项目服务对象:乡村老年人协会与特殊困难老年人。

项目目标:协助乡政府及乡老龄委开展老年服务工作,通过发掘、链接、整合农村社会老年服务资源,发挥乡村老年人协会等草根组织的功能,依托老年人协会的力量来推动互助养老,建立与完善农村互助养老的服务平台和长效机制。

项目负责人与督导:甘满堂,机构理事长,福州大学社会学系主任、教授。

项目总经费:19 万元。

项目执行部办公地点:鸿尾乡奎石村老年人协会活动中心。

项目实施主要围绕老年人协会职能拓展以及互助养老机制的建立来进行,从老年人多元化的需求出发,为他们进行专业的社会工作服务和常规综合服务。专业服务以个案辅导、小组活动和社区发展的方式进行。常规综合服务主要是发掘有能力有意愿的老年人领袖和志愿者,对他们进行相关的培训,带动其他老年人参与服务活动;开展帮扶、助困活动,并积极发展老年人协会成员对有需要的老人进行帮扶助困服务;健康保健知识讲座,让老年人掌握健康保健知识并教导他们掌握一些技巧性的保健方法以自助或助人保健;康乐活动主要是宣传老年人协会,并激发其功能,提高老年人交际能力,扩大交际范围,保持老年人的身心健康;老年人协会例会的开展主要是促进协会会员商讨相关议题以及完善协会规章制度和功能,并奖励表现优秀的个人或团体,提高老年人协会的公信力,建立和完善有效自助互助的平台。另外,根据各老年人协会的自身情况和特点,结合各村老年人的实际需求,开展便民服务类活动、专题讲座、文体娱乐主题活动;每季度开展医疗咨询服务、法律维权咨询服务和心理咨询服务。

笔者作为本次项目派驻在鸿尾乡当地的社工,可以通过实地观察探访,实际策划执行项目服务获得一手的资料,并利用资料对乡村老年人协会如何推动互助养老进行研究,故选择本主题来进行论文写作。本章也是项目工作报告成果之一。

二、相关概念界定

1. 互助养老

老年人群体养老问题,需要家庭与政府的支持与介入,更需要社会力量的参与。农村老年人的养老模式主要是居家养老,这需要社区支持,"互助养老"是社区支持的主要形式。互助养老的模式是在自愿原则的基础上,老年人同家庭成员以外的非老年人,或者是与比自己年纪轻,身体健康的老年人,相互扶持、相互照顾的养老模式①,强调居民间的互相帮助和慰藉,倡导整合各方面资源,以满足老人的生活照料、经济供养和精神慰藉等需求,以期取得最大的社会养老效果。

2. 老年人协会

老年人协会是社区老年人互助组织,其宗旨是维护老年人合法权益,增进老年人社会福利水平。地方政府规定,村老年人协会接受村委会领导,其活动场所与经费由村委会或自己解决。由于老年人协会获得社会资源的渠道较

---

① 赵志强、王凤芝:《文化社会学视角下的农村互助养老模式》,《农业经济》2013 年第 10 期。

多,开展的老人互助与社会公益活动也较多,因而成为乡村最富有活力的民间草根组织。乡村老年协会是农村老龄事业重要载体,老年协会建设搞好了,社区老年事业就有了保障。

第二节 闽侯鸿尾乡老年人协会概况及存在问题

一、鸿尾乡老年人协会概况

鸿尾乡位于福建省闽侯县西部,闽江下游南岸,东与竹岐乡相连,西邻闽清,南至岩石大帽山与永泰、闽清交界,北邻闽江,与白沙镇相望。为著名的工艺品之乡,橄榄之乡。现辖 20 个行政村,人口 35168 人。距省会福州市中心37 公里,距县城甘蔗街道 15 公里。316 国道、福银高速公路穿境而过,交通十分便捷。全乡面积有 157 平方公里,拥有耕地 23300 亩,山地 145388 亩,是一个处于山区半山区的农村,森林覆盖率达到 63.7%。鸿尾乡下辖有 20 个行政村,根据地理位置可分为 3 个片区,平原片区有:奎石村、超墘村、鸿尾村、官路村、大模村、桥头村和溪源村等 7 个村,江边(闽江南岸)片区有:源口村、南下村、埕头村、青马村等 4 个村,山区村有:古洋村、罕头村、南坑村、大坑村、安樟村、南园村、大罕村、里头村、岩石村等 9 个山区村。

鸿尾乡素有"竹编之乡"之美称。2014 年底统计,全乡工艺品出口公司60 多家,其中规模以上企业 23 家,个体加工户(场)近千个,从业人员 1 万多人,全乡草、竹、铁工艺品生产基本形成产业集聚。全年实现农业总产值 3.62亿元,比增 5%;工业总产值 35.5 亿元,比增 5.1%;其中规模以上工业产值21.6 亿元,比增 10.6%;财政总收入 4581 万元;农民人均纯收入 9581 元。

据乡老龄办提供材料,全乡有老年协会总共 20 个,其中 20 世纪 80 年代 2个,90 年代 11 个,2000 年以后 7 个。会长是由会员选举产生,由村主干兼任,其中 1 个是回乡离退休干部担任,19 个是其他人员担任。会员人数有 4116人(50 周岁入会),老年人口数有 4324 人。入会方式是由本人申请,95%的到龄老人均为会员,有收取会费。内设机构有老年大学 15 所,文艺队 9 个,关工委 20 个。办公和活动场所总面积 4800 平方米,使用村场所 8 个,祠堂 7 个,新建5个。近三年平均年活动经费25万元,村拨款每年3万元,创收基地收入每年12万元,社会捐资每年10万元。老年协会中有17个正常开展活动,有3个不正常开展活动。老年协会发挥作用:发展经济、社会治安、调解纠纷、移风易俗、计划生育、关心下一代都是136人,组织文体活动256人,为老服务(会员服务对象)4116人。

表7-1　鸿尾乡老年人协会概况表

序号	协会名称	区域	协会有无	活跃程度
1	奎石村	平原	有	较高
2	超墘村		有	中等
3	官路村		有	中等
4	大模村		有	较高
5	桥头村		有	较高
6	鸿尾村		有	中等
7	溪源村		有	中等
8	南下村	江边	有(不健全)	低
9	埕头村		有	中等
10	青马村		有	中等
11	源口村		有	中等
12	古洋村	山区	有	较高
13	罕头村		有(不健全)	低
14	南坑村		有	中等
15	大坑村		有	低
16	安樟村		有	中等
17	南园村		有(不健全)	较低
18	大罕村		有(不健全)	低
19	里头村		无	低
20	岩石村		无	低

根据表7-1可知,鸿尾乡目前20个村庄中有18个村拥有老年人协会组

织,只有2个村没有老年人协会,主要集中在偏远山区。鸿尾乡聚族而居,乡村老年人协会组织比较健全,在村两委与乡贤的支持下,老年人公益事业发展基础较好,拥有浓厚的互助氛围,老年人协会在保障老年人权益和提高老年人福利水平方面都作出了积极贡献。

因为山区交通不便,很多山区乡村人口都向平原转移,现全乡人口的70%都集中于平原片区,不少工艺品企业办厂于此,经济环境较为优越,有利于乡贤资助老年人协会开展工作,故从表7-1中能够发现鸿尾乡平原村的几个老年人协会的活跃度明显高于其他两个地区,其次是江边村,山区村的老年人协会活跃程度最低。山区村中古洋村、安樟村、南坑村3个村所处位置较低,人口相对其他山区村较密集,虽然有的老年人协会组织不健全,但由于人口聚集,协会的活跃程度也会相对好一点。由于地形问题,加之山上居民都逐渐迁移到山下,山区村人口减少,老年人协会的发展也存在问题,活动很难开展,大部分山区村的老年人协会发展处于停滞状态,更加困难偏僻的村子没有老年人协会组织存在。

1. 老年人协会的组织结构

老年人协会需要在协会管理班子的领导下,通过各种措施创造收入,维持协会的正常运转,推动组织公共娱乐活动的开展,丰富乡村老年人的业余精神生活,同时,老年人协会管理班子还承担着老年人的维权和社会福利等方面的工作。在走访各村的过程中,笔者发现鸿尾乡大部分村老年人协会都具有完整的管理班子,且会制成挂板公示于墙上。

奎石村老年人协会管理班子设有会长1名,名誉会长2名,顾问1名,常务副会长1名,副会长1名,委员3名,共同负责安保监督调解和财务管理工作,管理员1名,负责会内日常活动管理,片长18名。由于鸿尾乡各村老人居住不集中,有许多老年人,居住位置距离村中心较远,位于山区的五保老人更是散落于山区各处,不便管理。鸿尾乡老年人协会通过设立片长来管理会员,将散落于边缘的老年人重新组织了起来。如此管理结构,老年人协会的管理层便能够充分汲取会员意见,有利于当地老年人协会实现民主选举和管理,片长主要负责收集选举意见以及收取丧葬互助费等工作。

鸿尾乡每个村在老年人协会管理班子的设置上并不统一,根据不同的经济状况,老年人协会管理班子的成员人数也不同。例如,鸿尾村的老年人协会就设有名誉会长5名,片长24名;官路村老年人协会管理班子设置则十分细化,除了设有会长、会计等必要职务,还设有宣传委员、调解委员、文体委员和学习委员。

老年人协会的管理班子是由会员选举产生,会员选举的条件一般是看该老人是否热心老年事务,办事态度是否公道等等,这批老年精英很大一部分由来自各村的离退休干部,或者是村干兼任。桥头村老年人协会的班子成员大都曾在村委会任职,或者是从事医务和教育事业的,接受过良好教育,明事理的老人,拥有较高的声望。他们会更重视老年人的活动开展,只是在活动和服务的开展中缺乏了规划和想法,如果能对他们进行有计划的培训,那么将有利于推进互助养老的进行,这也是笔者参与的本次社会工作示范项目的工作内容之一。

2. 协会会员的组成

根据福州市的老年人协会章程,是要求男性年满60岁以上,女性年满55岁以上方可加入老年人协会。但是按照鸿尾乡各村老年人协会的规定,村里但凡年满50岁以上,愿意缴纳老年人协会会费的老年人就可以登记入册加入老年人协会。从各村会长处了解到,村中老人基本都会加入老年人协会,也有不愿意参加的,但每个村至少70%左右的老人会自愿参加老年人协会。

3. 老年人协会的经费来源

由于实施包产到户的生产方式后,村里没有集体经济收入,因此,乡政府和村政府没有经费供给老年人协会花销,老年人协会的经济开销全是由协会自身独立承担的,每个村老年人协会要维持日常工作运转,需要老年人协会的管理班子想办法筹集经费。

老年人协会的经费来源主要有四个方面:一是每年协会新成员缴纳的入会费和互助金。老年人协会最显著的互助功能就是在会员过世时,老年人协会会用这笔收入购买花圈等慰问品,剩下的资金便作为抚恤金交给过世会员的家属;二是老年人协会的经营性收益。这块收益较大,有的协会就直接靠这块收入维持运转,例如位于江边的源口村老年人协会,每年就靠出租老年人协会一层作为工艺品厂房的收入来发放老年人的重阳节慰问金和丧葬互助金，不再向会员收取互助金；三是社会爱心人士的捐赠，通常来自村里民众和企业家。老年人协会牵头举办神诞庆典，唱戏时和村庙祠堂翻修建设时，通常会请村民自愿捐助解决费用问题。在老年人协会建设村庙祠堂或是节日庆典时，村里的企业家会大方捐助老年人协会。例如2014年重阳节的时候，奎石村的企业家会资助酒席为老年人协会的会员庆祝节日，提供慰问金。超墘村建设老年人协会综合大楼，老年人协会也从超墘的各个企业处募集到几十万元资金；四是政府拨款。鸿尾乡各村没有集体经济，大多需要老年人协会自身想办法筹措资金，极少数的村庄会获得上级政府拨款，在奎石村2014年度的收入来源中就有来自上级政府下拨的9050元资金收入。鸿尾乡的部分老年人协会可以依靠会费收入、利用出租活动场所，自身经营获得稳定收入，维持运转。

二、鸿尾乡老年人协会存在问题

乡村老年人协会是乡村重要的基层组织，拥有丰富的组织资源，在乡村社会建设中发挥着重要的作用，为面临疾病困扰和子女赡养纠纷的老年人提供帮助和维权。不过，老年协会在发展过程中也存在着不少问题，这些问题限制着老年协会在乡村养老事务中的功能发挥，并且会影响互助养老在乡村的推动应用。榕树社会工作服务中心根据《中华人民共和国老年人权益保障法》，以及《闽侯县鸿尾乡老年人协会章程》等法规，制定包括组织建设、场所建设、活动组织等六个方面的标准。现将鸿尾乡老年人协会存在的问题，参照这规范建设标准进行评估，可以将鸿尾乡老年人协会自身存在的问题归纳为以下五个方面。

1.组织建设存在问题

一是鸿尾乡老年人协会的管理人员的能力和热情度各不相同。各村老年人协会会长在协会的发展理念上有许多不相同，在人员管理、工作方法、发展方向的制定等方面的能力程度高低不一。各村老年人协会是否能富有活力地发展，完全取决于老年人协会会长以及管理人员本身的态度。有的村的老年人协会管理班子特别富有热情，也很有决断力，对老年人协会未来发展有良好的规划,便可以将协会建设得风生水起,让村里老年人的晚年生活富有乐趣。有的村的老年人协会管理班子热心程度并不算高,对于协会的日常活动开展就比较欠缺,并不会费心思考去开展一些特色老年活动,只求平稳度过任期。还有部分会长有一腔热情,希望能在任期内做几件好事,却对协会的发展无从下手,也缺少新的意见建议来推进发展。

在社工机构和各村老年人协会会长探讨活动开展时,也会明显感觉到这个状况。有的会长很能理解机构所要传达的工作意图,积极支持社工们的工作;但是也有一些会长却不太能接受社会工作的理念,向社工机构反映意见,通常词不达意,沟通不畅;更有的老年人协会会长不乐意协助机构开展活动,在电话里透露不耐烦的语气,或是没听清社工们传达的意思,就说着"没兴趣,我很忙",随即挂掉了社工的电话。

二是鸿尾乡部分老年人协会存在组织结构不健全的情况,例如鸿尾山区的里头和岩石两个村均没有老年人协会,导致老年工作无专人管理,活动开展停滞。老年人的权益无人保障,老年人也不能享受其他村老年人能享受到的同等权利,影响老年人的晚年生活质量。

2. 老年人协会场所建设不规范

一是没有明确的老年人协会章程。鸿尾乡的老年人协会管理层同时还兼任关心下一代委员会的工作,所以笔者在鸿尾乡的各个协会活动场所的墙上看到的通常是关心下一代委员会的各项规章制度,或者是安全防火守则。关于老年人协会的内容通常只有一个管理班子的成员介绍,而没有健全的内部规章制度,这样不利于老年人协会的权责明确,工作开展没有可以参考的规范依据。

二是场所内部设置不够规范。老年人协会是一个供老年人发展兴趣,参加各种各样娱乐活动,促进老年人彼此互动交流的场所。目前,鸿尾乡大部分老年人协会都有自己专门的活动场所,场所内通常配备有竹躺椅和众多桌椅,还有麻将、扑克牌等娱乐工具,经济状况好的村庄的老年人协会还会配备有液晶电视。但是这些老年人协会内的活动器材过于单一,通常会使老年人协会沦为麻将馆,导致麻将声不断,没有更多利于老年人的健康和培养兴趣的活动器材,限制了老年人的兴趣发展。有些年轻人也到老人馆中打麻将,他们还会吸烟和嗑瓜子,导致遍地烟头和瓜子壳,不利于保持协会场所内的环境卫生。

根据榕树社会工作服务中心制定的规范化建设标准,老年人协会内还需要布置有农家书屋,并配备多种报纸杂志。鸿尾许多老年人协会并没有农家书屋,订了报刊,也是随意地摆放在桌上,没有人妥善收纳管理,容易导致报刊遗失,这样想看的老人就没办法阅读。

3. 资金不足,资源欠缺

笔者在与掌管全乡老年人协会的老龄委主任交流时,他谈到当地老龄委和老年人协会开展一切活动的经济开销,全由老年人协会本身独立承担。各村没有集体经济收入,乡政府和村部不给老年人协会经济拨款,需要老年人协会的工作成员去想办法筹集经费,自主创收,维持日常工作运转。

资金不足和资金短缺直接导致老年人协会活动的难以开展。鸿尾乡老年人协会原本计划请退休医生来为老年人义诊和开讲座,由于邀请医生和招待医生用餐花销较大,而他们缺乏资金,双方就义诊问题没有谈拢,也不了解医科大学的义诊队的信息,义诊计划就一直搁置下去。

鸿尾每个村的地理环境不同,经济条件各不相同,存在贫富差距,各老年人协会的经济和资源状况也就参差不齐。有的村老年人协会可以通过出租开店面和住宿获取租金,同时村里还有相当数量的企业可以提供赞助,有能力建设新的老年人协会大楼和开展丰富文娱活动;有的老年人协会则没有固定的经费来源,村内也没有众多企业能赞助活动开展;有的村老年人协会建立不起来,没有资金让其筹备开展活动。

4. 老年人协会日常活动形式单一

本次鸿尾乡社会工作示范项目的办公地点在奎石村老年人协会,笔者根据实习期间在老年人协会的观察,奎石村老年人协会作为本乡比较活跃的老年协会,虽然有协会活动场所,拥有比较齐备的活动设施,但是老人们却只钟情于打麻将这种活动,而且还会带点赌博性质。老年人协会的办公室内还存放有演奏民乐的乐器,但乡村老年人掌握乐器演奏能力的并不多,这些乐器时常处于无人使用的状态,所以通常落满灰尘,只有在举行活动的时候才会有人拿来练习。报纸、电视使用率也不是很高。乒乓球桌在社工机构入驻该乡之前,只是一张无用的桌子而已,根本没有乒乓球和球拍等器材。

老人们每天的日常活动就是八点多就来到老年人协会,打打麻将,闲聊天,不打麻将的老人也会在旁边站着或坐着观看打麻将。不只是奎石老年人协会,各村老年人协会基本都是呈现麻将声不绝于耳的景象,老年人协会时常给人一种麻将馆的观感。这其中不仅有老年人,年轻人也在老年人协会打牌打麻将,还带着点赌博性质。老年人偶尔打打麻将有助于活动大脑,可是包含了赌博性质之后,未免会对村里风气产生不良影响。除此之外,老年人协会内的体育设施使用率也相当低。如果老年人协会的每日活动仅仅是打麻将,不仅过于单调,也影响了老年人协会的整体风气。

老年人协会的会长通常也会参与到麻将活动中去,而没有准备种类多样的文娱活动,因此,老年人协会的活动就显得单一,千篇一律,没有什么新意。协会的集体活动较少,探望和慰问活动也只在部分村庄实行,对于活动开展方面,鸿尾乡的老年人协会还是比较缺乏。

5.社区文化组织或参与存在的问题

一是没有图书室。榕树社工中心设置的指标中有协会活动中心图书室每天是否都开放,但各村老年人协会都没有图书室或图书角,无法满足有阅读需求的老年人的需要。

二是娱乐小组的建立。在社区范围内是否有妇女参加的广场舞、打腰鼓等活动是老年人协会规范化建设的指标之一。老年人协会组织业余十番吹乐、闽剧票友、广场舞等特色文娱活动小组,这些活动有助于丰富老年人的文化活动内容,但是一些村庄的经济状况不好,对于培育文娱活动小组有心无力。例如鸿尾许多村都有自己的广场舞小组,古洋村的老年人协会,会长希望可以在本村建立广场舞活动小组,不过由于资金欠缺,没办法购买音频设备和请舞蹈老师,计划难以实现。

三是公益活动开展得较少。鸿尾乡位置偏僻,许多城市老年人能享受到的便利服务,乡村的老年人没法享受,或者需要搭车到福州市区,路途颠簸,许多老年人都吃不消。老年人协会应该多开展义诊、免费家电维修等服务,让老年人不出乡就能享受到服务。但是乡村老年人协会获取资源渠道较少,资源链接能力不足,公益活动开展方面几乎为零。

第三节　社工机构推进老年人协会规范化建设

在鸿尾乡各村两委和乡贤的支持下,当地的老年人协会发展势头良好,老年人公益事业发展基础也较好,拥有浓厚互助氛围,但是老年人协会在组织建设、场所建设、活动开展等方面发展过程中存在着不完善、不规范的问题。榕树社会工作服务中心为了更好地推进鸿尾乡老年人协会规范化建设,测评老年人协会的工作质量,在乡老龄委主任的委托下,根据《中华人民共和国老年人权益保障法》,代为制定《闽侯县鸿尾乡老年人协会章程》,随后又制定了一套《鸿尾乡村老年人协会达标建设指标及评分标准》。榕树社会工作服务中心的社工们以此为准绳,在鸿尾乡为当地老年人协会开展了一系列的规范化服务,这些服务致力于激发老年人协会管理班子的潜能,增进社会福祉,促进互助养老开展。接下来,笔者就根据老年人协会组织建设、场所建设、日常活动建设和社区文化组织参与四项指标来讲讲社会工作如何协助老年人协会规范化建设。

一、组织建设

1. 对协会负责人进行培训

（1）项目启动前培训。考虑到各老年人协会的会长能力参差不齐,他们对如何开展老年人协会工作看法不一,对于互助养老概念和重要性不够理解,为了让各位会长更好地配合两位驻乡社工和机构的工作任务,需要在工作开展前,针对这个工作主题对协会负责人进行培训。在县乡领导的支持下,榕树社会工作服务中心于2014年8月,在鸿尾乡政府的支持下对各村老年人协会会长进行了一次项目培训。此次培训首先介绍了一下机构的基本情况,并对社会工作以通俗易懂的方式进行了讲解,使协会会长能更好地认识机构,认识社工,了解社会工作的服务理念;其次,从社工目前发展现状引入,结合研究和论文,对居家养老、社区居家养老、机构养老作了阐述,要重视老年人协会在社区居家养老中的互助功能;再次,分享了省内老年人协会发展的经验;接下来,就老年人协会的活动场所及经费来源作了分享;活动尾声,各村老年人协会会长对本村协会发展情况做了交流。

经过这次培训,让老年人协会会长更好地认识了社工机构,了解两位驻乡社工的工作目的和大致内容,获得他们的肯定,以便于接下来活动开展得到各位老年人协会会长的配合,使项目工作能更好地进行。

(2)组织参观乡村老年食堂。鸿尾乡是一个山区半山区村,老龄人口比重较大,他们中相当一部分老年人住在生活不便利、存在自然风险的山区,还有一百多位五保老人缺少人照顾,他们的生活状态令人担忧。他们的状况不适用于传统的养儿防老的家庭养老模式,可以采用新的互助养老模式,要在鸿尾乡开展互助养老工作,就需要让老年人协会负责人学习经验,了解如何提供互助养老的服务,将老年人协会的服务视野拓展。

泉州南安金山村的老年食堂开展得相当好,他们的老年人协会利用乡村废弃小学,改造成了老年食堂、阅览室、放映厅、农具博物馆,活动形式丰富多样。老年食堂为75岁以上的老人免费提供三餐,60—75岁的老人每月缴纳90元也可到食堂内享受三餐。对于腿脚不便、身体不适的老人,老年食堂还提供送餐服务。老年食堂的经验相当值得借鉴。2014年11月,榕树社会工作服务中心组织鸿尾各乡老年人协会的会长前往泉州南安市金山村,参观那里成功的养老互助模式。我们组织老年人协会会长参观了南安的老年食堂,以及他们的农家书屋、博物馆和农家花园,当天午餐更是亲自体验了老年食堂的伙食质量,饭后,金山村的吴会长给大家介绍了他们如何筹措建设老年食堂,这几年发展的经验,为鸿尾乡的各位会长答疑解惑。结束后,参加本次培训参观的所有人都收到了关于金山村互助养老的自治资料。

本次培训的目的是希望通过这次到外地参观学习的机会,能够给鸿尾乡老年人协会的会长们启发,让各村会长能够学习泉州的互助养老模式,并将该模式运用到本村的养老服务中去,达到推动互助养老工作开展的作用。通过培训拓宽老年人的眼界,提供新鲜的工作经验和理念,使老年人协会的工作人员能更好地在老年人协会中起领导作用,探索利用老年人协会开展"以老助老"的自我服务。

(3)年终表彰大会和经验交流会。2015年1月24日上午9时许,"鸿尾乡 2014 年度十佳老年人协会暨老龄事业先进工作者表彰与经验交流会"在闽侯县鸿尾乡政府会议室举办。本活动由福州市榕树社会工作服务中心与鸿尾乡人民政府联办。特邀嘉宾：县、乡政府领导，村老年人协会会长或村长代表，老年事业先进工作者代表，榕树社工，以及福建教育电视台和闽侯电视台等媒体记者，共 40 余人到场与会。会前，组织榕树社工中心的志愿者前往各老年人协会进行考察，针对老年人规范化指标进行评价，评出十佳老年人协会。会上表彰了十佳老年人协会和协会先进个人，还邀请了几个十佳老年人协会的会长上台进行经验交流分享。

对老年协会负责人开展培训，目的是希望通过一次次对老年人协会会长的培训和经验交流分享，能让他们更加明白自身的能力和价值，以及他们能为老年人做什么，提供什么服务，激发各老年人协会的工作热情，也为开展更多创新服务提供经验借鉴。

2. 建立健全领导班子

老年人规范化建设评判标准里有关评价组织建设的具体指标中，有一项是需要老年人协会有健全的领导班子，能按时换届。对于没有老年人协会的村庄，社工们尽力与管理老龄委的协会商量和建议，希望通过他们的支持，促成老年人协会管理班子的建立。主要通过由村干部兼任会长一职，使老年人协会重新开展，关注该村老年人的养老问题。经过榕树社会工作服务中心在鸿尾开展了对老年人协会会长的培训工作，并组织看望有困难的老年人，赠送慰问金和小礼品，协助解决相关问题等服务的努力，逐渐引起各村对老年人和老年人协会的重视。原先没有老年人协会的溪源村、南园村和南下村都成立了自己的老年人协会，并选出了健全的领导班子，并召开成立大会，显示对老年人协会的重视。

二、场所建设

为了让老年人协会的工作更加规范，榕树社会工作服务中心开展了老年人协会规范化建设专项活动。

首先，笔者发现鸿尾乡各村的老年人协会缺乏明确的老年人协会规章制度，没有可以规范协会工作服务的机制。为了健全老年人协会的内部规章制度,本机构参考了国家、福州市以及浙江的老年人协会章程,制定了符合鸿尾乡的老年人协会章程制度,还为鸿尾各个老年人协会制作了精美的展示宣传板。召集志愿者一起前往鸿尾乡各个老年人协会赠送章程,并分别在大模村老年人协会活动中心、乡政府会议室与南坑村委会议室开展了三场老年人协会规范化建设宣讲活动。社会工作者们还协助把章程钉在老年人协会的墙面上,规范老年人协会建设,使老年人协会有健全的内部规章制度,让工作服务更加有理有据,规范工作服务态度。现在鸿尾乡各个老年人协会都有健全的内部规章制度,能更好地规范日常的工作服务,协会管理班子也更加明确自己的权责。

此外,榕树社工服务中心还制作了许多老年人权益保障法的法制宣传的挂板,并前往各个村赠送挂板,帮助他们张贴。主要是希望能向乡里的老年人进行法制宣传,让大家来到老年人协会时,可以驻足观看,对照学习,使老年人们能够知法懂法保障自身权益,老年人协会也能运用法律武器更好地发挥在老年人维权功能方面的作用。这都是帮助老年人协会积极参与村里事务,宣传主动对乡村不良风俗进行预防干预。

其次,为了提高老年人协会的质量与层次,为老年人提供更好的、更专业的服务,让老年人拥有一个幸福美好又充满回忆的晚年生活,机构的社工们决定规范建设老年人协会场所内部,选定本身发展不错的奎石村老年人协会作为重点示范老年人协会,起到模范带头作用。场所布置包含四个主题,分别是办公场所、社工机构小锦囊、读书天地和个案访谈室。四个主题场所的功能各不相同:一、办公场所主要是为了方便社工机构办公和接受反馈信息,分别有档案夹、资料夹、报纸架、社工机构签到表及工作记录本等;二、社工机构小锦囊部分则提供日常小型身体测量仪器和保健品,如有体温计、体重秤、创可贴、血压仪等;三、读书天地拥有两个书架,摆放若干图书,可极大丰富老年人的文化生活;四、个案访谈室可供社工机构及时了解老年人生活现状以收集资料,该部分提供了个案访谈空间,内置两把椅子和一个茶几。

除去老年人协会内已有的电视、棋牌等娱乐设备与器具,驻乡社工们为了丰富老年人协会的活动种类,特意购置了富有意趣,并且活动脑筋的中国象棋、围棋、斗兽棋、跳棋等多种多样的棋类游戏;为喜好书法的老年人,社工上网采购了卫生环保多次利用的水笔书法本;奎石老年人协会内常年有张空置的乒乓球桌,但是协会内缺少球和球拍,社工们也购进并补充了这个空缺,让球桌不再是个摆设。社工们还用彩纸制作了项目的宣传展示栏,打印了许多项目工作的照片,张贴在宣传栏,让老人可以更加清楚看见社工机构所做的工作。

最后,建立农家书屋。奎石村的农家书屋把点定在奎石老年人协会,但是协会管理班子一直没有行动来把农家书屋建立起来。在驻乡社工的督促下,奎石的会长购买了农家书屋用的书橱,榕树社工中心也赠送了许多报纸杂志、书籍来充盈农家书屋的刊物量,让村民能看到更多的书籍报纸,丰富老年人的阅读生活。经过场所规范化建设,奎石村老年人协会与其他村的老年人协会相比较,更加温馨,让老年人在老年人协会更有家的归属感。奎石村的达标建设指标有了很大提升,在 2015 年 1 月举行的 2014 年度十佳老年人协会和先进工作者表彰会上,奎石村老年人协会名列十佳之首,奎石老年人协会的先进工作者也是几个村中最多的,有 4 个人获得荣誉。

另外,本次鸿尾乡老年社会工作示范项目还获得了海峡都市报的支持,他们赠送了几个书报架。于是社工将它们给没有农家书屋的超墩村和桥头村送去,让老年人协会的报纸杂志可以得到很好的归置,成为老年人协会中的读书角,来到老年人协会的人也可以随意阅读学习。同时,促进了老年人协会的卫生保持,书报架让书报杂志不再是凌乱地摆在桌上,不再出现大风一吹四散一地的情况,使得老年人协会更加卫生和美观。

三、丰富协会活动开展

1. 增加老年人协会的日常活动种类

驻乡社工们根据老年人的活动喜好购置了中国象棋、围棋、跳棋等棋类游戏,还买了环保的、可反复使用的毛笔书法工具,让老年人每日有更多的娱乐选择。社工们还尝试制订老年人协会每周的活动计划,例如,周一播放电影、周二书画会、周三打乒乓球、周四棋艺会、周五茶话会等活动。虽然一开始老人们对社工们的活动持观望态度,但是在社工机构的努力下,渐渐地有老年人愿意放下麻将,开始摆开棋盘下下象棋,拿起久违的毛笔写写书法字,活动筋骨打打乒乓球,社工机构也会参与其中。到后来,有老年人看到驻乡社工们来上班,也会主动招呼社工们来下一盘。经过活动,笔者也发现不少老年人其实很多才多艺。虽然目前老年人协会出现了别的娱乐活动的身影,但要打破一直以来麻将独大的局面,这是一个长期的过程。

2. 促进会员参与集体活动

老年人协会内的老人通常是聚在一起各分各桌地打着麻将,或者是形单影只地看电视或者报纸。社工们通过运用小组工作的方法,给老人们开展一种往日没有接触过的新鲜活动,把平日分别活动的老年人聚在一起,开展加强老年人间沟通交流,加深彼此感情的小组活动,让大家认识到对方特别的一面。为了让老年人适应小组活动,社工们挑选了几个简单的小活动,大致设计如下,分三大部分,分别是“萝卜拍”、“公鸡吃虫”、“昨天今天和明天”,最后搜集了小组成员的意见建议。刚开始的破冰游戏,老人们初次接触小组,很拘谨不太配合,安抚老人花了十几分钟。但在随后的“公鸡吃虫”环节,小组成员对此非常感兴趣,玩了还想玩,大家气氛也非常融洽,欢声笑语不断。被抓到的成员要接受惩罚,有学动物叫的,有说祝福语的,还有一位爷爷唱了一首《太阳最红,毛主席最亲》,游戏结束后还让大家发表了游戏感想。对于在“昨天今天和明天”环节中,让小组成员分享自己的经历、趣事或感想,大家纷纷表示不愿意,觉得没兴趣,讲不来,没有活力,有的纷纷想离场。最后让大家对开展小组活动提了意见建议,大家对益智的活动比较感兴趣。活动结束后还给每个小组成员派发了纪念品,大家都非常高兴,表示下次还愿意参加。

社工们提供策划实施这些活动,也是希望给当地的老年人协会一些创意的激发,让他们能通过体验观察,开展更多丰富多彩的老年人协会活动,满足乡村老年人的需求。

3. 开展五保老人庆生活动

2015年1月20日下午,社工们在鸿尾乡奎石村老年人协会开展以生日为主题的活动,为五保老人庆祝生日。参加活动的有五保老年人、老年人协会老年人、乡老龄委成员、驻乡社工、志愿者等,活动以庆祝生日、游戏互动等形式开展。乡里的老年人,尤其是五保户很少会为自己过生日,社工们为他们准备了一个有意义的难忘生日,让他们感受到生活中的关怀与温暖,重新焕发生活的信心,更加热爱生活,在游戏中可以加深老年人之间的交流,促进彼此感情,在一定程度上活动老年人的身心,在游戏中附加小奖品可以提高他们的积极性。社工们为了更好更加顺利地开展活动,提前做了详细的活动方案,并与相关负责人联系让其帮忙通知五保老人。社工们还提前一天开始采买活动用品,准备活动材料,包括场地布置、游戏道具、奖品以及食品。除了唱生日歌、分享蛋糕等庆生环节外,社工们还安排了三个小游戏,分别是保龄球、夹玻璃球、九宫格,设置一等奖1名,二等奖2名,三等奖3名,其余为鼓励奖,社工们在每一项游戏结束后为优胜者颁发奖品。虽然刚开始有的老年人在一旁说"不会玩,玩不来"之类的话,但是等游戏真正开始时大家都很积极,马上被游戏所感染,玩得很投入,也很开心。大家还是在游戏中找到了快乐,在游戏中加强了沟通和交流,加深了相互之间的感情,并有所收获,让他们记住这一次有意义的"生日",这是最重要的。

社会工作者受过专业的教育培训,可以运用个案、小组、社区三大工作方法来为有需要的群体提供科学专业的服务。相对于老年人协会的工作人员,他们可能更擅长策划新颖的活动,在老年人协会原有活动的基础上,再提供一些老年社会工作服务加以补充,会使得原先单一的老年活动更加丰富多彩。通过社工机构的协助,鸿尾乡的老年人协会在潜移默化中受到启发,按照社工机构设立的评判标准,逐步靠近原先所制定的老年人协会规范化建设指标,老年人协会自身能力的增强,能在乡村老年事务上发挥更大的作用,促进满足老年人的经济供养、生活照料和精神上慰藉等需求,老年人协会的潜能得到激发,达到社工们所期望的项目目标。

四、社区文化组织或参与

1. 山歌演唱会

闽侯县的各乡都有着各自的特色文化,就是所谓的一乡一品。鸿尾乡的特色就是唱山歌,由于鸿尾乡有着良好的山区资源,所以唱山歌的风俗很早就有,但是随着山区的居民逐渐转移到山下居住,新一代的村民又对山歌文化不感兴趣,所以会唱山歌的人已经不太多了。山歌是当地优秀的传统艺术,展现了当地乡民的智慧和优良传统,需要得到很好的传承。南园村原本打算在庆祝神诞期间,召集喜欢唱山歌的人聚在一起,随意表演,榕树社会工作服务中心机构获取这个消息之后,愿意提供资金赞助这次活动,资助南园山村把原本在神诞节期间举行的普通山歌表演,扩大成山歌演唱会。当天,有许多的记者和乡民慕名而来,当地的山歌能手为本乡居民们演唱了许多富有山区特色的山歌,向前来参加盛会的村民宣传这种传统艺术的魅力。会后,南园村还举行大型的聚餐活动,参加活动的村民都能享受到一顿美餐。

考虑到南园村处于鸿尾乡较偏远的山区,道路崎岖,交通不便,导致山歌宣传的影响力会大大减弱。社工机构还向当地老龄委建议可以把以后的山歌演唱会办在处于各村中点处的溪源村溪源寨内,这样既可以吸引更多对山歌演唱会有兴趣的人前来观看,也可以宣传鸿尾乡传统土楼溪源寨,增加旅游收入,促进本村老年人协会的发展。更重要的意义还是在于宣传传统文化的保护工作,让传统民俗能一代一代继续传承下去。

2. 培育老年人文娱小组活动

鸿尾乡村有着许多当地老年人喜欢的文化活动,比如广场舞、闽剧、山歌、十音八乐等深受当地乡民喜爱,社工们希望能帮助培育业余兴趣小组,并资助其开展活动。广场舞不仅是城市里广场大妈们的最爱,这种热度也深入鸿尾乡村。村里的大妈们经常在夜间自发地选择村中的一块空地跳广场舞。2014年国庆期间,鸿尾乡举办九九重阳联欢会,每个村都派出了自己的广场舞队伍参加演出,各村的广场舞队伍主要由各村的老年人协会负责召集组织。古洋村的老年人协会就希望能培养自己的广场舞队伍,但是由于资金不足的原因,难以培养起来。古洋的老年人协会会长找到驻乡社工说起了这个问题,他有心想将老年人协会建设得更加健全规范,又感受到村中女性老年人的娱乐需求,希望能成立广场舞小组。但是古洋村老年人协会的资金有限,无法购买音箱。得知情况后,榕树社工机构就出资赞助了他们一台音箱,驻乡社工还帮助下载广场舞练习的歌曲,并教授会长如何使用便携音箱和充电方法。解决了音响设备的问题,不久后,会长又找到社工提出问题,原来他们村广场舞水平较低,大家很难排练出一套完整舞蹈,希望社工为他们寻找一位老师。接到请求后,驻乡社工们就在超墘村中找到一位有丰富广场舞教学经验的大姐,大姐很爽快地答应了社工们的要求,考虑到夜间到古洋山区存在安全问题,由榕树社会工作服务中心出 100 元的车资,让大姐能更好地到山区的古洋村培养当地广场舞队伍。

乡村老年人拥有的社会资源不如城市老年人拥有的多,乡村活动场所不多,许多老年人每日的活动就是在村子里来回走动散步,与邻居聊聊天,回家吃饭看看电视,休闲娱乐活动比较单一。推动社区文体活动开展是老年人协会一项很重要的工作内容,老年人协会拥有比较丰富的组织资源,经常组织开展文体娱乐活动,能为辛苦了一辈子的乡村老年人提供一个丰富多彩的晚年生活,使孤独的心理得到慰藉,同时也丰富了整个乡村的文化生活。

第四节　社工机构推进老年人协会 开展互助养老服务

本次特殊困难老年人的服务对象是 60 周岁及以上的贫困老年人,服务理念是助人自助。榕树社工中心在乡老龄委的支持与配合下,从老年人多元化的需求出发,通过资源链接等方式,为他们提供养老服务支持;通过建立健全全乡老年人协会组织,构建以乡村老年人协会为平台的农村社区居家养老。笔者在项目初期对老年人进行走访慰问,了解到鸿尾乡的贫困老年人目前的需求主要集中在经济支持、生活照料和精神慰藉三个方面。因此,笔者从以下三个方面来开展互助养老工作,长期的互助养老,还是需要依托老年人协会的力量。

一、推进经济支持

五保老人的收入基本来源于五保金,仅够保证基本生活,老人如果生一场大病,仅凭五保金就支付不起。根据现行的医保规定,老人们患感冒类的小毛病是不在医保报销范围内的,若是生大病的话,首先,医保报销后,五保金仍不够支付;其次,老人们还需要坐车到县市的大医院看病,车马劳顿,部分老人身体吃不消。所以,五保老人们通常的办法是生小病会去乡里村里的卫生所开点药挂点水,如果是大病的话很少去看,或者根本不去看,在家里能过一天是一天。例如溪源村有一位五保老人患有面瘫,每两个月要去福州的医院打一次针,这样血管才会张开一点,眼睛能看点东西,嘴巴也能张开一点。打针一次花费要一千多元,根据医保规定面瘫类的治疗算是整容,不予报销,靠老人的五保金无法支付这笔费用,所幸家里亲戚还会支援一点。同时老人还患有白内障和静脉曲张,由于经济紧张问题就干脆放弃治疗了。

关于特殊困难老年人在经济支持方面的需要,榕树社会工作服务中心组织社工志愿者慰问鸿尾各村的五保老人,发放互助帮扶金。通过前一阶段对乡五保老人的走访与需求评估,机构决定以村为单位,组织中心的社工和志愿者到各村慰问五保老人,并对五保老人发放慰问金。由机构选取节假日或者各村举办大型活动的时候,为鸿尾乡的五保老人每人发放 300 元的慰问金。同时赠与他们由机构自己设计的项目宣传单和老年人防骗宣传手册,还有机构环保袋和一个茶杯。老人的五保金加上社工机构赠送慰问金,基本够老人一个月的生活费。

表 7-2　大模村老年人协会 2014 年 12 月收支表

收入			支出	
序号	项目名称	金额（元）	项目名称	金额（元）
1	承上月结存	134794.13	福利总支出	1662
2	产业收入总计	2413.5	付出丧葬费	1600
3	店租	1140	付出管理费	62
4	三层租金	840		
5	孝服租金	52		
6	收 10—12 月租桌费	381.5		
合计	收入	137207.63	付出	1662

表 7-2 是来自大模村的收支表,由表中总结出大模村老年人协会的收入主要来源是会员缴纳的会费和互助金收入,出租房屋当作厂房和店铺收取租金,出租老年人协会内的桌子和孝服之类的殡葬用品获取收益,使大模老年人协会每月保有稳定的收入,以支持老年人协会开销。

在乡村进行老年人服务，是需要一些资金的。给老年人发放慰问金，一方面是为了给老年人提供经济支持，缓解一定的经济困难；另一方面，社工机构挑选各村有重大节日、举办文艺演出的时候上台发放，届时，村里的老年人协会成员和村干部都会出席，由社工机构进行的经济慰藉服务主要是想通过进行的这些活动，能让村委会和老年协会更加重视村里有特殊困难的老年群体。

表 7-3　奎石村 2014 年度老年人协会收支表

	收入		支出	
序号	项目名称	金额（元）	项目名称	金额（元）
1	新会员入会费	1412	铁电加层，加层零件	35218
2	厝租承包金	28990	其他材料	1480.5
3	上级政府下拨	9050	80 岁高龄补贴	2510
4	社会人士献资	5000	会员仙逝丧葬费	10540
5	金沙棹租	3500	地掷球场制作费	5308
6	2013 年公布乡下拨	12800	2013 年年会午餐	1450
7	章清承包押金	2000	2014 年九九节午餐	2433
8	其他收入	107.3	地掷球场落成午餐	2560
9	会员互助金	11396	会长及会员补贴	5491
10	定期存款	100000	会议费用及其他付出	2653.5
11			订报	1656
12			国庆演出服装	1000
13			章清 2014 年上半年押金	2260
14			购床、书橱	1060
15			2014 年度管理费	4800
合计	收入	174255.3	付出	80420

从表7-3可以看到,鸿尾乡老年人协会2014年通过收入新会员入会费、房屋租金和社会人士献资,另外加上自己的定期存款,去年老年人协会收入达到174255.3元。

看这两个村的收支表,可以了解到,鸿尾乡的部分老年人协会是有稳定的经济收益的。因此,他们可以在经济方面为老年人提供一定的支持,并且鸿尾乡的老年人协会已经在这方面为老年人提供了帮助。除去老年人协会日常管理的费用开销外,还可以看到,两个村的老年人协会在对老年人的经济补助上提供了帮助,例如提供80岁高龄老人补贴2510元,奎石村有90岁以上老人16人,80岁以上老人56人,共计72人,每个老人拿到35元的高龄补贴。对于一些缺少收入来源,无依无靠的五保老人来说也能够贴补生活费,给失去劳动力的他们带去心理的慰藉。九九重阳节,老年人协会还花销2433元请会员聚餐,欢度老年人自己的节日。

收支表中显示两个村都有丧葬互助金的花销。在福建乡村,当老年人协会有会员过世时,老年人协会便会向每位在世会员收取3元左右的丧葬互助金,由老年人协会作为代表,利用互助金购买花圈和鞭炮前去慰问家属和哀悼,并将剩下的互助费作为慰问金送给会员家属,减轻家属的处理丧葬事务的经济负担。鸿尾各村老年人协会都有这项互助性质的工作,不同的村缴纳的互助费不同,例如埕头村是刚入会时便由会员一次缴纳100元左右的会费,以后不用再缴纳,丧葬互助金费用也从此出。源口村则改变了这一形式,直接从老年人协会每年的房产租金中出钱提供丧葬互助金,作为老年人协会会员的福利。

这两项补贴都一定程度地为五保老人提供了经济支持,丧葬互助更是让鳏寡孤独的五保老人免去了无人处理身后事的忧愁。社工机构策划发放慰问金活动,希望能引起老年人协会和村委对五保老年人的重视,如果经济条件允许的话,可以适当为有困难的五保老人提供一定的资金支持,缓解他们的经济困难。

二、推进生活照料

本次鸿尾乡社会工作示范项目的服务对象是五保老人这类乡村特殊困

难老年人,五保老年人是指在乡村中缺乏劳动能力和生活经济来源,没有法定赡养义务人或是虽有法定赡养义务人,却没有能力赡养的老年人。部分五保老人会抱养孩子来抚养,孩子长大了有的会赡养老人,有的嫁人打工离开家,又变成老人独自居住。鸿尾村有一位五保老人年轻时抱养过一个养女,但是养女长大后嫁人,不太能经常回来看望老人,老人腿脚不好,厕所又在屋外较远的地方,因此老人的大小便基本在屋内解决。笔者随会长前去探访时,还未走近老人居住的屋子,就闻到一股臭味飘来。该老人身体不好,出门有时会晕倒在路边,直到有人发现才把他背回家,因此,老人家也很少出门。

老年人年纪大了,身体开始出现各种状况,腿脚也不如年轻时敏捷,需要人照顾却没有人照顾。状况好一点的,会有亲戚朋友帮助照顾一下,多数也是在老人实在无法自己处理问题时才会出手帮助,日常生活还是要靠自己。身体尚可的老年人还能生活自理,但是随着年龄的增长,老年人的体质越来越差,难以照顾自己时,他们的生活状况就很令人担忧。笔者在走访大模村的过程中,有一位在山脚边居住的五保户前段时间脚刚做过手术,由于医院住院费太贵,做完手术两天后就回家了。周边的邻居因为担心有泥石流危害都搬到村里的新街居住了,无人照顾脚不能走的老人家,于是他就整整两天都没能吃上饭,只能喝点生水,直到第三天疼痛减缓,方可下床煮饭菜来吃。他住的房子也非常老旧,台风期间,有滑坡危险,常被喊去村部过夜。

表 7-4　桥头村老年人协会 2014 年 6 月现金收支表

收入			支出	
序号	项目名称	金额(元)	项目名称	金额(元)
1	收 6 月全月活动费	1697	六一儿童节献礼	500
2	收入会会员 7 人×12	84	探望道新嫂慰问品	130
3	收旧报纸出售	16	购窗帘布加工费	38.8
4	收桌出租费 10×5	50	新吊扇开关一台	147
5	承上月余下款	2844.36	洗竹床	61.5
6			本月电费	125

续表

收入			支出	
序号	项目名称	金额(元)	项目名称	金额(元)
7			活动场管理费	600
8			新麻将	150
合计	收入	4691.36	付出	1752.3

根据表7-4可以看出,村中的道新嫂生病了,桥头老年人协会还专门组织人员前去探望病中的老人,并花销130元购买慰问品。因此,老年人协会有关心会员生活照料需求这个方面工作内容。

老年人协会还关注和维护老人权益。查看鸿尾乡老龄委2013年对鸿尾各村老年人协会的综合调查资料,了解到老年人协会在关注维护老年人权益方面贡献不少力量。奎石村2013年就处理了社会治安问题3人,调解纠纷2人,组织文体活动20人,为老同志服务30人;鸿尾村处理社会治安2人,调解纠纷2人,组织文体活动20人,为老同志服务42人。老年人协会在承担老年人的维权和社会福利工作方面切实履行着自己的义务,并贡献了自己的力量,是村两委的好助手,是在乡村开展互助养老模式的一股重要力量。

榕树社会工作服务中心在针对老年人的生活照料问题上提供了这样的服务帮助。

(1)老年人的个案服务,寻找链接资源。超墘村一老人的妻子患有尿毒症,通过社工项目宣传册联系到驻乡社工们,希望获得资金援助。遗憾的是关于资金援助方面,本社工机构无法提供,但驻乡社工还是尽力帮助他们,经过商讨和查阅网上信息后,社工们向他们讲解了向红十字会提交申请的步骤,还将步骤写成有提示的小纸条交予他们。

(2)链接资源,开展公益服务。鸿尾乡地理位置较偏僻,因此获取资源网络较缺乏。从鸿尾乡老龄委处了解到,此前他们一直想办义诊,但与医生的价格没有谈拢。社会工作者们通过链接资源,联络医科大学的研究生义诊团队,福建医科大义诊队有义诊要求,而鸿尾乡也有需求,社工们就借此将二者很好地结合,也推动了当地社区文化组织或参与活动,让鸿尾乡老年人能够不用坐车到市区就获得免费的看诊机会。2015年元旦期间,榕树社工机构联合福建医科大学研究生义诊队,前往桥头村老年人协会进行义诊。当天有许多老人来到义诊现场测血糖,量血压,还有询问医生病症。本次义诊还为腿脚不便的老人提供免费上门看诊服务,带去了血糖测试仪和血压仪,为他们测血压和血糖,同时还分给他们预防感冒的药物。

(3)节假日携带小礼品上门慰问老年人。2015年春节来临之时,榕树社会工作服务中心便组织社工机构前往鸿尾乡各村为五保老人送去春联,向他们送去春节的祝福。社工们送春联的活动也扩展鸿尾乡老年人协会的服务创意,他们也觉得春节为老年人送春联是个不错的活动,在由社工组织的送春联活动结束后,他们还组织一批人员为本乡部分老人送去春联。

社工机构组织的活动激发了老年人协会的服务活动意识,也提供了新的服务方式,使当地老年人协会的服务更加多种多样,更加迈向规范化。老年人协会对老年人的物质经济、生活照料和心理慰藉也更加关注,他们也开始思考要开展何种服务,解决老年人的问题。

三、开展精神慰藉活动

在关于老年人的精神慰藉方面,老年人协会也有自己的优势。组织闽剧团演出。看闽剧是老年人们喜爱的娱乐方式,福州地区老人爱看戏,在当地村庙神明诞辰庆典必会演戏,联系戏剧团、招待演员、维持秩序等活动都由老年人协会来承办①。老年人协会组织举办闽剧表演不仅满足了老年人对娱乐的需求,同时也传承了传统福州戏曲文化。

2015年3月,超墘村老年人协会还邀请县老体协的太极拳老师到鸿尾乡进行为期两天的太极拳教学,榕树社工机构的社工们也应邀参加学习。这为有兴趣学习太极拳的老人提供了学习的机会,增加了老年人体育锻炼的种类,丰富了老年人的体育活动。这些都推动了老年人积极参与全民健身运动计划,使生活更充实,丰富多彩,提高身体素质。

---

① 甘满堂:《乡村草根组织与社区公共生活——以福建乡村老年人协会为考察中心》,《福建行政学院福建经济管理干部学院学报》2008年第1期。

但笔者经过前期走访,发现问的大部分五保老人都不会去老年人协会活动。他们每天闲暇时就在村子里来来回回地散散步,串串门聊聊天,就是他们所谓的玩。偶有在老年人协会活动的话,基本上就是看看电视,在竹椅上躺一躺,少有与其他老人的互动。经常在老年人协会活动中心活动的老年人大多都是家庭条件好的,他们经常聚在一起打麻将,聊聊家长里短,互动较多。五保老人则形单影只,经济状况不佳也导致他们不参与打牌与打麻将的活动。还有的五保老人干脆就整日地待在家里,缺少文体活动和精神慰藉,整体精神状态不佳,总给人一种刚睡醒的感觉,显得神情呆滞。

(1)组织丰富的老年人协会活动。在进行老年人协会规划和建设期间,设计了一系列丰富的老年人协会日常活动,丰富老年人协会的活动种类,希望老人能从中找到自己的兴趣爱好并进行活动,而不是一味地进行赌博性质的麻将。还开展了几次老年人集体娱乐活动,给孤单的五保老人,缺少活动的五保老人提供集体聚会的机会,获得小小的身体锻炼,并通过竞赛获得奖品,感受成就荣誉。

(2)资助老年人协会一同举办文艺演出,与老人们同乐。在 2014 年国庆节和重阳节期间,榕树社会工作服务中心资助了鸿尾乡和桥头村的两场文艺演出,与他们一起办活动。鸿尾乡的文艺演出活动都是在乡政府领导同意的情况下,由老年人协会组织负责的。由于本次社会工作示范项目在开展过程中与乡老龄委以及各村老年人协会都有密切联系,在得知今年的国庆节和重阳节将组织文艺演出时,社工们积极地参与到了整场演出的活动策划中,不仅如此,机构还派出中心社工与志愿者排练广场舞,到晚会现场参与表演,与父老乡亲同乐。社工机构也依托老年人协会,由他们代为邀请五保老年人到现场一起观看表演,欢度节日。

四、推动集中供养

老年人年纪大了,身体开始出现各种状况,腿脚也不如年轻时敏捷,需要人照顾却没有人照顾。状况好一点的,会有亲戚朋友帮助照顾一下,多数也是在老人实在无法自己处理问题时才会出手帮助,老人还是依靠自己解决日常生活。身体尚可的老年人还能自理生活,但是随着年龄增长,老年人的体质越来越差,难以照顾自己时,他们的生活状况就很令人担忧。

平原地带的村庄尚且如此,住在山区村的老人家状况更甚。鸿尾的山区道路蜿蜒曲折,即使是开车上山也要耗费一个小时左右的时间。住在山上的五保老人,他们分散在山中的各个角落里,又没有那么多邻居亲属住在附近。下山看病买东西,有人能帮忙采购或是捎他们下山是最好的办法,如果没有,老人家就得自己爬几小时的山路下山,来回一趟就要耗费大半天的时间。让山区五保户最为绝望的就是生病问题。大罕村的一位五保户因为生病,下山看病需要麻烦别人接送,住院又无人照顾,村委会就组织村部工作人员轮流去看望他,老人感觉总麻烦别人很过意不去,便要求回家,回家第二天就喝农药自杀了。

综上所述,将山区老年人的分散供养改为集中供养十分有必要。在为农村特殊困难老人提供集中养老院时,不一定要重新建房舍,利用农村闲置校舍也是一条非常经济的解决问题之道。现在很多乡村都有闲置的小学校舍。根据 2011 年福建省教育厅《关于福建省农村中小学闲置校舍处置的意见》的规定,闲置校舍的处置办法有三种:一是改为教学辅助场所,如实习基地、教师宿舍;二是评估拍卖,用于偿还当初建校的债务;三是不能采取上述两种办法的,校舍交由当地村委会作为集体财产,用于农村社会公益事业使用。

"废校"改建为乡村五保老人集中养老院,可以一村建一院,也可以多村共建一院,要尽量做到"离家不离村",使五保老人的原有社会网能继续发挥作用。乡村五保老人养老院日常物业管理可由乡村老年人协会代负责,主要负责养老院的绿化、保洁与维修等工作,日常物业维护费用可由村集体筹集一些,乡镇政府补助一些解决。老人生活照料与精神慰藉问题可采取亲属帮助、老人互助、社会帮助等形式解决,其中养老院中的老人互助是最主要的解决办法。同住在养老院中的老人可以相互串门聊天,也可以在一起看电视打麻将等,各尽所长互相帮助解决生活照料问题。

对于这个情况,本次项目的主要目标是依托老年人协会推动互助养老工作,通过项目培训,组织会长到外地参观学习经验的方法,宣传互助养老模式,增强老年人协会的能力和经验。社工机构希望能推动鸿尾当地的乡村幸福院建设,采用互助养老模式,老年人一对一帮扶的服务,让居住在偏远山区的老年人可以在山下有个安置生活的地方,获取资源和寻求帮助更加便利,还能感受到老年人协会的关心照顾。

第五节　总结与反思

本章选取了福建省福州市闽侯县鸿尾乡的老年人协会作为研究对象,结合鸿尾乡的老年人协会发展实际,分析了老年人协会在农村互助养老中的作用发挥情况以及存在的问题,并尝试针对问题进行方案解决。社会工作机构通过建立健全的乡村老年人协会组织,推进老年协会规范化建设,构建以老年人协会为平台的乡村社区互助养老服务体制。

榕树社会工作服务中心在鸿尾乡政府和老龄委的支持与配合下,探索乡村老年人的养老模式,发挥老年人协会在乡村养老服务过程中的互助功能,目前鸿尾乡社会工作示范项目的服务已产生一定影响:

第一,项目引起乡政府以及社会对老年人的关注。(1)榕树社会工作服务中心入驻鸿尾乡后,初期先与乡政府、老龄委、社会事务办等相关单位取得联系,获得他们的支持与配合,随后走访了解当地特殊困难老年群体的基本状况,制作了老年档案,组织慰问活动,并将这些信息反馈给乡政府,引起乡政府对此群体的关注,可以更有针对性地提供服务与政策。(2)榕树社工机构在当地开展一系列老年协会规范化建设工作,涵盖组织建设、场地建设、资源链接、文化引导和事务参与等方面,社工机构的介入将激发老年人协会的更多功能,让乡老龄委关注到老年协会的发展潜力,不单是为本村甚至本乡老年事业发展提供助力。(3)在新闻媒体的宣传报道下,让社会大众认识了社会工作示范项目,让更多的人关注到特殊困难老年人和乡村老年人协会,也让更多公益人士了解到此处的需求,一起参与到项目当中,为农村五保老人以及老年协会的建设推动添砖加瓦。

第二,乡村老年人协会制度和规范逐渐形成,可以提供一定的示范和借鉴意义。在实施项目的过程中,榕树社会工作机构协助鸿尾乡老年人协会制定了《闽侯县鸿尾乡老年人协会章程》,补充了当地老年人协会制度方面的空缺。随后又制定了老年人协会达标建设指标体系,根据该评判标准进行老年人协会规范化建设,促进老年人协会工作的规范化,推进当地互助养老服务工作发展。社工机构在挖掘老年协会的潜能,建立老年协会和五保老人社会支持网络,引导互助养老的深入开展,帮助其在解决生活照料与精神慰藉问题上形成一系列服务程序与规范,也有一些方案等文本材料,为其他实施类似项目的单位提供借鉴。

第三,在鸿尾乡社会工作项目的实施推动下,超埕村老年协会萌生了要建立集老年协会、敬老院和老年活动中心于一体的综合活动大楼的意向,这将是全乡第一座有养老功能的大楼。前期已经解决了选址和土地的问题,正在向社会募集建设资金。地点位于114县道旁,交通便利,路口交界处,醒目好找。计划是:建3—5层,一楼店面出租,获得收益用于老年协会活动开销;二楼活动中心,配备活动器材;三楼以上和敬老院一样性质的。现阶段土地已经申请下来了,有600多平方米。资金方面,会长说他们第一步是老年协会自筹,先把土地填平,根基打好后,第二步是向社会企业家以及知名人士集资,预计能筹到几十万,第三步是向上级政府申请资金支持。

笔者有幸参与到2014年民政部福利彩票公益金特殊困难老年人社会工作服务项目当中,通过榕树社会工作服务中心社工的努力,虽然项目已经取得了一定的成果影响,但在执行项目的过程中也发现了社工机构服务自身的不足。

1. 服务对象改善不明显。在建设示范老年人协会的过程中,社工们试图改变协会内整天只有一项活动——打麻将的现状,购置了活动用品,尝试进行了宣传推荐。目前,只有少数人偶尔会参与下棋、打乒乓球、写毛笔字、看电影等活动,没有完全改善老年人协会的活动模式。虽然增加了活动种类,但会员的参与度还有待加强。可能是社工机构的宣传力度还不够,或者是活动不够吸引人的原因。

2. 社会工作知识技能的掌握不足。其一是方法技能掌握不足。在开小组的过程中,不能很好地控制场面和小组组员,忘记和老人们制定小组规范,导致部分老人出现随意离开进入,接打电话现象。这都是对社会工作的方法技能掌握不够熟练。其二是对理论知识的掌握不足,显得不够专业。对老年人社会工作的知识理论学习不够,在实际工作的过程发现自己对相关的知识理论水平掌握远远不足。书到用时方恨少,还需要继续多看书、多实践,多向别人学习,多思考。

3. 社会工作实务经验不足。但对于这些情况社会工作者们时常爱莫能助,而案主找到社工求助,缺少经验的社工们开始常常是手足无措,不知如何帮助安抚才好,只能向督导老师寻求帮助和指导来获取解决办法。

4. 项目服务分布不均。本次社会工作示范项目的服务可能会更加集中在奎石、超墩、桥头等几个距离乡政府较近的村庄开展,开展的服务内容形式也较多。与之相对,对山区村和江边村的关注不够,也是由于地形的关系,山区村位置偏远,不能吸引更多群众参加服务,社工机构上山的交通方面也存在困难。因此,有许多村没能很好地享受到社工机构提供的更多服务。

5. 活动凸显社工机构专业性的内容不够。社工们设计开展的大部分活动很多都是区别于以往的老年人协会活动,但是没有呈现出自身专业的特色,不能让服务对象感受到社工机构与其他工作者的区别。老年人协会成员对社工们的专业仍然存在困惑,把社工们当成志愿者,未能通过活动让他们感受到社工机构的特色。

6. 注意与老年人交流与沟通的方式、用词与语气。老年人随着年纪增大,退休离开工作岗位,在家庭生活中也不再占据主导地位,这会使他们产生很多的挫败感,同时又担心被别人嫌弃,怕别人觉得他们没用。因此,在与老年人沟通交流的过程中要非常注意自己的说话方式,要耐心地与他们沟通。和老年人一起工作时,要注意方式方法,考虑到不同老年人的性格特征。

7. 推动互助养老成效不大。经过社工们组织了老年人协会会长前往泉州南安金山村老年食堂参观回来后,超墩村老年人协会会长深受感动,决定着手准备建立敬老院综合大楼,为鸿尾的老年人办实事办好事,促进鸿尾互助养老、集中供养事业的发展。超墩村老年人协会还邀请社工机构理事长和驻乡社工们一起去探讨敬老院的未来规划。但项目后期,社工机构与乡政府领导谈及此事,向政府领导表示目前他们更加关注乡里的基础设施建设问题,感觉敬老院事业收效不大,不太愿意落实这件事。

长期推广互助养老模式,对乡村老年事务有丰富经验的老年人协会大有用处。社工们在项目进行期间花费不少努力，结果有时欣喜有时沮丧。但笔者从中看到老年人协会在乡村互助养老事业方面是有着不小的潜力的，希望老年人协会能通过这次的社会工作项目，了解自己的义务，在原有基础上能开展更多新颖的服务，重视老年人的养老问题，尽力提高本村困难老年人的生活质量。

第八章 村民自治、组织发展与村级治理

社会主义新农村建设需要有良好的制度环境作为保证,完善乡村治理机制,加强农村组织建设就是当前新农村建设的重要举措,它能为当前新农村建设创造良好的微观制度环境。完善乡村治理机制的核心是继续推进与完善村民自治制度,村民自治制度是在人民公社解体以后,原有的乡村组织处于瘫痪半瘫痪状态,农村社会严重失序的情况下,由农民主动创造出来的一种组织体制,后被中央肯定而成为体制内的制度安排。① 在过去的研究中,论及组织建设就是要加强村委会组织与村党支部组织建设,其实,村两委会组织只是村庄(指"行政村",下文同)的政治组织,除此之外,村庄还有社会与经济类组织。在福建乡村,老年协会组织比较活跃,成为村委会组织不可或缺的帮手;农村各种农业经济合作也正在兴起之中,众多民间中介组织的存在,提高了农民组织化程度。本书以统计调查为基础,以村民自治组织为研究中心,探讨农民组织发展与乡村治理的关系,借以发现一些有价值的东西,为当前福建省社会主义新农村建设提供借鉴。

本书问卷调查数据有两个来源,一为 2006 年暑期由福建省委宣传部与省社科联组织的"福建省社会主义新农村建设百村调研活动"(下文简称为"百村调研");二为笔者所组织的全省农村问卷调查。本次百村调研原计划要调查全省 9 市区 104 个行政村,由于"桑美"台风的影响,实际只收集到全省 9 市区 30 个县市区 65 个行政村,但样本村分布广泛,仍具有较强的代表性。百村

---

① 徐勇:《中国农村村民自治》,华中师范大学出版社 1997 年版;《流动中的乡村治理——对农民流动的政治社会学分析》,中国社会科学出版社 2003 年版。

调研多以村委会干部为调查对象,因此,其对于乡村治理方面问题的回答,代表着村干部群体对该问题的认识,而不是一般村民群众的认识。为弥补这方面的缺失,笔者所组织的调查则主要以普通村民群众为对象,问卷执行委托福州大学社会学系福建省籍的本科生同学完成,调查涉及全省 30 多个县 40 多个行政村,共完成有效问卷 452 份。在百村调研中,笔者与本课题组其他 4 位成员随调研团深入农村基层社区,与村两委干部、老年协会会长、村民代表以及一般村民进行较广泛的访谈,获得丰富的第一手访谈资料。

第一节　村庄集体经济与乡村发展

一、65 村基本情况统计

从 65 个村庄统计数据来看,平均每一个行政村拥有村民小组 11.37 个,户数 543.20 户,人口 2121.62 人,劳动力 1164.31 名,非本村常住人口(外来人口)55.00 人,人均纯收入 4941.32 元,村财收入平均 132.50 万元,见表8-1。从统计表中的最小值与最大值分布来看,本次调研的 65 村之间的人口与经济发展状况差别是非常巨大的,特别是人均收入与村财收入两项。据福建省统计局数据,2005 年全省农民人均纯收入 4089.38 元。本次调研 65 村平均收入高于统计平均数,说明本次调查的行政村大都是经济社会发展水平相对较好的乡村。

表 8-1　百村调研行政村的社会经济概况(百村调研数据)

统计项目(单位)	村总数	最小值	最大值	平均值	平均差
村民小组数(个)	65	2	32	11.37	6.55
总户数(户)	65	67	1793	543.20	324.06
人口总数(人)	65	218	5792	2121.62	1257.53
劳动力总数(人)	61	120	2922	1164.31	692.41
党员总数(人)	65	11	116	55.00	25.39
人均纯收入(元)	62	1938	9500	4941.32	1493.94

续表

统计项目(单位)	村总数	最小值	最大值	平均值	平均差
非本村常住人口(人)	50	0	2200	165.75	434.86
村财年总收入(万元)	63	1.18	2297	132.50	327.66

二、村财收入影响村庄发展水平

作为村民自治组织,村集体应当拥有自己的收入来源以支付日常开支。福建村集体收入主要来源于村办企业利润、土地承包及转让费用、上级的财政转移支付等。村集体收入主要是用来支付村干部工资、村行政日常办公开支,以及开展一些社区公益事业,等等。调查发现,各个村的村财年收入水平相差很大,少的只有1万多元,多的则达到上千万元,但多数行政村集体收入是在5万到10万元之间。经济发达的村庄其收入主要来自村办企业利润,没有村办企业的村庄,其村财收入则较少,日常运转经费要依靠上级政府的财政转移支付。某些村庄的集体公益事业还得到了村境内企业与海外华侨的资助,村庄道路、村小学等都建设得相当不错。如闽侯县白沙镇溪头村,其村境内有年产值5亿多元的闽兴工艺品公司,该公司已累计向溪头村捐赠近2000万元用于村庄道路、小学、幼儿园与公园建设。闽侯县南通镇洲头村的道路、小学及村庄卫生清洁工作得到旅美华侨的长期资助,累计捐助数百万元人民币。

本课题走访了福建沿海5市区的30个左右的行政村,最大的直观感受是:新农村建设搞得较好的乡村,大都是集体经济发展较好的乡村,而集体经济是空白的乡村是无法将新农村建设好的。福建沿海地区集体经济发展较好的乡村在解决村庄教育、道路、卫生、治安、水利供给等公共产品之后,还向村民个人发放教育、医疗与养老补贴,极大增强了集体的凝聚力,同时也减轻了国家的负担,成为当前新农村建设的典型示范村,如连江县筱埕镇官坞村、福清市沙埔镇赤礁村,两村都有资产规模超过千万元的村办集体企业。

第二节　村主任、村支书与村级治理

现代农村发展离不开集体的力量,分田单干后的农民仍迫切需要有领头人带领他们走上集体致富路。村民自治的核心是要让那些想当村干部又有能力当好村干部的村民脱颖而出,成为村庄领导人,带领村民进行新农村建设。因此,以村主任与村书记为首的村两委干部的素质直接影响村庄的社会经济发展。那么,福建基层村主任与村支书群体的素质如何呢?

一、村主任与村支书的基本情况

本次百村调查中,对村主任与村支书设有专门的问卷调查与访谈,涉及其性别、年龄、学历、上任前当过干部总年数与什么干部、现社会职业、收入等方面的信息,经过汇总统计,可以发现一些有价值的信息。

第一,性别。调查中发现村庄两大领导干部村主任与村支书基本上清一色是男性,只有妇女主任或计生专干等次要职位才是女性。福建省行政村一般设村干部3—7名,主要有村主任、村支书、村副主任、文书、民兵营长及计生专干(妇女主任)等,除妇女主任一职由女性担任之外,其他职务全部由男性担任。

第二,年龄。村主任群体平均年龄是43.9岁,村支书为48.10岁,村书记比村主任平均年龄大4.2岁,村主任与村支书年龄最小值都为30岁,两者平均年龄都没有超过50岁,这表明目前村干部群体年轻化趋势突出。

第三,教育年限与学历。村主任群体平均教育年限是10.32年,村支书群体为10.77年,村支书教育年限与学历水平略高于村主任。从教育年限可以看出,村主任与村支书的学历高中为多,这在农村算是高学历的。

第四,上任前当干部情况。村主任群体上任前当过村干部平均6.81年;村支书群体则为9.12年。村主任群体中上任前当村委员最多,占33.3%;当过其他各类干部的都不超过10%;没有当过村干部,只是普通村民的占21.1%。村支书群体中上任前当过村主任最多,占37.7%;当过副书记占13.1%;村委会委员 13.1%;没有当过村干部,是普通村民占 4.9%。因此,从干部资历上来看,村支书高于村主任。

第五,社会职业。从 65 个村的调查数据来看,农村基层干部都是兼职的,村主任群体中是农业劳动者的占 34.6%,个体户占 30.8%,厂长或企业经理占 21.2%,没有外出打工者,其他职业占 11.5%;村支书群体中是农业劳动者的占 38.1%,个体户占 21.8%,厂长或企业经理占 27.3%,没有外出打工者。两组数据表明,村主任与支书职业出现多样化,不再以纯农业劳动者为主。

第六,收入。村主任与村支书属于村庄高收入群体,但这并不是干部工资收入带来的。福建农村的村干部工资月平均在 500 元左右,只有"城中村"干部的工资较高,一般在 2000 元左右,但多是全职干部,兼任村企业集团总经理或董事长之职。由于村干部大都是"经济能人",拥有另一份收入较高的正式职业,因此,他们并不很在意工资收入的多少。

二、几点发现

1. 村支书的社会资历普遍高于村主任

从村主任与村支书的年龄、教育年限、上任前当干部总年数平均值与上任前当过何职位干部来看,村支书的社会资历普遍高于村主任,这也造成了村支书的社会声望高于村主任。另外,根据《村民委员会组织法》,村民自治是在党支部领导下进行的,法律上已规定了村书记权威高于村主任;上级党组织在村支书选拔时,通常是从村委会委员中挑选,很多支书在没有上任前,通常已当过村主任多年,这就增强了村支书是村庄第一当家人的地位。我们入村调研时也发现,村支书主持接待,发言的时间也多于村主任,村主任明显起"配角"作用。

2. 宗族关系对村两委干部人选有影响,但不是决定性因素

调查发现,村主任与村支书多是由村中大姓村民担任。福建农村居民多聚族而居,本次百村调研发现单姓村占 55.0%,主姓村占 28.3%,杂姓村占 16.7%。因此,宗族关系与村两委干部人选在统计上有相关性,但并不表明村民选举中,村民只考虑同宗族的候选人。

调查发现,村民在投票选举时不是无条件地从宗族角度出发,而更多的是从公共利益角度考虑。如在问及"您在选举村委会干部时,会考虑候选人的哪些因素?",高达78.3%被调查者会考虑"候选人能力强,有领导才干,能给全村发展带来好处";考虑"候选人当选后是否能给咱家带来好处"者占20.0%;考虑"候选人是否是本家宗族成员"者占12.6%,后两者并不占多数。

3. 经济能人治村是多数村庄的普遍现象

从村主任与村支书在职时社会职业情况统计来看,接近50%的村主任与村支书都是个体户、厂长或企业经理,这表明多数村庄已出现"经济能人"主政的现象。在村委会干部选举中,村民们也倾向于选择那些能力强,有领导才干,能带领全村致富的村民当村主任和村支书。这是村庄"经济能人"主政的民意条件。

4. 农村党建对村民自治发挥决定性影响

从《村民委员会组织法》来看,村民委员会是村民自治组织;村级党组织是中国共产党在农村的最基层组织,按照党章进行工作,发挥领导核心作用,依法支持和保障村民开展自治活动,直接行使民主权利。因此,在村民自治实践中,村党组织直接负责村民自治的各项事务的领导工作,村两委通常是"两块牌子一套人马",村级党组织建设水平直接影响到村民自治的发展水平。百村调研显示,村主任是党员的比例为88.3%,村支书是村委会委员的为59.0%。因此,村民自治过程中也要搞好村党支部建设,注意党员干部的培养与教育工作。

5. 村官任期3年一届仍是较合理的制度安排

有些学者调查认为,3年一届的选举时间过短,容易引起新任村委会领导班子的短期行为。从本次百村调研来看,多数村官连任机会是较多的。福建省政府规定,村官能连任三届的,期满退休可以得到乡镇政府发放的退休金。这种政策在客观上激励了村官谋求能连任,这样短期行为发生的可能性就变小。在与一般村民访谈时,绝大多数村民赞成3年一届,认为这样可以对村官腐败形成有效的监督。抱怨3年一届,时间太短的,多数是村官,而不是村民。

第三节　村级治理过程中的村民参与

一、村级治理过程中的制度与机构建设

福建省村民自治制度推行已将近 20 年,经过多年实践,村级治理制度与机制也日趋完善。村级治理的制度主要有:《村规民约》、《村民代表会议制度》、《村民代表会议议事程序》、《村务公开制度》、《集体财务民主管理制度》、《村务公开监督小组职责》、《民主理财小组职责》、《计生宣传访谈工作制度》等,经济发达的村庄还有《流动人口管理制度》等。在调查过程中,我们看到这些制度都张榜贴在村委会办公楼内。村民自治机构除村委会外,还包括人民调解、治安保卫、文教卫生、社会福利、计划生育工作委员会等附属组织,另外还有村务公开领导小组、村务公开监督小组、民主理财小组等,个别发达的村庄还有工会组织等。

表 8-2　村民参与村务会议情况(百村调研数据)

村民参政项目	村数	最小值	最大值	平均值
一年内村干部会议次数	63	6	126	36.2
村民代表数	63	4	150	38.2
村民女代表数	62	0	37	5.8
一年内村民代表大会开会次数	63	1	20	6.3
每次村民代表大会与会代表比例(%)	63	50	100	86.8
每次村民代表大会女性代表与会比例(%)	57	0	90	15.4
一年内召开村民大会次数	59	0	12	1.2
每次村民大会与会村民比例(%)	38	0	100	67.4
每次村民大会女性村民与会比例(%)	36	0	85	31.8

据百村调研数据统计(见表 8-2),一年内村干部会议平均召开 36.2 场,平均每月有 3 场。每个村平均有 38.2 名村民代表,其中,有 5.8 名女代表,占

15.2%。一年内每村平均开 6.3 次村民代表大会，每次平均 86.8% 的代表参加，每次开会女性代表所占比例约有 15.4%。一年内村里平均召开 1.2 次村民大会，每次开村民大会有 67.4% 的人参加，每次开会女性所占比例约有 31.8%。从总体上看，村庄民主生活发展较好，不足之处是妇女作为"半边天"，参政议政的比例明显过少。

为激发村民代表工作热情，提高村委会选举的投票率，村财政收入较好的村庄会给每次参加村民代表会议的村民发放"误工补贴"，每次金额 30 元至 50 元不等，给参加投票的村民也发放"误工补贴"，少则 10 元，多则 50 元。

为了规范村财政支出用途，防范"村官腐败"，福建省乡村自 2004 年起开始推行"村财镇（乡）管"制度，即村庄资金收入由乡镇政府所设立的经济管理站统一管理，村庄不再设会计与出纳，村庄若要预支资金使用，需要事前提出申请，或事后报账才可以得到资金。另外，村庄还设立 5 人财务监督小组，可以随时查阅账目。村干部与村民群众对于村财镇管制度是非常欢迎的，认为在一定程度上可以减少"村官腐败"，密切农村干群关系。

二、村级选举中的村民参政意识调查

福建省农村是在全国较早实施村民自治的省区。在"村官"选举中采取"两推一选"的办法，即由群众和党员民主推荐，全体党员差额选举产生村党支部成员；由全体村民推荐，村民代表推荐，全民选民差额选举直接产生村委会成员。在问及"您村的村委会干部是否经过村民选举"时，百村调研数据为 98.4%；福州大学调查数据为 78.5%，说明某些村庄的村官没有经过村民选举或村官选举流于形式。

《村民委员会组织法》是村民自治的指南，村民对此了解如何呢？福州大学调查数据显示，普通村民"非常了解"占 7.3%；"知道一些"占 37.12%；"听说过，但不知道是咋回事"占 34.2%；"听都没有听说过"占 34.2%，证明超过半数的我省村民对《村民委员会组织法》知之甚少。与普通村民相对照的是，村干部对于《村民委员会组织法》的了解是比较深入的，"非常了解"占 50.8%，而一般村民只有 7.3%。

在问及"您认为能不能当上村委会干部由谁决定"时，72.9% 受调查村民

认为是"村民选举";14.0%认为是"乡镇任命";认为由村支书决定占5.3%；认为"由宗派或金钱"等因素决定者占7.8%。对于当村干部的态度，"想当，并会积极争取"者占14.8%；"想当，但不会积极争取"者则占9.17%；持"无所谓"态度者占39.2%；"不想当"者36.3%；持"无所谓"态度超过1/3，表明不少村民消极对待村委会选举。

村委会干部选举是村庄政治社会生活中的大事，调查发现46.9%受调查者参加了上届村委会干部的投票选举活动，53.11%则没有参加。至于为何参加？认为"这是公民的义务"者28.3%，最多；其次是"村里要我参加"占14.8%；再次是"大家都选，所以我也选"占13.1%；还有"选举对自己有好处"占7.1%；"不选会得罪人"占3.1%；"其他"占7.9%。这表明村民在投票过程中缺乏参与的主动性与自觉性。

在问及"为什么没有参加选举"时，列第一位的是"选举时我不知道"，为14.8%，这说明宣传工作还需要进一步做好；其次是"上面定好了，选也白选"，为13.5%；第三是"选举对我来说不重要"，为11.7%，因而，也不愿意参加，见表8-3。

表8-3 您为什么没有参加选举（多选）

选项	样本数	百分比
选举太麻烦	34	7.5
选举对我来说不重要	53	11.7
上面都定好了，选也白选	61	13.5
我的一票起不了什么作用	24	5.3
选举时我不知道	67	14.8
选了对我也没有什么好处	15	3.3
对候选人不了解	38	8.4
当时我还没有选举权	25	5.5
其他（请说明）	16	3.5

在问及"如果您认为村委会干部不公正，您会用什么方式表达您的意见"时，选择"下次不选他（她）"占43.6%，这表明多数村民已善于利用选举这种

方式来表达自己的意愿;也有一些村民采取选择沉默"什么也不说"31.9%;但也有些村民采取"写信向上级反映情况"占24.1%;"直接找村委会诉说"占24.6%等方式反映自己的意见,见表8-4。应当说,多数村民是以积极的方式对待选举活动的不公正问题。

表8-4　如果您认为村委会干部不公正,您会用什么方式表达您的意见(多选)

选项	样本数	百分比
下次不选他(她)	197	43.6
写信向上级反映情况	109	24.1
直接找村委会诉说	111	24.6
到法院去告他(她)	9	2.0
什么也不说	144	31.9
与村干部对着干	9	2.0
找机会报复	8	1.8
其他	4	0.9

在问及"在您眼里(实际生活中)村民自治是什么"时,认为"农民群众自己当家作主"占62.5%;"走过场、搞形式"占21.4%;"村干部的事情,与我无关"占10.7%;"其他"占7.0%。这表明大多数村民都已正确地认识到村民自治的性质是"农民群众自己当家作主"。

三、影响村民参政因素的相关分析与村民参政情况总结

本课题组以"您是否参与上一年的村委会选举投票"为衡量村民参政标准,将其与"性别"、"年龄"、"文化程度"、"职业"、"对未来生活的预期(您对您对您家将来过上更加富裕与文明的生活是否有信心)"、"是否了解《村民委员会组织法》"、"您村是否推行村务公开"等项进行Pearson相关性分析,见表8-5。结果发现,影响村民投票的相关因素较高的有"性别"、"年龄"、"职业"、"对《村民委员会组织法》的了解程度"、"村庄是否推行村务公开"等,它们的相关系数绝对值都在0.15以上,即男性、年龄较小者、非农业劳动者、对《村民委员会组织法》了解程度高、所在村庄推行村务公开较好者的投票率

高,反之则低。村民投票率与"文化程度"、"对未来生活预期"等的相关系数都低于0.1,表明影响力较弱或不显著。厦门大学胡荣教授的同类调查也发现性别、年龄、职业等影响村民参与村民选举的投票率。[1]

综上分析,农民群众是非常欢迎村民自治制度的,虽然在村官选举中的参与度还有待提高,但大多数村民已认识到村民自治是农民当家作主的制度。部分村民对于村民自治制度还不是很了解,没有系统学习《村民委员会组织法》,因此,还需要加强对该项法规的宣传工作。调查还发现,村民的参政意识相当高,特别是在经济发达的乡村。村民们也善于利用投票来表达自己对候选人的看法,在投票选举中,不是仅仅从宗族血缘与家庭利益考虑,更多的是村民全体利益的角度考虑。对于村委会干部选举中的不公正现象,多数村民是采取积极的抗争态度与行动,而不是听之任之。总之,村民的民主意识正在不断增强,村民自治制度也正在不断完善之中。

表8-5　影响村民投票的相关因素分析

	Pearson 系数	样本数
性别	0.177＊＊	452
年龄	−0.251＊＊	452
文化程度	0.043	452
职业	0.192＊＊	452
对未来生活的预期	0.035	450
是否了解《村委会组织法》	0.259＊＊	452
村庄是否推行村务公开	0.177＊＊	451

注＊＊:Correlation is significant at the 0.01 level(2-tailed)。

四、村务公开实施情况

村务公开是村民自治制度的重要内容,是密切农村干群关系的重要纽带。为了推进村务公开的透明度,增强民主监督与管理,各地方都在上级政府的指导下制定了《村务公开条例》,规定村务公开工作是在村党支部领导下进行

---

[1]　胡荣:《理性选择与制度实施:中国农村村民委员会选举的个案研究》,上海远东出版社2001年版;《社会资本与村民在村级选举中的参与》,《社会学研究》2006年第2期。

的,村党支部为第一责任人负总责,在村部设有村务公开栏,供村民随时查阅。福州地区的村务公开主要内容有:(1)村财收支情况;(2)村级基建工程项目;(3)工农业及第三产业发展;(4)各项承包金收缴情况;(5)村资金外借与借入情况;(6)固定资产集体土地使用权情况;(7)上级下拨款的使用情况及扶贫资金;(8)优抚款发放情况;(9)村干部工资及资金收入情况。村务公开的时间,经济发达的村庄一般每月公开一次,不发达的村庄半年公开一次。对于是否行村务公开,百村调研数据是 100%,这是调查对象都是村干部所导致的结果。福州大学调查数据是 66.3%,这证明有些行政村还没有推行村务公开制度,或村务公开制度流于形式,搞得不好。农村最低收入保障户确定是村庄大事,在问及此问题时,有 45.1% 受调查对象认为农村"低保户"的确定不公正,这说明村务公开制度确实还需要加强。

第四节　村庄民间组织与乡村发展

通过本次调研,本课题组发现福建省乡村民间组织众多(见表8-6),除村委会、村支部等正式组织之外,还有众多社会与经济类民间组织,其中以老年协会最为活跃。村庄所有成年村民,几乎都参加了一个或多个民间组织。众多民间组织的存在与发展,有力促进了农村社会经济的发展。从村庄民间组织的性质与职能来看,可以将它们分为政治组织、社会组织与经济组织三类。政治类组织主要有村民委员会、村支部、村民代表会议、村民大会,以及隶属于村两委的共青团、民兵营、调解委员会、治保会、计生协会等,它们的主要职能是乡村管理,是上级政府在乡村的代理人。社会类组织主要有村老年协会、宗祠管委会、村庙管委会、文化体育协会(如龙舟队、腰鼓队等)、老年学校等,它们扮演着丰富村民社会生活的角色,其核心组织是老年协会。经济类组织主要有各类种养殖协会、标会等,除标会以外,各种类养殖协会的会长多由村主任或书记兼任,它们是在村两委领导下发展起来的,独立性不是很强。

一、老年协会与村庄公共生活

老年协会是社区老年人互助组织,其宗旨是维护老年人的合法权益,增进老年人的社会福利水平。福建省地方政府规定,村老年协会接受村委会领导,其活动场所与经费由村委会或自己解决。由于老年协会获得社会资源的渠道较多,开展的社会互助活动也较多,因而成为福建乡村最富有活力的民间草根组织。据福建省老龄委调查统计,截至 2004 年底,全省 60 岁以上老年人口共有 407 万人,约占全省总人口的 11.6%。全省共有村(社区)16497 个,建有老年协会 13591 个;其中行政村 14595 个,建有老年协会 11912 个,占 88.3%。[①]由此看来,福建乡村老年协会普及率非常高,调查数据显示 77.6%的乡村拥有老年协会。老年协会能否保障老年人权益? 53.9%的调查对象认为"能",表明多数村民对于老年协会的功能是持积极的看法的。

表 8-6　村庄组织分类

分类	政治组织类		社会组织类	经济组织类
核心组织及负责人	村党总支部村支书	村委会村主任	村老年协会会长	经济合作社村支书或村主任兼任
次要或从属组织	共青团妇联民兵营计生协会	村民代表会议调解会治保会	宗祠管理委员会村庙管理委员会(庙会)	种养殖协会标会
再从属组织	人口学校	村务公开小组村民理财小组	文体协会老年学校	—

福建乡村老年协会会长多是由有知识、有领导能力的老年人担任,他们大多是退休回乡干部,因此社会威望非常高。老年协会也都有自己固定的活动场所,不过多数活动场所都附设在祠堂或村庙中,这使得祠堂与村庙有了新的用途。老年协会活动场所内备有电视、报纸、棋牌、躺椅等,供老人平时休闲娱

---

① 福建省老龄办课题组:《试论村(社区)老年协会作用的发挥——福建省基层村(社区)老年协会建设的调查与思考》,见福建省民政协会主编:《2005 年福建民政论坛研究成果集萃》,2005 年。

乐,非老年村民也可以参与活动。因此,村庄老年协会活动中心也是社区公共活动中心。老年协会经费来源渠道较多,主要有村委会拨款、会费收入、社会捐助收入与经营性收入等。依托较充裕的经费支持,老年协会开展的活动也较多。若遇到村中老人去世时,老年协会送上数百元钱到丧家,并送个花圈表示哀悼,安排老人参加葬礼,有老人乐队者则为葬礼奏乐。当某个老人生病时,老年协会组织慰问,请医送药,对重病号派人轮流护理,对于一些卧病不起的老人,老人会也会定期派人上门探望。如果某个老人与家中成员发生纠纷,老年协会将根据不同情况进行针对性的调解,教育该老人的子女孝敬老人。发生损害老人权益的事情时,老年协会将督促村委会予以处理,以监督《老年人权益保护法》的执行。乡村老年协会的存在较好解决了老年人权益保障与休闲娱乐问题,增强了老年朋友对协会的归属感,使老年协会真正成为老年人的"家"。

现在许多村落社区中,成年男性大多在外工作,老人留守家园,老年协会组织的重要性得以显现,许多社区公共事务也由老年协会出面操办,如村庙酬神演戏、游神巡境,乡村龙舟赛等。现在有些乡镇政府与村委会在日常有关村务的重大决策中经常要征询村老年协会的意见,在政策执行时也要力求取得老年协会的支持与配合。正是因为老年协会作用巨大,现在乡村重大活动中都要请老年协会会长出席。因此,人们经常形象地将老年协会称作是村庄的"政协委员会"。

二、农业经济合作组织与农村经济发展

重视农业规模化经营,需要培植农民专业合作组织的发展。通过本次百村调研,我们发现福建乡村农业经济合作组织正在兴起。据有关部门统计,截至2004年底,全省农村专业经济组织有5200多家,主要有农村经济合作社和农村专业经济协会,后者作为非营利组织纳入社团登记对象,累计登记610家。① 农业经济组织多数是跨村组织,以镇为单位,只有少数是以行政村为单位。目前,农业经济专业合作组织以南平地区发展较多,其他地方数量相对较少。从成立方式与经费来源看,主要有政府推动型、龙头企业推动型与种养殖

---

① 福建年鉴社:《福建年鉴(2005年版)》,福建人民出版社2005年版。

大户推动型三种形式。政府推动型的经费多来自政府部门,协会负责人通常由乡村干部兼任;企业推动型的经费多由企业出,协会负责人由企业经理兼任;种养殖大户推动型的经费基本上由农户均摊。从活力上看,企业推动与种养殖大户推动型较有活力。农业经济合作组织的发展,能较好地解决农户在生产经营过程中所遇到的市场销售与生产技术等难题,有助于农民家庭经济收入水平的提高。不过,从总体上来讲,目前福建农村经济合作组织正处于起步发展阶段。

三、村支书、村主任与村老年协会会长——村庄权威的三驾马车

村庄民间组织发展是很不平衡的,不同的民间组织之间在社会政治经济影响和地位方面差距很大。据笔者多年调查发现,目前村庄影响力最大、威信最高的村民组织是村委会、村支部与老年协会,传统上影响较大的还有团支部、妇代会、民兵营等,但现在的影响和作用已非常微弱,都从属于村两委会,负责人与两委会成员重合。因此,福建多数乡村权威最大的 3 位村民往往是该村 3 个影响最大的组织的领导:村党支部书记、村主任和老年协会会长,构成村庄权威的三驾马车。造成农村民间组织之间极大差距的主要有四个方面的原因。(1)法律地位。村委会在法律上是政府在乡村的代理人,因此是村庄第一组织;老年协会是在地方政府推动下成立的,也具有政治上的合法性,但到目前为止,福建乡村还没有一家老年协会在县以上民政部门登记注册。(2)社会认同。福建乡村都有尊老敬老与宗族认同的传统,老年协会的威信即源于此。(3)经济实力。老年协会能办得好,与其拥有较广泛的经费来源渠道有关。没有较强的经济实力,就很难吸引其成员,也不能为村民办实事,就不容易获得村民的拥戴。(4)强有力的领导。没有一个强有力的领导,即使具备上述条件,该组织也极难有很大的影响和势力。

第五节　结论与讨论

一、新农村建设需要注意发展乡村集体经济

本次百村调研发现,新农村建设搞得较好的乡村多数都是集体经济较发

达的乡村,也可以说,村庄集体经济的发展是"乡村善理"的基础。中央在新农村建设纲要当中,提出经济发展是第一要求,但经济发展的目标不仅是要增加农民收入,而且应当包括增加村集体的经济收入。发展集体经济不是取消分田单干,而是在分田单干的基础上,因地制宜,采取多种灵活方式发展与壮大集体经济。如何发展集体经济?有些乡村的重要经验是集体财产不要全部分掉,适当保留一部分用来增值。笔者在走访福州市区中的"城中村"发现,村集体经济都非常发达,他们的经验是征地款没有全部分掉,而是保留大部分用来发展集体经济,盖宾馆、写字楼与工业厂房以出租生财,村财年收入大都在数百万元,个别达到上千万元。依靠强大的村财收入支持,城中村自己给本村失地农民办理了养老、医疗等社会保障,实行免费教育等福利。一些山区行政村则普遍保留一片集体林场、果园或水库,每年也能为村财创收。

二、村民集体致富需要"经济能人"式的好干部

百村调研发现,新农村建设离不开集体的力量,农民迫切需要有好的领头人,带领他们走上集体富裕路。村民自治的核心是要让那些想当村干部又有领导才干的村民脱颖而出,成为村庄领导人,带领村民进行新农村建设。因此,选好村干部是新农村建设的关键。好的村干部候选人首先应当是"致富能手"或"经济能人";其次要具有集体主义精神,能主动带领全村村民走集体致富路;最后,需要有一定的文化知识水平,学历至少不应低于初中毕业水平。在考核标准上,是否推动集体经济发展与村民收入整体水平提高应当列为首选标准。

三、把好党员发展关,搞好村支书推选工作

在乡村治理过程中,村党支部也是领导核心,村民党员与村支书素质对村民自治具有重要影响。因此,需要加强对农村新党员的思想教育工作,把握好新党员发展关,搞好村支书推选工作,增强农村党支部的战斗堡垒作用,作村民自治的坚强后盾。发展新党员,要注意吸收新鲜血液,要注意从高中毕业回乡青年,外出务工回乡村民以及农村个体户与私营企业主等群体中发展新党员;同时也要做好新党员的思想政治教育工作,激励党员干部在新农村建设中

发挥先锋与模范作用,要特别强调:要先富帮后富,走集体致富路。乡镇党委要做好村支书推选工作,不仅要看其思想政治水平,更要看其市场经济能力,即拥有能够带领村民走集体致富的能力。

四、加强对《村民委员会组织法》宣传工作,引导村民参政议政

村民自治需要村民参与,没有村民参与的自治只能使村民自治流于形式。调查发现,村民对《村民委员会组织法》的了解程度影响其投票率,因此,应当加强《村民委员会组织法》的宣传工作,让每一个村民都了解掌握这部法律,并运用这些法律知识参与村民自治工作。引导村民参政议政,特别是引导妇女参政。在当前某些农村男性劳动力外流严重的情况下,留守妇女占村庄成年人口的多数,因此,在村两委干部与村民代表中要适当增加妇女的比例,最低应当不少于总数的1/3,发挥好女性"半边天"的作用。

五、"村财镇管"要与村务公开结合在一起

民主制度的核心就是人民群众要通过一整套精心设计的规则去挑选、监督、控制政治权力的代理人,防止代理人机会主义行为,确保权为民所用、利为民所谋。对于村干部是否能遵纪守法、全心全意为村民服务,我们不能将期望寄托于他们在道德上的自觉,还应当创立一整套监督制度来保证。目前推行的村务公开制度就是完善村民自治制度的重要机制。从本次调查来看,有些乡村的村务公开流于形式,或根本就没有公开,村干部说了算,村务活动得不到监督,村官贪污腐败现象时有发生。"村财镇管"在一定程度上防止了村官腐败,但不是绝对的。有时,村镇干部沆瀣一气,村民很容易被蒙蔽。因此,目前推行的"村财镇管"制度还要与村务公开结合在一起,乡镇经济管理站应将全年村财收支情况张榜公布,并接受村民代表查账。

六、引导老年协会参与新农村建设,特别是村务公开事务

鉴于农村人口老龄化与村老年协会的活跃性,本书认为,老年协会在乡村治理中的作用应当得到进一步的提升。当然,老年协会在发展中也会出现一些问题,但只要加强引导,老年协会是可以成为村委会的可靠帮手,而不是麻

烦的制造者。在当前社会主义新农村建设中,依托乡村草根型民间组织兴办社区公共事务是一条重要途径。随着乡村老年人口不断增加,老年协会的重要性也会不断增强,老年协会的功能还可以适当扩张,如参与监督村务公开,促进村民自治建设等。乡镇政府领导应当经常性地听取各村老年协会会长关于村务公开方面的汇报,并以此作为考核村两委干部的标准,使老年协会参与村务公开的工作制度化、经常化。

七、重视引导农村经济合作组织的发展

重视农业规模化经营,需要培植农民专业合作组织的发展。过去发展县域经济过分强调非农产业,但实际上传统农业也大有可为,只要规模经营能上水平,就可以成为县域经济的重要产业支柱。福建省县域经济在农业方面也有不错的表现,如永春的水果业、古田的食用菌、漳州的香蕉、莆田的龙眼、安溪县的茶业经济等。农业生产需要走规模化经营之路,不过单纯依靠"公司+农户"模式还是不行的,因为在这种体制下农户利益没有得到有效保护,农户利益没有实现最大化。国外通行的做法是鼓励小农联合起来成立农业专业合作组织,负责生产资料供应、技术指导及市场销售等,这种模式在促进农业规模化经营的同时,也能最大限度地保护农户的利益。通过本次百村调研,我们发现福建乡村农业经济合作组织正在兴起中,但仍处于初步的发展阶段,希望各级政府能积极推动农村经济合作发展,并给予一定的启动经费资助。

第九章　村级社区学习中心构建
模式及可持续发展对策

　　构建村级社区学习中心是农村社区教育发展的重要工作,促进社会主义新农村文化建设的重要举措。在政府号召与民间机构支持下,福建省各乡村依托镇文化站、中小学、老年协会以及村委会等组织机构建立起以农家书屋为核心的乡村社区学习中心。本书通过典型调查后认为,乡村社区学习中心应当与老年协会活动中心相结合,农家书屋交由老年协会管理,以保障村级社区学习中心可以持续运营。

第一节　作为农家书屋的村级社区学习中心

　　村级社区学习中心是建立在乡村社区,供社区全体村民学习科学文化知识、提高文化素质的场所。标准的村级社区学习中心应当拥有图书室、报刊阅览室、网吧、培训活动室、村史陈列室等,除向村民提供书报刊阅览之外,还提供上网、信息咨询、专题培训与村情村史展示等服务。简易的村级社区学习中心是指拥有图书室,其藏书不少于 2000 册,阅览室不少于 20 平方米的村级社区学习中心。中等规模的村级社区学习中心除了要拥有图书室之外,还应当有电脑室,要提供上网服务。村级社区学习中心构建模式有很多种,有的依托乡(镇)文化站,有的依托乡村中小学,还有的依托村委会或村老年协会。

　　自 2005 年以来,在政府号召与民间机构支持下,福建省各地陆续建立起以农家书屋为核心的乡村社区学习中心,并逐步确立了"政府主导、社会参与、村民管理"的运行机制。2011年,福建省人民政府发布《福建省"十二五"文化改革发展专项规划》,提出文化强省发展战略,计划到2015年建成比较完备的省、市、县(区)、乡(镇)、行政村五级公共文化服务体系,实现县有博物馆、图书馆、文化馆、数字电影院、剧院,乡(镇)有综合文化站,社区有文化活动中心,村有文化活动室、农家书屋的目标。① 2011年6月召开的全省农家书屋工程建设工作会议指出,截至2010年底,全省已建成农家书屋8450个,配送出版物2573种,有图书1014万册,有效地缓解了农民群众"买书难、借书难、看书难"的问题。会议要求重点抓好农家书屋工程基础建设,实现全省所有建制村全覆盖。

当前,福建省村级社区学习中心已有一定的发展规模,有必要总结经验,概括出发展模式,发现问题并解决问题,进一步促进农村社区教育发展。本章拟结合福建省的典型案例对各种村级社区学习中心的构建模式进行概括,进而探讨村级社区学习中心可持续发展的对策。

第二节　村级社区学习中心的构建模式及主要问题

一、村级社区学习中心的构建模式

构建村级社区学习中心要依托已有的各类组织机构,通过社区居民参与、机构支持、民间组织负责等方式共建村级社区学习中心,解决学习中心运作过程中所需要的场所、经费等问题。本课题组近几年在福建农村调查搜集到构建村级社区学习中心的一些典型案例,并将其整理、分析、归纳成以下5种构建模式。

1. 以乡(镇)文化站为依托的村级社区学习中心

乡(镇)文化站通常由政府拨款,经费较充足,设施齐全,可以改造成村民

---

① 高建进:《大爱无痕,书香有情——福建省"捐书助学献爱心"工程纪实》,《光明日报》2009年4月8日。

读书看报、开展农业技术培训的村级社区学习中心。乡(镇)文化站可以辐射邻近的村落社区,可以成为村级社区学习中心发展的榜样。2007 年,福建启动了为民办实事重点项目——每年百个乡(镇)综合文化站改造完善工程,为乡(镇)文化站配备图书室与电脑室。由此,一些乡(镇)文化站得以升级改造。① 这可以视为地方政府发展农村社区教育的主要举措。

典型案例:南平市延平区樟湖镇文化站。该文化站位于樟湖镇政府所在地,其图书室藏书约 2 万册、有报章杂志 10 多种。该文化站除了有图书室外,还有阅览室(兼培训室)、网吧、棋牌室、乒乓球与桌球室、镇史展览室等。除图书是免费借阅的外,其余的都收费,带有商业经营性质,但经营收入有限,其经费主要还是来自镇政府。

2. 以驻村中小学校图书馆(室)为依托的村级社区学习中心

以驻村中小学校图书馆(室)为依托的村级社区学习中心通过村校合建图书阅览室,并通过免费向村民开放的形式,解决村民读书看报难问题。这种方式能有效地发挥教育系统在农村社区教育工作中的优势功能。这种类型的社区学习中心主要靠村委会与学校共建筹资,同时也得到热心公益事业的村民的资助。由于其图书较多,管理较规范,因而利用效果较好。

典型案例:闽侯县青口镇青圃中心小学图书室。青圃社区拥有连为一体的 6 个行政村,户籍人口近 2 万人,中心小学有学生 400 多名。在青口镇政府的推动下,中心小学通过自购与外部捐助建立起乡村图书室,拥有图书 1 万多册,常年订阅 20 多种报章杂志;其电子阅览室里有 2 台电脑可供上网、阅读电子图书,还配有打印机与扫描仪。学校教师兼任图书管理员,用图书软件管理图书借阅工作。图书室在对学生开放的同时,还为青圃村村民提供借阅服务,已为村民办理借书证近 100 本。

3. 以老年协会为依托的村级社区学习中心

这一类型的社区学习中心体现了民间社会团体对农村社区教育的支持作用。在福建,基本上村村都有老年协会。老年协会活动场所大多设立在村庙

---

① 苏功庭、蔡茂楷:《文化新风吹拂八闽新农村——福建大力加强农村文化建设纪实》,《农民日报》2008 年 12 月 1 日。

或祠堂中,经费由老年协会、村委会、热心公益事业的村民和海外华侨等资助。老年协会活动场所内大多配备有线电视、VCD、报章杂志、麻将等。某些老年协会还下设读书会、由村庄妇女组成的腰鼓队、由中老年男性村民组成的十番吹乐队、由青壮年男性组成的龙舟队等,为丰富村民业余文化生活提供服务。①

　　典型案例:龙岩市永定县高陂镇北山村老人协会的读书社。北山村老人协会较活跃,为了丰富村民的业余文化生活,于 2000 年在永定县电力公司协助及本村籍作家张胜友的支持下建立了一个读书社。目前,该读书社拥有图书 3000 册左右,报刊 2 种。老人协会活动室配备了电视机、VCD 等设备。该读书社经费来源主要是村委会拨款与社会捐助。读书社在老人馆的外墙上建有光荣榜橱窗,展示本村村民在"成才"、"公德"(布施)、"尊老爱幼"(含孝子贤媳)、"荣誉"(如参军、受奖)、"致富"等方面的先进典型,并号召村民向这些先进典型学习。②

　　随着现代农业的发展与农民生活水平的提高,福建省农民闲暇时间增多,但部分农民闲暇时却参与购买地下六合彩等不健康的娱乐休闲活动,农村老年协会活动馆、村庙与祠堂等公共生活空间变相成为麻将馆、赌博场的很多。基层政府部门要加强引导,可将这类场所改造成村级社区学习中心,引导村民多读书看报,参加积极向上的休闲娱乐活动,为提高村民科学文化素质服务,为乡风文明建设服务。

　　4. 以村委会为依托的图书室

　　这类图书室多由外界捐助,一般就设在村委会办公楼里,其管理员也是村委会成员。这是村委会响应上级号召而建立起来的,目前在农村具有一定的普遍性。

　　典型案例:闽侯县尚干镇洋中村委会在村委会办公楼里建立图书室,通过接受捐助与自购,拥有 3000 多册图书。村委会还将村两委订阅的报章杂志放在图书室中供村民借阅,并派村里的文书担任管理员。其经

---

① 甘满堂:《乡村草根组织与社区公共生活》,《福建行政学院学报》2008 年第 1 期。
② 廖建林:《老年人协会与村级社区学习中心构建——以永定县北山村老年人协会为例》,福州大学社会学系本科毕业论文,2009 年。

费主要由村委会负责解决。图书只供现场阅读,不提供外借服务。

5. 以私人图书馆为依托的村级社区学习中心

一部分富裕起来的村民自办图书馆,免费向村民开放,这样的案例在沿海多数县市都能找到。

典型案例:闽侯县南通镇帮道村通洲图书馆。

2004 年,帮道村退休教师郑瑞贞女士创办私人图书馆——通洲图书馆,内设电子图书室、藏书室、书画室、阅览室等,现有各类藏书 10 万多册和 10 多台电脑。通洲图书馆每天免费向村民开放,已为村民办理借书证300 多本。郑瑞贞创办图书馆的初衷是想改变村民闲暇时好赌博,以及中小学生迷恋电脑游戏的状况,目前已有一定的成效。该图书馆每年都投入 2 万多元用于添置新书、订购报章杂志。另外,郑瑞贞每月出资550元聘请一人照看图书馆。周边的一些单位与个人被郑瑞贞的行为感动,自觉赠送书籍以丰富馆藏。在调研过程中,本课题组还发现福建民间捐助图书室也蔚然成风,如在福州的长乐、福清、马尾,泉州的晋江、石狮、南安等地,海外华侨积极捐助农村社会公益事业,捐建乡村图书室成为新时尚。在闽南侨乡南安市梅山镇蓉中村有个国家一级图书馆——李成智公众图书馆,就是由爱国华侨李成智独资捐建的,其馆舍建筑面积达 3000多平方米,藏书 12 万册,辐射周边 10 多个乡村。蓉中村也因此成为全国乡村文化建设模范村。

二、村级社区学习中心存在的主要问题

在上述 5 种村级社区学习中心中,以乡(镇)文化站为依托的村级社区学习中心的学习功能最齐全,是标准的农村社区学习中心,但乡(镇)文化站服务辐射范围通常是集镇以及周边乡村,远离集镇的乡村则难以享受到乡(镇)文化站的服务。依托老年协会或村委会的社区学习中心相对简易,利用率不高。本课题组在实地调研过程中发现,村级社区学习中心主要存在以下几方面问题。

1. 乡村图书室利用率总体偏低

图书室的依托单位不同,利用率也不一样。在乡(镇)文化站、农村中小

学与私人图书馆(室)中的图书利用率相对较高,有专职或兼职人员做图书管理员,每天都对村民开放。村老年活动中心是社区公共活动中心,聘请有文化的老年人做管理员,开放有保证,因而图书利用率也较高。建在村委会办公楼内的图书室因开放时间少而利用率低,一般只有应付上级检查时才对外开放,动员村民前来借书装门面,而平时几乎都将书锁在柜子里。目前,乡村图书室的读者群体主要是中小学生,其次是中老年男性,青年读者较少。

2. 乡村图书室图书总量少,实用农业科技图书更少

多数农家书屋只有图书近 2000 册,对于人口总量超过 2000 人的村庄来说,人均不到 1 册,而其中适合农民阅读的书更少。现在乡村图书室大部分图书来源于城市有关机构的捐赠,言情、武侠小说等休闲图书过多,与农业生产相关的图书偏少。因乡村图书室经费有限,新增图书严重依赖外部捐赠,导致新书年增长量非常低,农民想借阅农业生产与养殖类的科技书籍很难。有些图书室只有图书,没有期刊报纸可供借阅。

3. 图书管理手段落后,多数图书管理员没有图书管理经验

一些乡村图书室没有做到图书编码登记,分类存放,致使村民查找图书很不方便;有的因没有及时登记借阅情况,造成图书丢失;为防止图书丢失,有的图书室采取只阅不借的管理办法。

4. 图书室维持经费短缺

按最低标准要求,维持一间乡村图书室年经费需要 5000 多元,包括最基本的新书采购费、报章杂志订阅费、管理员工资补贴与电费等。现在省级财政对农村文化协管员(图书管理员)每月有 100 元补贴,其他正常维持费需要村委会负责。如果村财拮据,则会导致村图书室无法订购报章杂志,增购新书。

第三节　促进村级社区学习中心
可持续发展的对策

构建村级社区学习中心是农村社区教育发展的重要工作,是促进社会主义新农村文化建设的重要举措。在政府号召与民间机构支持下,福建省各乡

村依托乡(镇)文化站、中小学、老年协会以及村委会等组织机构建立起以农家书屋为核心的乡村社区学习中心。构建过程中存在的问题,必须予以解决。既要重视前期的建设工作,又要重视日常的管理工作,以促进乡村社区学习中心的可持续发展。

一、解决日常管理所需的场所、人员等问题

学校图书室管理一般较正规,有条件的社区学习中心可以建在中小学学校里,在满足学生需要的同时,向村民开放。如果村级社区没有村小学,可依托老年协会管理。老年协会场所较大,也是村民的休闲娱乐中心。建立在村委会的图书室最好移交老年协会管理,图书室也要搬到老年协会活动场所,每月补助给老人100元,效果最好。老人馆是乡村公共活动中心,有电视、棋牌等娱乐设施。两者相结合,综合效益更明显。现在农村老人馆大都成了麻将馆,如果将图书室建立在老人馆中,有助于引导村民读书看报、抵制赌博等不良行为。

二、做好图书采购与日常借阅管理工作

乡村图书室在新添图书前,要事前调查,掌握村民需求,要把农民想看、爱看、有用的图书购置进来,使乡村图书室成为提高农民科技素质、促进农村经济发展、推动村民发家致富的知识殿堂。在当前的文化、科技、卫生"三下乡"活动中,有些地方政府组织县(市、区)图书馆、企事业单位下基层,为基层图书室送书,这是好现象,应当加以推广,但需要注意的是,所送的书籍应当满足农民需要,不要将城市图书市场上的滞销书都搬到农村去,应当多捐赠与农民生产生活相关的图书。在鼓励捐赠纸质图书之余,还应当鼓励捐赠电脑与电子图书。建议为乡村图书室配备电脑,最好能连上互联网。针对众多乡村图书室缺少报章杂志的现状,村委会订阅的报章杂志可以与乡村图书室共享,在村干部读完后可转交村图书室,供广大村民借阅。县级图书馆、乡(镇)文化站等加强对乡村图书室日常运营的指导工作,包括指导图书订购、培训乡村图书管理员等。图书管理也要采用电脑信息化管理,以提高图书管理效率。乡村图书室应采取灵活多样的管理方式,开展与农业生产和农民生活相关的专

题读书会,以吸引农民走进图书室,提高图书的利用率。

三、加大对农村图书室的经费支持力度

针对乡村图书室经费紧缺问题,县(市)、乡(镇)二级政府要从农村文化教育事业发展的角度,多方筹集资金,确保每年都有一定数量的新书购进,确保日常有维护经费,有专人从事图书管理工作。村级图书室的日常维护经费主要来自村集体与富裕村民的捐助。对于经济不发达的乡村,县级财政应当给予稳定的支持,确保乡村图书室可持续发展。

构建村级社区学习中心是农村社区教育发展的重要工作,各个地方可以根据本村民间组织与机构发展情况,因地制宜,克服困难,选择某种比较适合本村实际情况的发展模式,推动村级社区学习中心的构建,丰富村民业余文化生活,提高村民科学文化素质,促进农村社区终身教育事业的可持续发展,为社会主义新农村建设服务。鉴于乡村老年协会是农村最为普及的民间组织,在当前乡村人口空心化与老龄化的背景下,乡村社区学习中心应当与老年协会活动中心相结合,农家书屋交由老年协会管理,以保障村级社区学习中心可以持续运营,是相对较好的方案。

第十章　侨乡海内外社会组织与
社区可持续发展

一方面,福建沿海侨乡村级社区面临着共同的问题是人口外流、村庄集体经济薄弱,很大程度上依靠海外华侨捐助,村级社区治理陷入困境;另一方面,华侨回乡炫耀性消费,铺张浪费严重。如何引导海外移民参与村级社区建设,促进侨乡可持续发展,福州市亭江镇长安村给沿海侨乡树立一个很好的榜样。海外长安村人组织与村庄福利会等自组织联合,协助村委会进行新农村建设,实现村财收入高,留守村民福利好,村庄基础设施良好,基本实现乡村生活城市化的发展目标。

第一节　当前侨乡发展存在的问题

福州沿海地区是福建省著名侨乡,农村劳动力向海外移民已成规模,侨乡人均 GDP 与农村居民人均纯收入都高于福建省平均值 1000 多元。但农村劳动力转移向海外移民也有副作用,农村精英移民海外,造成侨村发展人才匮乏,村级社区治理水平较低;依靠侨汇支持,多数侨民家庭建起高达五层别墅式豪宅,但村庄集体经济几乎是空白,公共事业得不到全面发展,村庄公共环境卫生差,村民集体福利少。这种单纯依靠侨汇收入,集体经济缺乏发展,村治水平较低,使得侨乡社区发展出现不可持续性,陷入一种有增长无发展的困境,这种困境用"内卷化"(involution,有改进,但无根本性变化或发展)概念形容比较贴切。①

与中国农村劳动力异地转移造成的人口结构变化一样,当前侨乡常住人口以老人、妇女与儿童为主。但对于内地乡村来说,受城乡二元户籍管理制度的制约,流出地农村空心化是暂时的、季节性的,因为农民工在过春节或农忙时会回乡务农,但侨乡农村劳动力转移则是长期性的、非季节性的。出国打工,合法在外的,一般是两三年回国探家一次,而非法在外的短则5年,长则10多年才回国一次。已婚男性通过非正规渠道出境,长期在国外工作与生活还会影响国内家庭的稳定。另外,许多出国打工的理想是能长期定居国外,成为所在国的公民,而不是赚钱后回乡安度晚年。在这种移民心态影响下,多数侨村人口正呈负增长状态。侨乡在发展非农业经济时,存在人才与劳动力缺乏等问题。许多村庄集体经济收入少,遇事则采取摊派或村民捐助。通常来说,第一代海外移民对于家乡事业非常热情,捐助积极主动,但出生在海外的第二代移民不一定有其父辈的热情。由此来看,福建沿海侨村面临着严重的可持续发展问题。② 可持续发展包含两层含义:一是指发展并非是单纯的经济增长,而是经济增长、社会进步以及人与自然、人类与生态环境相协调这三者的有机统一;二是指发展并非一时的经济繁荣,也不只是对于当代人需要的满足,而是既满足当代人的需要又不对后代人满足其需要的机会和能力构成威胁。③ 对于广大农村村级社区来说,可持续发展应当包括三个方面,一是村庄人口发展的可持续性,二是村集体经济发展的可持续性,三是村庄公共事业建设的可持续性。对于侨乡来说,维持村庄发展的可持续性,核心是要健全村庄公共治理结构,即村集体有一个能力较强的村庄干部队伍,并善于利用海外侨民建设家乡。

中国海外移民在西方国家生活,他们能否在为家乡寄回大笔外汇的同时,还能为家乡社会政治发展做贡献呢?福州沿海居民多移民美国、日本、英国等西方发达国家,西方国家基层社区健全的管理机构,完善的生活配套设施,良

---

① 刘世定、邱泽奇:《内卷化概念辨析》,《社会学究》2004年第5期。
② 甘满堂:《农村劳动力转移向海外转移与县域经济发展》,载《海外华人与中国发展》,中国华侨出版社2008年版,第234—252页。
③ 世界环境与发展委员会:《我们共同的未来》,吉林人民出版社1997年版。

好的社区环境卫生水平,给中国移民的印象一定很深刻。有一些海外移民也想为家乡多做一些事业,将家乡社区建设得像西方国家那样——乡村生活城市化、环境优美、村庄治安良好。为此,他们努力改善村庄治理水平,将有领导能力且廉洁奉公的村民推选为村干部,带领村级社区居民搞好社会经济与文化建设,促进村级社区可持续发展。在笔者走访福州地区沿海侨乡时,发现马尾区亭江镇长安村就是这方面的典型代表,符合"生产发展、生活宽裕、乡风文明、村容整洁、管理民主"。本章资料主要来源于《长安村志》以及实地调查。①

第二节　福州侨乡长安村概况

马尾区亭江镇长安村位于闽江口北岸,距马尾约 20 公里,东邻连江县 R 头镇,是福建知名侨村。长安村背山临江,全村面积 3 平方公里,可耕地面积少,自晚清以来村民就积极向海外发展。2002 年统计,全村户数 602 户,总人口 1419 人,旅居海外港台侨胞 4100 多人,主要分布在美国、新加坡、加拿大等 20 多个国家和地区。在美侨民约占海外侨民总数的 70%。据村志介绍,1952 年土改结束时,全村人口 1873 人;1979 年增至 2886 人,27 年中增长 54.03%;1984 年增至 3127 人,32 年中增长 66.95%。从 1986 年开始,出国潮在福州沿海各县市区兴起,马尾亭江镇也是海外移民大镇,长安村海外移民数逐年上升。据不完全统计:1985—2001 年,全村劳务出境计 2807 人;2002 年全村人口为 1419 人,人口比 1984 年锐减一半还多(见表 10-1)。至 2001 年底,全村有外来户 150 户,400 多人,其中来自湖南 70 户,省内南平、连江、闽侯等地 80 户。他们在本村主要从事农业生产劳动与卫生清扫等工作。

①　中共长安支部、长安村委会主编:《长安村志》,2003 年,内部资料。以下文中涉及长安村的资料或介绍,如果没有特别说明,资料出版皆来自《长安村志》。

表 10-1　长安村人口变动情况统计

年份	人口总数（人）	其中				男女人口比例	其中劳动力（人）
		男（人）	%	女（人）	%		
1979	2886	1356	47	1529	53	0.886	1500
2002	1419	624	44	795	56	0.785	398

资料来源：《长安村志》。

　　长安村是一个主姓村,其中林姓 264 户、郑姓 181 户、陈姓 25 户、程姓 23 户、肖姓 15 户、唐姓 11 户,其他姓氏有 20 多户,但都不足 10 户。全村旅居海外地区户数:1985 年 123 户,占全村总户数 20.43%;1993 年 412 户,占 68.2%;2002 年 1006 户,占全村的 167.1%,这表明海外长安村人口已超过家乡人口。长安村大规模移民发生在 1990 年代前后,当时是以非正规移民为主,但他们到美国很快获得合法居留权,其契机就是 1989 年中国的"六四风波"。他们顺利地拿到了美国的合法居留权后,又协助更多的家乡亲友移民美国。目前海外长安村人有 4000 多人,海外移民所寄回的侨汇成为村庄主要收入来源,也为村庄发展打下坚实的经济基础。

　　长安村现任村主任兼村支部书记江其建是一名"海归"人员。他于 1988 年出国,当时他是花了 1.8 万美元办了一张旅游签证来到美国,两年后获得美国绿卡,但在美国餐馆打了 6 年工后,觉得自己不适合在美国发展,刚好家乡缺年轻的村干部,于是就回国做专职村干。有在美国的生活与工作经历,对于如何领导长安村社会经济的发展,江其建更有把握。谈及长安村会不会本地村民全部移民外国。对此,江其建认为不会,他说并不是每一个人都能移民海外,如文化程度较低的妇女、老人;已移民国外的村民,如果海外发展不顺利,还是想回家乡发展的。另外,现在回村养老的华侨有增多的趋势,落叶归根,老一代华侨还是愿意回家乡养老的。长安村华侨联谊会大楼的兴建,就是华侨回乡以及养老定居的交流与活动的场所。江其建认为,从本村移民发展趋势来看,5 年后本村人口不会低于 1400 人,基本与现在的持平,最主要是有部分移民会选择回国发展,长安村是他们永远的家。

　　长安村出现数名实业成功的侨领,他们有郑维暖(1928—　),现任香港福州十邑同乡会名誉会长;郑维暄(1925—　　),现任美国福建同乡会名誉主席;林长干(1952—　　),现任美国福建同乡会主席、美国福州同乡会主席。回顾他们的创业过程都有白手起家的相同经历,事业有成后不忘回报家乡,并在国内投资实业。1998 年 8 月,林长干担任福州长安联谊会首任会长,10 余年来,他共为家乡公益事业捐资达 120 多万元,建水库、铺路、建小学、救灾助困,都有他出资相助的身影。与此同时,林长干回福州投资办实业,他还动员和引荐 230 多名福州在美国的华人华侨会员回福州家乡投资创业,在省内外创办近百家企业。正是在这些爱国爱乡的侨领支持下,长安村的社会经济才得以快速发展。

第三节　长安村新农村建设成就与经验

长安村与福州沿海其他侨乡的显著区别:一是村民住房改善是通过集资建设联排楼房,而不是通过每家每户单独盖豪宅来实现;二是公共基础设施建设完善,特别注重自来水与环境卫生建设,基本上实现乡村生活城市化的发展目标,即生活在乡村,但生活水平与生活质量和城市不相上下;三是集体经济发达,能为全体村民提供较好的经济保障。这一切应当归结于村庄公共治理的改善,村级组织发挥了积极的领导组织作用,将海外华侨的爱心与能力融合成一种合力,共同推动长安村社会经济发展。长安村新农村建设的成就与经验可归纳为以下几点。

1.长安村的村级社区组织发挥组织与领导作用。长安村村级组织除拥有正式的村委员与村党支部组织之外,还有长安村福利会等民间组织,在美国长安村华侨还成立美国福州长安村联谊会以及感天长安海内外益善会,这些组织共同协助"村两委"推进村庄社会经济与文化建设。长安村海外移民在美国的经历,有助于他们思想境界的提高,使建设好家乡也成为他们义不容辞的任务。

在归国华侨的倡议下,长安村福利会于 1983 年成立,该年是长安村包产到户的第二年,该会的宗旨是商讨村庄社会经济发展与公益事业建设,也是华侨与村委会联系的桥梁和纽带。许多村庄重大事务决策都是由福利会敲定的。福利会由 20 余名退休老干部、回国定居华侨与党员组成,设会长、会计、出纳与保管等职务,积极协助村委会用好华侨捐资,发展村庄社区公益事业。目前已建成的村水库、道路、公厕等都是村福利会积极运作的成果。20 年来,村福利会为长安村筹集资金 2000 多万元,彻底改变家乡的面貌。村福利会成功运作靠的是:(1)财务规章制度健全,收支记录并公布,接受村民监督;(2)项目管理制度健全,如对工程项目施工有完善的监理制度与验收制度,合格后再付清全部款项;(3)全体成员的奉献精神,福利会除会计、出纳领取少量报酬外,其余都是义务奉献。

美国福州长安联谊会于 1998 年 6 月 8 日,经美国纽约州政府和中国驻纽约总领事馆批准,并由中国驻纽约总领事馆邱绍芳副总领事宣布成立,长安理事会属旅美乡亲的一个服务团体。经选举林长干任主席,由理事和会员自愿集资 83 万美元,在纽约承购办公大楼,联谊会宗旨是互通乡音,加强团结,争取华人正当权益,积极开展服务于华侨的活动。长安联谊会近年来主要工作是发动在美国的长安村人捐资建设家乡或组织村民回国投资,另外还参加一些在纽约举办的爱国集会活动。1995 年由港、美部分侨胞共同出资成立了感天长安海内外益善会,该会的宗旨是"热爱祖国,建设美化桑梓;济困扶危,助教兴邦",即除建设家乡之外,还要救助贫困与有危难的人,以及教育事业。1998 年 7 月,福建省顺昌县大历镇发生水灾,感天益善会组织慰问团,往灾区慰问,并捐资 11 万人民币;同年,湖南省岳阳市发生特大水灾,感天益善会再次组织慰问团,赈灾捐款 37 万人民币。2008 年四川地震灾害发生后,长安村向灾区捐款合计达 40 万元人民币。

长安村从姓氏人口结构来看是一个主姓村,①林姓与郑姓是村庄大姓,且都建有自己的祠堂。从实际情况来看,各宗族之间相处和睦,没有出现大姓欺负小姓的现象。移民国外的华侨援助家乡发展时,在改善家庭经济生活的同时,更注重改善村庄整体的社会经济与文化发展水平。他们所组建的村级非

---

① 所谓主姓村是指村庄中有 2—3 个人口占多数的"大姓",其他都是人口不占多数的"小姓"。

政府组织超越了家庭与宗族组织,能照顾到各方面的利益。依笔者看来,长安村福利会相当于社区议事会,海外长安村联谊会相当于监事会,"村两委会"相当于社区事务执行机构。

2.通过集资建房改善居住条件。长安村集资建房始于1984年,由爱国华侨肖邦清首倡,后来得到全体村民的支持。第一期集资建房是通过房地产开发模式进行的,由华侨垫资,落成以后卖给村民。后来采取村民先集资后建房的操作办法。经过20年的努力,共建成18座6—7层高的楼房,近百户村民搬迁至套房内居住。每套房子都配有上下水系统、管道液化气,标准与城市住房无异。2001年56户集资1800万元建成16层的感天大厦,其中,一、二楼作为居民活动会所,内设电梯、停车场等。感天大厦外装修豪华,也成为长安村标志性建筑。长安村通过这种集资建设的单元式楼房,经济实惠,在改善住房条件的同时,还节约了大片宝贵的土地资源。

我们在长安村比较难看到其他侨乡常见的5层楼单体豪宅。谈到这其中的原因,现村支书江其建认为,长安村住房建设搞得较早,而当时土地面积有限,只好通过填江滩来获取宅基地,而填江滩盖房需要打桩基,工程量大,单门独户很难有此经济实力完成,只有依靠集体的力量。另外许多侨民家庭觉得单独盖楼比较麻烦,不如集资建房,然后分配。集资建房在过去都是国有单位才可以运作的,现在长安村也搞,这说明长安村集体组织具有很强的组织与协调能力,广大村民的集体观念也很强,能够服从村集体组织的统一领导。

3.引导侨民捐建与投资社区公共设施。村庄福利会还引导华侨捐建公益设施建筑、村落公园与公共厕所,改善村庄公共活动环境与居住环境,另外还通过捐助与经营相结合,建设村庄自来水厂与燃气供应站,提高村民生活质量和水平。长安村公益设施建筑主要是通过华侨捐资与村集体投资建设而成,主要建筑有5层楼的村委会办公楼、华侨联谊中心大楼,另外还有村庄、祠堂等。这些建设当中,最引人瞩目的是华侨联谊中心大楼,共有6层,内部有会场、健身房、卡拉OK厅、标准客房等,是华侨归国探亲访友住宿联谊的场所。

长安村环境卫生非常好,村庄基本上没有裸露的土地,所有地表都有花草覆盖,这归功于村落公园建设。现在村庄境内有继栋公园、凤冠公园、道祥公园、宝锦公园、山德公园、怡然公园、益善公园等7个公园,这7座公园是由7

户华侨捐建的,有的公园命名就用捐建人命名。最早的继栋公园是在 1987 年由旅美华侨林继栋捐款 20 万元建成的。侨乡有捐建公园的传统,但像长安村境内建这么多的公园还是很少见的。为何捐建花园成为时尚?华侨在海外生活,发现海外社区环境都很优美,觉得家乡建设也是可以这样的。当一个社区公园兴起后,其他海外华侨回乡时也愿意捐建公园。长安村自来水厂由村集体出面兴办,前期建水库铺设管道,共耗资 300 多万元,主要向本村供水。液化气厂也动工于 20 世纪 80 年代中期,早期使用煤气、石油气,现在改为天然气,液化气厂采用商业化经营,除供应本村之外,还供应周边的村庄与部队。长安村所有水、气供应都按成本价,水厂与气厂都是微利经营。

据 2003 年出版的村志介绍,至 2002 年底,长安村公益设施建设获得的捐赠共有 2112 万元,其中乡村文化教育为 285 万元,村庄道路基础设施建设 760 万元,村庙宗祠 817 万元,华侨联谊中心大楼等 210 万元。捐赠公共事业成为侨民回乡的新追求,在某些侨村,华侨回乡较少捐赠公共事业,把很多钱用于炫耀性消费。在长安村侨民回乡炫耀性消费已看不到,他们更多的是通过捐赠村庄公益事业显示自己的存在。

4. 发展村庄集体经济增进村民福利。中国农村社区发展所需要的资源主要依托内部供给,国家拨款经费很少。因此,维持村庄正常发展,需要村集体有一定的经济收入来源。现在村集体除支付村干部工资之外,还要为环境卫生(雇用清洁工清扫路面与公园花木维护)、治安埋单(晚间巡视村庄,防盗)。如果村集体经济还有盈余,则为老人发放养老津贴、中小学生学费补助等。一个村庄如果没有集体经济来源,整个村庄公共事业建设都无从谈起。从当前社会主义新农村建设的实践来看,集体经济发展是新农村建设的基础,当然发展集体经济并不是要重走集体化的老路。长安村集体经济收入主要通过不动产出租获取。至 2008 年底,长安村年收入已达 200 多万元,这些收入主要来源于固定资产出租的收入与投资入股的分红收入。

长安村因土地被征收已没有农业生产活动,村民大都从非农业生产中获取收入。长安村在历史上曾有六七家村办制造类企业,除一家转给私人承办后,其余都因劳动力外流而停办。长安村建筑队作为村集体投资入股的私营企业发展状况良好,村中的许多重点建筑,如长安村著名的感天大厦就是由长安建筑队承建的。现在,长安村建筑队挂靠亭江建筑公司,实力较强,工程项目遍及马尾与连江县。目前由长安村民所办的企业在国内有十多家,村集体在部分企业中有股份,每年都有可观的分红收入。

2005年,长安村因土地被征用,得到补偿费近2500万元。这2500万元没有像其他村庄那样分掉,而是由村庄福利会掌管,投资生息,收益用于改善村民集体福利。长安村福利会在马尾区、福州市区投资不动产项目将近千万元,每年都有近百万元的租金收益。现在村里60岁以上老人享有每月200元的补助,在读中小学生每月可享受100元的补助,在读大学生每年可享受2000元的补助。长安村希望通过这种发展村庄集体经济的模式来促进村民福利不断提高。福建省农村都推行"村财镇管",由于长安村财务管理制度健全,该村并没有将村财转给亭江镇财政所掌管,这在福建省是非常罕见的。

第四节　长安村经验值得推广

在福州某些侨村,华侨回乡喜欢炫耀性消费以显示自己身份的变化,但在长安村侨民回乡炫耀性消费较少,在村级组织的引导下,他们更多的是通过捐赠村庄公益事业显示自己的存在,把发展集体事业当成家庭或个人事业来对待。正是在村级组织的领导下,长安村才实现了乡村生活城市化,村庄集体经济发达,能为全体村民提供较好的经济保障,保证了村级社区可持续发展。长安村海外移民在发达国家工作与生活,思想境界也得到了提高,在关注家庭、家族利益的同时,还关注到社区整体利益,通过成立超越家族的民间组织,推动家乡社会经济与文化发展。当前某些地方侨乡炫耀性消费突出,浪费经济与物质资源,这种不良习俗需要扭转。

本书在此建议,侨乡政府应当引导侨乡村民成立社区发展基金会,将侨民爱心捐助款用于侨村集体经济发展,或村庄内外的社会公益事业;侨民家庭改善居住条件可以通过集资建设联排楼房,而不是通过每家每户单独盖豪宅来实现,这样更能节约宝贵的土地资源。侨乡基层组织应当善于引导海外侨民支持家乡建设,促进侨乡社区社会经济可持续发展。

第十一章　老年协会涉讼及经济
资源获取风险防范

老年协会是基层较为普及的民间互助社团,具有较强的资源获取能力,也因此而产生经济资源获取风险。本书通过对中国裁判文书网中有关老年协会涉案文书进行统计分析后认为,乡村老年协会涉及司法诉讼主要由经济资源获取引发,涉讼应当是其有活力的表现;作为当事人涉及的民事诉讼的案由主要是追贷,行政诉讼则是侵占集体土地;涉恶犯罪的多被称为"借老年协会名义进行有组织犯罪",多与本村土地被征用问题相关。因此,乡村老年协会要做好资源获取过程中的风险防控工作。

第一节　研究背景与文献回顾

2018 年 1 月中央发起扫黑除恶专项行动以来,福建有多个老年协会因涉嫌敲诈勒索本乡(或社区)境内地方企业,骨干成员被判刑入狱,其社团组织还被检察院称为地方"恶势力"。如 2018 年 9 月长乐市政府官网新闻《长乐打掉两个以老人会名义组织犯罪的农村恶势力团伙》,新闻中的两家老年协会为本村专利权人或村民谋福利,一家涉嫌敲诈勒索本地制造业企业;另一家涉嫌阻挠房地产企业施工,以获取额外的土地补偿金。① 2019 年江西鹰潭

---

① 高维:《长乐打掉两个以老人会名义组织犯罪的农村恶势力团伙》,福建长乐新闻网,2018 年 9 月 3 日,http://clq.fuzhou.gov.cn/xjwz/zwgk/gzdt/201809/t20180903_2565602.htm。

"刘家老年协会"涉恶犯罪也被重判。① 城乡社区老年协会作为基层较活跃的民间组织,是政府鼓励发展的民间组织。国务院发布的《"十三五"国家老龄事业发展和养老体系建设规划》提出,到 2020 年全国老年协会城乡社区创建率要达到 87%。② 笔者想证实,城乡社区老年协会经济纠纷在全国有没有普遍性? 基层老年协会为何违法或涉恶犯罪? 笔者带着这样的疑问,检索中国裁判文书网,发现老年协会涉讼案件比较多,这为本项研究计划提供足够多的案例资料支持。本研究力图寻找老年协会作为民间社团涉及司法诉讼的主要原因,希望加强基层老年协会管理,更好地服务于老年群体,并在基层社区治理中发挥积极作用。

目前学界对于老年协会的研究主要聚焦于老年协会自身组织建设,以及参与农村养老、乡村治理等。基层老年协会属于非营利组织,其存在既要具有法理上的合法性,也要具有社会上的合法性。③ 为应对老龄化社会的到来,全国老龄工作委员会从 20 世纪 90 年代开始,在城乡社区推广建立基层老年协会组织,并把它作为基层老龄事业的重要载体。④ 基层老年协会是政府推动成立的民间社会组织,其主要职能是自我服务、自我管理、自我教育。非营利性组织主要向社会提供非垄断性公共产品,其资源获取主要依靠捐赠,其次还来自政府拨款以及服务收费,资源获取能力是非营利组织生存与发展的决定性影响因素。⑤ 在老年协会参与乡村治理的研究中,已有研究认为老年协会在南方农村社区相对活跃,许多社区公共事务由老年协会出面操办。也有研究认为,在村委会等传统农民组织作用既定的情形下,发展新型农民组织能够影响乡村治理,老年协会发展水平的提高,有助于增强乡村治理的民主性、有

---

① 佚名:《江西黑社会"刘氏老年协会":称霸一方,平均年龄 79 岁,最大 92 岁》,https://new.qq.com/rain/a/20220616A0CPIO00.html。

② 国务院:《国务院关于印发"十三五"国家老龄事业发展和养老体系建设规划的通知》(2017),http://www.gov.cn/zhengce/content/2017-03/06/content_5173930.htm。

③ 赵孟营:《组织合法性:在组织理性与事实的社会组织之间》,《北京师范大学学报(社会科学版)》2015 年第 2 期。

④ 王振、刘林:《"礼俗社会"视角下的农村老年协会作用研究——基于陕西省农村老年协会的调查》,《中国农业大学学报(社会科学版)》2014 年第 4 期。

⑤ 王名:《非营利组织的社会功能及其分类》,《学术月刊》2006 年第 9 期。

效性和合理性。① 因有宗祠与村庙组织文化基础,福建、浙江两省的乡村老年协会特别有活力,在做好互助养老事务之外,还参与计划生育、征地拆迁等较棘手的工作,成为村委会组织不可或缺的帮手。② 因社群文化基础差异,以及民间社团获取资源困难,有些地方的基层老年协会有名无实,只是村居挂块牌子,并无组织活动,老年协会发展存在较严重的地区不均衡现象。③

当前老年协会还承办社区居家养老服务,提供长者食堂、村办敬老院等服务形式,其经费除政府补贴一部分之外,更多是来自社会捐助。④ 农村老年协会作为老年互助组织,为获取社会合法性,它们积极为老年人谋福利,如重阳节会员聚餐、过节给会员发慰问金等,以体现自身存在的社会价值,其经费来源主要靠社会捐助,以及经营性收入。⑤ 由于基层老年协会特别依赖于社会捐助,因此在经济资源获取过程中就会产生一些风险,如老年协会强拉赞助,甚至敲诈勒索,出现违法犯罪问题,但很多老年协会负责人还不知道自己已经违法;有些老年协会将社团节余的经费用于放贷,或将协会所拥有店面对外租赁,也会产生经营性风险。因此,基层老年协会在资源获取过程中,既要知法、守法,做好社团资产经营管理工作,也要做好经济纠纷风险防控管理工作。

第二节 全国老年协会作为当事人
主要涉讼情况分析

中国裁判文书网(网址:http://wenshu.court.gov.cn/)是专门收录人民法

---

① 黄乾、原新:《构建和谐社会过程中的基层老年群众组织作用研究——以老年人协会为例》,《人口学刊》2006 年第 3 期。

② 邓燕华、阮横俯:《农村银色力量何以可能? ——以浙江老年协会为例》,《社会学研究》2008 年第 6 期。

③ 朱耀垠:《农村社区老年协会发展回顾与展望》,《社会治理》2018 年第 10 期。

④ 甘满堂、王瑶:《福建乡村老年协会承办社区居家养老服务的模式》,《福州大学学报(哲学社会科学版)》2019 年第 5 期。

⑤ 甘满堂:《乡村草根组织与社区公共生活——以福建乡村老年协会为考察中心》,《福建行政学院福建经济管理干部学院学报》2008 年第 1 期。

院审理诉讼活动结审理结果的司法文书,自 2013 年上线以来,已收录司法文书近亿份。司法文书数据库检索除了提供内容关键词检索之外,还附带提供"案由"、"关键字"、"省份"、"法院级别"、"诉讼时间"等信息,有助于对司法文书进行归类分析研究。依托中国裁判文书网资料,首先统计分析全国各省市区基层老年协会涉讼文书频率,以测度老年协会活跃度,作为当事人分析的基础;其次分析基层老年协会作为当事人涉讼情况,涉及原告、被告以及诉讼的案由等;最后是对老年协会作为当事人涉讼原因进行分类分析。

一、各省区市基层老年协会文书出现频率

在裁判文书网中检索"全文"中有"老年协会"关键词信息,还需要考虑不同地方对于老年协会称呼不同,如"老年人协会"(在浙江省司法文书中出现较多)、"老人会"、"老人协会"(后两者在福建省司法文书中出现较多)。笔者将这四个词分别作为"当事人"关键词进行检索,共检索到文书 5438 篇,再将与老年协会有关的 5438 例案件按照不同的省份划分,其数量分布情况如表 11-1 所示。

表 11-1　全国各省份老年协会涉案情况分析

省份	数量(篇)	占比	省份	数量(篇)	占比
浙江	2472	45.46%	河北	39	0.69%
福建	1774	32.62%	陕西	38	0.69%
云南	548	10.08%	贵州	38	0.69%%
广东	319	5.87%	辽宁	30	0.55%
江西	183	3.37%	天津	23	0.42%
四川	159	2.92%	黑龙江	18	0.33%
河南	128	2.35%	安徽	15	0.28%
山东	103	1.89%	湖北	14	0.26%
江苏	83	1.52%	山西	11	0.20%
广西	79	1.45%	海南	11	0.20%
吉林	77	1.42%	内蒙古	6	0.11%
北京	69	1.27%	青海	5	0.11%

续表

省份	数量（篇）	占比	省份	数量（篇）	占比
湖南	55	1.01%	甘肃	4	0.07%
重庆	51	0.94%	新疆	4	0.07%
上海	44	0.81%	宁夏	2	0.04%
合计	5438	100%			

注:本书数据的检索时间为 2020 年 8 月 15—20 日,下同。

从表 11-1 中数据来看,浙江与福建两省出现频次最多,分别居第一位和第二位,与第三、四位相比较,是其 3—5 倍;浙江与福建两省老年协会涉案数量占全国老年协会涉案数量一半以上。由此也可推断,浙江省与福建省乡村老年协会比较活跃,且两省老年协会普及率较高,学界关于浙江与福建两省老年协会发展状况的研究也证明了这点。① 至于其他省区市老年协会较少出现在司法文书中,这也许与它们活跃度不高,或比较遵纪守法相关。近年来,中国民政社会事业发展公报宣称中国城乡社区老年协会普及率在 80% 以上,但从表 11-1 统计数据来看,很多地方老年协会有名无实,并没有开展实质性助老类服务活动。

二、老年协会作为当事人涉讼情况

将老年协会(或"老年人协会""老人会""老人协会")作为"当事人"为关键词进行检索,共找到 633 篇文书,按省市区进行列表处理,检索统计结果如表 11-2 所示。

表 11-2　老年协会作为当事人涉讼数量与省域分布

省份	数量（篇）	占比	省份	数量（篇）	占比
浙江	284	44.87%	广西	3	0.47%
福建	172	27.17%	内蒙古	2	0.31%
山东	65	10.27%	贵州	2	0.31%

---

① 余虹、鲁可荣、郭海霞:《浙江省农村老年协会能力建设现状及促进政策》,《中国老年学杂志》2012 年第 23 期。

续表

省份	数量（篇）	占比	省份	数量（篇）	占比
四川	25	3.95%	青海	2	0.31%
云南	25	3.95%	黑龙江	1	0.16%
北京	16	2.53%	江苏	1	0.16%
吉林	10	1.58%	重庆	1	0.16%
江西	10	1.58%	天津市	1	0.16%
湖北	5	0.79%	上海	1	0.16%
湖南	3	0.47%	海南	1	0.16%
陕西	3	0.47%	合计	633	0.11%

从省份分布来看,位列前五名的分别是浙江、福建、山东、四川与云南。需要强调的是,山东省的65篇文书材料是两个案子,只是原告不同,被告都涉及两家老年协会。浙江和福建两省老年协会涉讼数量占全国总数比高达72%,分别为44.87%、27.17%,处于绝对多数,这在说明浙江和福建两省的老年协会比其他省份的老年协会更为活跃。其他省区市老年协会涉讼数量少,是否说明它们遵纪守法,这也不一定。

在633份司法文书中,关键词出现频率最多是"发起设立股份有限公司"、"程序合法"、"合同"、"利息"、"投资"等;与土地相关共有42次(其中"自然资源"17、"土地使用权"8、"非法占地"11、"土地登记"3、"宅基地"3),显然涉讼都是由经济原因引发,案由归属民事案由,见表11-3。

表11-3　老年协会为当事人文书中关键词出现频次统计

	关键词出现频次	总频次	占总数比	案由主要归属
1	与"合同"相关:合同35、合同无效36、合同履行2、解除合同10、合同约定4	87	13.74%	民事案由
2	发起设立股份有限公司62	62	9.8%	民事案由
3	程序合法55	55	8.7%	民事案由
4	利息(利率)50	50	7.90%	民事案由
5	投资48	48	7.58%	民事案由

	关键词出现频次	总频次	占总数比	案由主要归属
6	与土地相关:自然资源17、土地使用权8、非法占地11、土地登记3、宅基地3	42	6.63%	行政案由
7	租金	30	4.73%	民事案由
8	股份	20	3.16%	民事案由
9	民间借贷	16	2.52%	民事案由
10	租赁	10	1.58%	民事案由

注:占总数比,总数是633。

如果将以上检索到的633篇文书,按照案由划分,其中"民事案由"311例、"行政案由"252例、"执行案由"68例、"刑事案由"2篇,见表11-4。老年协会作为"当事人"涉及的案件主要是"民事案由"。结合表3关键词分析发现,"民事案由"通常是老年协会的财产权被侵犯。老年协会是一个社团法人,也是一个经济实体,其名下拥有物业、产业与经济收入,会将收入拿来放贷以增值。在老年协会资产经营运作的过程中就很容易与其他社会组织或个人发生利益纠纷,造成被侵权。如题目为"金华市金东恒康老年协会与浦江县福利竹木制品厂、浙江浦江中东木业有限公司民间借贷纠纷一审民事判决书"(编号:(2016)浙0726民初7342号)的民事案由案例,这家老年协会涉及借贷纠纷,缘由是两家木业公司借了老年协会的钱,老年协会本想放贷收益,不料贷方不能按期还本付息,不得不通过司法手段维护权益。由此来看,民事诉讼都是老年协会的正当权益被侵犯,老年协会不得不主动发起诉讼。

表11-4　老年协会作为当事人主要涉及案由情况

案由	主要原因	数量(篇)	占比
刑事案由	职务侵占老年协会财产	2	0.31%
民事案由	老年协会财产权被侵犯	311	49.14%
行政案由	老年协会非法侵占集体土地	252	39.81%
执行案由	关于案件执行	68	10.74%
合计	—	633	100%

关于老年协会涉及的"行政案由"诉讼,则多是老年协会非法侵占村集体土地,如:"永康市国土资源局与永康市花川村老年协会行政非诉审查裁定书"[编号:(2018)浙 0784 行审 142 号];"温岭市国土资源局与城北街道后陈村老年协会行政非诉审查裁定书"[编号:(2016)浙 1081 行审 1990 号]。从两个案例名称来看,老年协会涉及"行政案由"的诉讼中,老年协会通常是被告。土地是农村最宝贵的资产,城中村或城郊村的土地价值更高,老年协会占用村集体或国有土地来盖办公楼、厂房与店面等出租获利,以增加村庄老年人的集体福利,是惯常举措。① 但这种占用村集体土地的行为并没有取得当地政府土地管理部门的批准,从而被认定为"非法侵占",故政府土地管理部门提起行政诉讼,起诉老年协会非法侵占国有土地或集体土地使用权。

检索老年协会涉及"刑事案由"的诉讼共有两例,都发生在福建,缘由是前任老年协会会长侵占老年协会财产而被起诉,如"罗源县松某镇某村老年人协会、林某乙侵占二审刑事裁定书"(编号:(2016)闽 01 刑终 862 号),经过审理,认定老年协会前任会长林某乙没有侵占老年协会财产。此案也说明老年协会内部财务管理也存在不透明等问题。

由表 11-5 来看,老年协会作为当事人在最近 14 年中涉讼案件中呈现明显的起伏变化,从 2013 年起,呈现逐年增多的趋势,2017 年最高,有 154 起,随后几年逐步下降,但 2019 年仍处在 100 以上高位。这种变化是否是老年协会变得遵纪守法的结果,还需要进一步验证。

表 11-5 老年协会为当事人文书判决时间频次统计

年份	2020 年	2019 年	2018 年	2017 年	2016 年	2015 年	2014 年
频次	25	108	114	154	110	73	34
年份	2013 年	2012 年	2011 年	2010 年	2009 年	2008 年	2007 年
频次	7	1	——		5	——	

---

① 慈勤英、李永萍:《"吸纳—转化":老年人协会的运行机制——基于对浙东农村老年人协会的考察》,《中共浙江省委党校学报》2016 年第 3 期。

三、老年协会涉讼反映的社会问题

综上分析来看,基层老年协会为会员谋福利,积极参与社会服务与市场经营活动。比较有活力的城乡社区老年协会一般都拥有自己的活动场所空间,持有店面、菜市场等物业,也从事放贷等活动。在经营过程中,难免发生经济纠纷,导致司法诉讼。在正常市场经济社会中,老年协会作为社会团体,涉及诉讼也是正常现象。基层老年协会涉讼案件地区分布明显有地域差异,浙江与福建两省老年协会作为当事人在司法文书中出现频次高,也说明这两个省基层老年协会较活跃。

基层老年协会作为原告,多涉及民事诉讼案件,被告既有自然人(个人),又有企业法人。基层老年协会将店面出租,或将协会获得的收入拿出去放贷,以获取回报。这种市场经营行为必然有风险,经济纠纷最终导致老年协会运用法律手段来维护自己的权益。这方面的涉讼案件占比近 50%,这也说明涉讼并都不是"生财失道"。

基层老年协会作为被告,多涉及行政诉讼案件,原告多是县市区国土资源管理局。这类行政诉讼案件多是村老年协会非法侵占村集体土地,按说诉讼主体应当是村委会,为何村委会不起诉村老年协会,却由县政府国土资源管理局来负责呢? 这是因为村集体土地所有权与使用权名义上归村集体,但村集体想使用村集体土地用于非农业生产时,必须征得县级国土资源管理部门审批。村老年协会将集体土地用于非农业生产,应当事前也取得村两委会的同意,但这种同意并没有法律效用,故被县政府国土资源管理局提起行政诉讼。村级老年协会成为"被告",也是它们对于村集体土地使用所涉及的相关法规不了解所致,"生财失道"也并不是非法侵占村集体财产,而是程序上的违规。

基层老年协会作为当事人所涉及的刑事诉讼只有两件,都是"原告";"被告"都是利用职务之便侵占老年协会集体财产的协会负责人,属于职务犯罪。这两起案例都属于基层老年协会在发展中出现的内部管理问题。基层老年协会作为"被告"当事人涉及刑事犯罪,却无法在司法文书中检索到,这是否说明基层老年协会没有涉及团体性犯罪呢? 深入检索发现,基层老年协会涉及团体性犯罪时,司法部门没有按老年协会做起诉对象,而是针对某些个人成员进行起诉,这也是本章第三节所要讨论的问题。

第三节　基层老年协会涉恶典型案例分析

一、司法文书中老年协会涉恶案件分布

基层老年协会作为诉讼案件当事人,且涉及恶势力犯罪,在司法文书中还无法检索到,但采取全文检索方式,以"恶势力"+"老年协会"(老年人协会、老人会、老人协会)进行检索,共得到109篇。通过排除法,获取22件老年协会组织成员涉恶案件,见表11-6。在109个案件中,福建与浙江占据绝对多数,这种结果与老年协会为当事人出现的频次基本相符,但也有一点不同,在涉恶案件中,浙江老年协会出现的频次位居第二,而非第一,这或许与浙江基层老年协会规范化建设较好有关。

表11-6　司法文书中基层老年协会涉恶案件统计

省区	福建	浙江	江西	云南	河南	广西	四川	山东	山西	广东	贵州	青海	合计
刑案	49	23	19	3	3	3	3	2	1	1	1	1	109
相关	14	6	2	0	0	0	0	0	0	0	0	0	22

在109件案件中,中国裁判文书网提供的涉及案由的关键词有:"非法占有"47次;"寻衅滋事"36次;"共同犯罪"30次;"聚众"26次;"聚众斗殴"16次。由此来看,这类案件最多的关键词是"非法占有",即"敲诈勒索"类团伙犯罪。为分析基层老年协会"涉恶犯罪",本文在此以泉州溪东村老年协会为例来说明,该案件与福州长乐市老年协会"涉恶案件"相似,都是老年协会为村民谋福利而引发的纠纷。

二、泉州溪东村老年协会"涉恶"案例

案例简介:杜某1、杜某2敲诈勒索、串通投标、贪污二审刑事裁定书(编号:(2019)闽05刑终1521号)。原审判决认定:"敲诈勒索",另外还有"串通投标"、"贪污"等罪行,前者主体是老年协会与其主要骨干成员,后两者则针

对两名骨干成员。

2009年间,泉州市洛江区马甲镇马甲村溪东成立溪东基金会,后于2012年并入溪东老人协会。洛江区马甲镇马甲村溪东老人协会由被告人杜某1、杜某2担任理事,杜德畅担任会长,被告人杜某3为村民小组长协助管理老人协会,被告人杜某4与杜某5为副会长,被告人杜某6、杜某7负责管理溪东老人协会的财务事宜。2012年以来,被告人杜某1、杜某2、杜某3与杜某4经策划,后与被告人杜某5、杜某6、杜某7等人商量后,决定以外村人员在溪东购买的工业用地上建店面,必须向溪东老人协会"捐款"等为由,实施一系列敲诈勒索案,逐渐形成了以被告人杜某1、杜某2、杜某3等人为首,被告人杜某4、杜某5、杜某6、杜某7等人为成员的恶势力犯罪团伙。

判决书也承认马甲村溪东老人协会将所敲诈来的钱用于向溪东年满60周岁以上老人每人每年发放1200元福利、支付村民上访费用,余款用于放贷,以增收。为何老年协会认为外村人员在溪东村购买的工业用地上建店面,必须向溪东老人协会"捐款"呢?原来马甲村靠近泉州城区,城市化进程较快。马甲村农业用地早期被征用为工业用地,后因城市化原因,工业用地又可以转变为商住用地。工业用地一般每亩只有20万元左右,商住用地则有200万元以上。对于原来占有马甲村土地的企业主而言,从中获得的土地差价颇丰。村民们认为,在工业用地上要建店面用于商业开发,向溪东老人协会"捐款",这是应当的。

判决书还提到老年协会非法占用集体土地、聚众闹事等问题。2016年10月,溪东村民在村里临时搭建老人活动中心被马甲镇国土局执法中队拆除后,老人会就组织了四五十名村民去镇政府讨说法,围攻镇政府。也许正是这个原因,镇政府领导才开始想依法惩治这帮村民。从违法当事人姓氏都是"杜"来看,溪东村老年协会也是具有宗族组织背景,故有较强的组织活动能力。

在本案例中,老年协会为本村老年人谋福利,其初衷本是好的,但是向本村境内企业强拉赞助,处于违法的边缘,有敲诈勒索的嫌疑。老年协会向本村境内企业强拉赞助,理由是它们占用了本村土地,占了本村的便宜。当前地方政府的征地款补偿标准比较低,泉州地区每亩耕地只有8万多元,但是政府转卖给房地产开发商,价格就飙升至数百万元,甚至数千万元每亩,巨额差价,面对失去土地,农民自然有点不情愿。老年协会在抗议征地过程中,只是阻碍企业施工,并没有发生暴力冲突;平时在乡村更没有为非作恶,欺压、残害群众。虽然老年协会的行为侵犯企业与开发商的利益,但是整体社会危害并不大。虽说老年协会的行为干扰了周边企业的正常经营活动,但归根结底,老年协会获取钱财是出于本协会团体利益,造福本村老年人的目的。

三、"涉罪"老年协会并不是"地方恶势力"

基层老年协会是政府倡导成立的老人互助组织,地方政府并没有要求老年协会要进行社团登记与备案才可以开展活动。因此,乡村老年人以老年协会社团名义活动,具有行政合法性是毫无疑问的。现在出现社团违法问题,地方政府部门才不承认它们是合法性社团,改称为"以老人会名义组织犯罪",似乎证明这些老年协会骨干成员是为自身利益,而非公共利益,从事违法犯罪活动。从成立宗旨来看,老年协会成立是老人互助组织,平时积极从事社区公益事业,以证明它们存在的价值,或社会合法性。某些基层老年协会违法犯罪只是针对征地补偿问题,并没有其他违法犯罪问题。这种违法犯罪的主观恶意成分较少,由于老年人法律知识懂得不多,错把"敲诈勒索"当成"拉赞助",错把"侵财"当成"维权",无意间走上违法犯罪道路。但地方政府若简单将案件中的老年协会判定为"恶势力"实为不妥,与传统恶势力组织相比,老年协会的出发点和目的均带有公益性的性质,不等于"地方恶势力",但在客观造成恶劣的后果,受到司法处罚是应当的。

第四节　结语与讨论

一、老年协会涉讼是正常现象

基层老年协会是社区重要社会组织,在老年人福利提升与社区治理等方面都起着积极的正向作用。基层老年协会作为社区老人互助组织,为取得存在的社会合法性,社团要积极为老人会员谋福利,为会员谋福利成为老年协负责人的重要工作内容。为此,老年协会积极参与社会经济经营活动,向社会寻求捐款、协会场所对外出租、存款对外放贷、新建楼宇店面对外经营等,这些经营性的社会经济活动必然会产生经济法律风险,这也是老年协会涉案的主要原因。社会经济活动有风险,老年协会涉及民事、行政诉讼也是正常现象。近50%的诉讼中,老年协会是利益受到侵犯的一方,但近40%诉讼中,老年协会则变成侵权者,主要是由于侵犯国家土地财产权益,而受到政府部门起诉。老年协会涉及妨碍正常生产经营活动的刑事诉讼中,老年协会成员作为被告,被视为"有组织犯罪",成为"恶势力"。

二、涉讼案例数是基层老年协会活跃度的指示器

从司法文书信息来看,浙江与福建两省老年协会作为当事人在司法文书中出现频次高,也说明该省老年协会较活跃。老年协会作为社团法人,涉及司法诉讼也是正常的,但浙江与福建两省出现频次显著偏高,我们也可以据此推断这两个省老年协会普及率较高,这也说明中国基层老年协会发展存在地区分布上的不均衡,东部沿海省份发展较好。至于其他省区市老年协会较少出现在司法文书中,并不能说明它们遵纪守法。中国民政社会事业公报中认为至2020年基层老年协会普及率要在80%以上,然而从司法文书透露出来的信息来看,很多地方老年协会应是有名无实,没有开展实质性的互助服务活动。

三、基层老年协会"涉恶"缘于不懂法

基层老年协会涉恶案件,主要起因都是老年协会向原属于本村土地的利益相关方寻找赞助,村民们认为这是理所当然的,因为它们也占有土地升值的好处。拉赞助向来是一个灰色地带,但如果对方不愿意捐款,采取不断登门方式进行骚扰,甚至阻挠企业正常生产等方式强行"逼捐",则是明显的违法行为。老年协会通过"拉赞助"获得捐款的资金都用于提高本村老年人的福利、乡村公共设施或场所的建设,老年协会是公益团体,并没有在乡村"为非作歹"、"欺压群众"等,这与传统的涉恶组织有着本质的不同。所以,它们只是无意间走向违法犯罪道路。

四、政府部门要加强对基层老年协会管理与引导工作

本书中有些乡村老年协会涉恶犯罪,被称为"以老年协会名义犯罪",原因在于这些老年协会没有履行社团登记或备案手续,老年协会负责人法治观念淡薄等。尽管有的乡村老年协会没有履行登记手续,但得到地方政府相关文件的许可,既具有社会合法性,也有行政上的合法性,问题出在社团负责人法治教育没有做好。针对福建省基层老年协会"涉恶"较多问题,2019 年11 月,省民政厅、省卫生健康委员会联合印发《关于进一步规范城乡社区老年协会建设的通知》,明确要求基层老年协会要进行登记管理或备案管理工作,今后凡未经登记或备案的城乡社区老年协会,不得以老年协会名义开展活动;同时还要求街道办事处(乡镇政府)要做好老年协会日常管理工作,加强对老年协会负责人法治教育、协会财务管理规范化等。① 相信经过政府部门的登记管理政策的引导,基层老年协会遵守法律的意识将会显著提升。

---

① 福建省民政厅、福建省卫生健康委员会:《关于进一步规范城乡社区老年协会建设的通知》,http://www.mca.gov.cn/article/xw/dfdt/201912/20191200021919.shtml。

第十二章　文化养老与养老文化

　　文化养老是一种养老活动,包括两个层次,一是为老年人提供文化娱乐休闲服务,二是社会拥有孝老敬老的文化氛围。养老文化依据文化的三个层次,包括有关养老的理念、制度与设施体系三个方面,养老文化包括文化养老。中国传统孝道文化不仅可为老人赋能,也能赋权,即获得社会普遍的尊重;西方国家则通过健全的社会养老保障制度为老人赋权。构建新时代社会养老文化,既需要传承传统孝道文化,也需要借鉴西方国家社会养老保障制度,全面提升养老事业发展水平。

第一节　什么是文化养老与养老文化

　　当前关于文化养老说法很流行,但现在社会与学界上对文化养老的概念与功能的理解还存在模糊不全面的情况,大部分人将文化养老理解为老人能参加文化活动,丰富老年人的闲暇生活,就是文化养老。这种文化养老只是文化养老的初级层次,还没有达到高级层次,高级层次应当是建立有助于老人养老的家庭与社会承担起养老职责的养老文化,为解决养老问题提供文化支撑,即从文化赋能到文化赋权。这里的养老文化也不仅限于制度与物质文化层次,也包括精神理念层次。

　　在当前中国社会工作界,英文 Empowerment 被译为赋能、赋权、增权、增能、充能、充权、授能、培力,"能"与"权"不分。但在汉语语境中,二者含义差别是很大的。赋能是指个人、组织与社区借由一种学习、参与、合作等过程或机制,获得掌控自己本身相关事务的力量,以提升个人生活、组织功能与社区生活品质;赋权则是个人、组织或社区获得某方面权力,权力是不顾他人意志也能实现自己目标的能力(可能性)。① 本书在此将结合文化活动实践将赋能(充能、授能)与赋权(充权)区别开来。文化赋能则是个人或组织参加文化活动实践,生活充实,获得自信,突出自我改善。文化赋权是指个人或组织通过参加社会文化活动,成为某方面的文化权威,从而获得社会的尊重,权益得到维护。文化赋权则不仅包括自我改善,也包括改变他人对自我的看法。

当代社会是后塑文化(Post-figurative)时代,长辈反过来向晚辈学习新的技术文化,长辈在文化传承已不拥有传统优势地位。② 老人想要通过文化活动实践来提升自身地位,需要从文化赋能走向赋权,即让养老文化实现文化养老的文化赋权目标。在全面展开讨论前,有必要界定"文化养老"与"养老文化"的内涵,"文化"与"养老"内涵也需要界定。

一、关于"文化"与"养老"

借用人类学家爱德华·泰勒的文化定义,文化或文明,就其广泛的民族学意义来说,是包括全部的知识、信仰、艺术、道德、法律、风俗以及作为社会成员的人所掌握和接受的任何其他的才能和习惯的复合体。这个定义今偏向文化是非物质性的。如果从分类学角度来看,文化包括三个层次:物质、制度(道德、风俗与法律等)、精神(信仰、价值观等)。③

"养老"从词源来看,有三个意思,一是古代的一种礼制,择取年老而贤能的人,按时供给酒食,并加以礼敬;二是年老在家休养;三是抚养年老而不能自给的人。当代"养老"包括后两个意思,所谓养老就是一种满足老年人物质供给、生活照料、精神慰藉需求的经济、社会与文化活动,包括养老资源供给和养老方式两大方面。养老资源包括为老年人提供物质、照料服务和精神生活资源,而养老方式就是对养老资源的提供办法和供养模式,即谁来提供养老资源和供养老人。养老是人类进入文明社会的产物,有关"弃老"的风俗就曾广泛

---

① 唐咏:《中国增权理论研究述评》,《社会科学家》2009年第1期。
② 李凌凌、郭晨:《后喻文化:信息时代的文化反哺》,《新闻爱好者》2016年第1期。
③ 夏建中:《文化人类学理论》,中国人民大学出版社1997年版,第23页。

存在于人类文明的早期社会。①

二、什么是文化养老

"文化养老"是指政府、社会或家庭在为老年人提供物质赡养、生活照料基础上提供的一种文化生活与精神慰藉,满足老年人对于文化生活的需求,丰富老年人闲暇生活,使老年人精神生活更加丰富多彩、身心更加健康。"文化养老"是相对于"物质养老"或"待遇养老"而言的,文化养老指的是文化赡养,是一种具有高境界、高品位的养老方式。②

当前政府与民间社会也很重视文化养老,并把它作为健康老龄化的重要举措。杭州市老龄工作委员会发布《关于推进文化养老工作的指导意见(试行)》文件,该文件应当是当前关于如何推行文化养老的代表性文件,文件认为城市文化养老要从加强文化基础设施、丰富老年精神文化生活、大力发展老年教育、促进老年体育事业发展、促进老年人社会参与、鼓励引导社会组织参与文化养老、培育发展文化养老产业等七个方面推进,以提升老年人的精神文化生活水平。

老年人爱好摄影、唱歌、跳舞、旅游,以及学习新知识、做手工等文化活动,都可以满足老年人的精神文化需求。但对于拥有自理能力的老年人来说,参加文化娱乐活动的需求,不必通过社会来提供,他们可以自己获得。他们更需要社会尊重,从而保障其在家庭与社会的权益得到维护,这才是文化养老的关键所在。由此来看,文化养老包括两个层面,一是为老年人提供文化娱乐休闲服务,满足老年人精神文化娱乐需求,帮助老年人群体树立健康积极的老年价值观,使老年人身心更加健康;二是社会形成尊重老年人群体的社会文化氛围,即形成敬老孝老的社会文化。文化养老对于健康老人来说,第一层次的文化养老,可以通过自身努力就可以获得,但是第二层次文化养老则是对社会要求,这是靠老年人群体自身难以达到的。

---

① 姚远:《对家庭养老概念的再认识》,《人口研究》2000 年第 5 期。
② 穆光宗:《"文化养老"之我见》,《社会科学论坛(学术评论卷)》2009 年第 6 期。

三、什么是养老文化

如果从文化的三个层次来定义养老文化,养老文化就是一个有关养老的道德、习俗、信仰,以及法律、社会保障制度,以及养老设施等综合体系。具体来说,养老文化涉及的第一个层次是,全社会、全民族对于养老问题的道德责任、信仰、习俗等;第二,有关养老的国家法律规范体系、社会保障制度;第三,有关养老的设施与其管理组织。①

应该由谁来照顾老年人以及应该怎样构建养老社会保障体制往往取决于文化标准和取向,即第一层次对第二、三层次具有决定性影响,如中西方宗教都有关于养老责任的规定,它们对于养老的道德、法律、社会保障制度具有决定性影响,在中国称为孝道,儒家将孝道视为世间第一伦理要求;西方基督教中也有关于孝道的规定,但没有中国儒教突出。法律与社会保障制度一方面将养老责任通过国家法律进行规定,另一方面涉及国家为养老提供的社会福利,如养老保险、老人社会优待政策等。养老设施则是有关民营或公立养老机构的设立情况,它们主要承担托底性养老服务,即在无法居家养老的情况下,选择机构养老,养老文化也影响设施的使用效率,以及服务水平。

四、文化养老与养老文化之间关系

文化养老是一种养老活动,而养老文化则是关于养老的理念与制度体系,养老文化包括文化养老。良好的养老文化可以为文化养老提供文化支撑,是文化养老的最高层次。我们通常的文化养老强调通过文化生活愉悦老人,这只是文化养老的基础层次,更高的层次应当是营造一种孝老敬老的文化氛围,让老年人获得社会尊重,拥有尊严,从而优雅地逝去。从文化供给角度来看,文化养老分成两个部分,一是自我文化养老,二是社会文化养老,前者是文化赋能,后者则是文化赋权。前者可以靠自我获取,比较容易实现;后者要求社会形成尊老敬老的文化氛围,需要个人、社会与国家共同努力才能实现。②

① 姚远:《养老:一种特定的传统文化》,《人口研究》1996年第6期。
② 焦若水:《家的复归与赋权:农村社会工作整合发展的文化基础》,《甘肃社会科学》2021年第2期。

第二节　当前中国养老文化存在的问题

人口老龄化已成为 21 世纪中国经济社会发展面临的基本国情,与之并行的还有少子化、家庭结构的小型化,传统家庭养老功能日益弱化,代际养老压力陡增,传统的"养儿防老"模式面临史无前例的冲击;同时未富先老,老人社会保障还不健全,社区照顾、机构照顾还无法承担托底老人照顾服务。但养老文化存在的主要问题是传统孝道在弱化,子女不赡养老人现象增多,老年人收入无力支付社区照顾或机构照顾费用;社区照顾与机构照顾服务还有短板,如养老护理员责任心不够,虐待老人的事情时有发生,养老文化在各个层次都存在问题。

一、农村养老文化存在的问题

随着中国工业化与城市化不断推进,广大农村地区空心化、老龄化现象日益严重,老龄化率超过城市地区,但老人的经济收入却不能保障养老。当前农村养老面临着传统农村养老文化消解和新型的农村社会保障空缺的双重压力。在农村养老体系中,家庭养老仍然占据核心地位。农村老年人经济保障来源以子女供养为主,自我保障为辅的格局也将持续很长时间,这种养老模式需要传统孝道文化支撑,但却面临缺位的危机。[1]

几千年来,孝道一直是中国传统文化的核心和基础内容,处于诸道之首、百善之先和教化之始的根本地位。在中国当代社会,孝道却逐渐淡漠,特别在农村,由于孝道文化的缺失,大量农村老人面临物质与精神的双重困境。当前文化养老存在的问题,具体表现为农村老人的文化生活较缺乏、单调。很多农村地区已没有祠堂、村庙等传统文化空间,通常这种祠庙文化活动的组织者就是乡村长老,但传统文化空间与活动不复存在,老人的社会地位一落千丈,使

---

[1]　杨清哲:《解决农村养老问题的文化视角——以孝文化破解农村养老困境》,《科学社会主义》2013 年第 1 期。

老年人无法得到社会尊重。

生活在空巢和类空巢家庭中的老年人已接近农村老年人的半数。家庭养老主要支柱——子女的"缺位",给农村以家庭为主的传统养老模式带来了挑战。当老人生病没有生活自理能力时,子女往往不闻不问,有些老人往往通过自杀来了断人生,造成人伦惨剧。但即使这样,子女也不愧疚;村民也多称赞老人识时务,没有为子女增加养老负担。①

农村社会孝道文化的衰落,主要是由于社会的变迁所引起的,传承孝道文化的祠堂、村庙在很多农村地区不复存在,维护传统孝道的农村宗族组织也在消退;农村人口外流,乡村空心化,乡村社区传统舆论场消退,也对村民行为的道德约束力降低。②

二、城市养老文化存在的问题

对于城市而言,很多老人都有自己的退休金,可以独立养老,但托底城市居民养老服务的社区照顾与机构照顾能力较弱,专业化水平低,另外老年人的经济支付能力有限,有部分老人还是无法享受托底服务。社区照顾缺乏专业性,而机构照顾则缺乏职业精神,虐待老人的事件时有发生。提高机构照顾水平,也是需要政府与社会共同努力的。

中国民办养老院,无论是服务于高端人群的市场型养老院,还是服务于中低收入人群的非营利型养老院,其背后出资人基本 99% 都是营利性组织,只有极少量养老院是由宗教组织举办的。因此,多数养老院存在收费相对较高,服务专业性缺乏等问题。政府出资举办的公办养老院收费较低,但多以全自理老人为主,对于解决养老问题所发挥的作用并不是很大,发挥作用的还是民办养老院。当前民办养老院存在的问题不在于其收费较高问题,而是服务质量问题,养老护理员被曝缺乏职业精神,虐待老人问题时有发生。

---

① 丁文月:《社会学视角下中国农村老人自杀问题研究述评》,《社会福利(理论版)》2016年第1期。

② 唐琼、戴平安:《农村孝道文化的衰落与重建》,《湖北社会科学》2010年第10期。

第三节　中国传统社会养老文化与文化养老

在中国传统社会中,养老在理念层次上强调孝道,子女对于父母有赡养的责任与义务;在制度层次,国家倡导孝道文化,民间社会则有宗族组织,不仅仅倡导,还有约束机制;在物质空间层面,主要是家庭养老为主,辅助是宗族托底。因此,中国传统的养老以家庭养老为主,宗族养老为辅,以孝道为养老文化核心,构建以家庭空间为载体的物质与文化相结合的养老体系。

一、传统孝道文化

传统的孝道文化作为中华民族历史文化的支柱和根本,得到国家与社会知识分子的倡导,既构成个人修身养性的基础,也成为社会人伦秩序的基础,能够促进个人修养、家庭和谐与社会稳定。孝与忠被认为是中华民族的两大基本传统道德行为准则,它们分别是家庭伦理、个人与国家关系的基本准则,两者之间,孝是忠的基础。[①]

中国最早的一部解释词义的著作《尔雅》对"孝"的定义是:"善事父母为孝"。东汉许慎在《说文解字》的解释:"善事父母者,从老省、从子,子承老也"。"孝"作为一个伦理观念正式提出是在西周,本义是尊祖敬宗,施孝(尽孝)的方式主要是祭祀,在宗庙通过奉献供品祭祀祖先,尽孝的对象是死去的先人,带有一定的宗教信仰形式。后来尽孝的对象也包括在世的父母,且得到不断强化。春秋时期,儒家孔子、曾子、孟子等继承西周以来的孝道思想,并对孝道伦理进行了重新阐释,使孝道伦理成为儒家极其重要的经典理论。孔子将孝从宗族祭祀伦理转化为家庭日常生活伦理。曾子又将孝道与忠君联系为一体;强调实践孝道与个人道德修养的一致性。宋代朱熹通过设立祠堂制度,强化宗子权威,使孝道传承得到家族团体的维护,强化了孝道的外在的社会约

---

① 翟学伟:《"孝"之道的社会学探索》,《社会》2019 年第 5 期。

束力。①

《孝经》相传是孔子所作,比较集中地阐述了儒家的孝道伦理思想。《孝经》认为"孝"是上天所定的规范,"夫孝,天之经也,地之义也,人之行也。"指出孝是诸德之本,认为"人之行,莫大于孝",国君可以用孝治理国家,臣民能够用孝立身理家。《孝经》将孝道概括为物质上的"养"和精神上的"敬"、"祭"三个方面,即从物质上赡养和悉心照料父母;从精神上体贴、关心、愉悦父母,做到"爱"、"敬"、"忠"、"顺";在重要的节日或者祖先的忌日祭祀先祖,以"报本反始"、"慎终追远"、"继志述事"。孝道的内容主要包括:(1)敬亲与养亲;(2)顺亲与谏亲;(3)传宗接代;(4)丧亲与祭亲;(5)立身、立功,以显父母。②

1. 敬亲与养亲。敬养父母即是怀着"诚敬"之心"奉养"父母。子女对父母的赡养,是孝的最起码的要求。《孝经》中提赡养父母要做到"五备":"居则致其敬,养则致其乐,病则致其忧,丧则致其哀,祭则致其严,五者备也,然后能事其亲"。"五备"的要义在于要将父母放在心上,解决居、养、病、丧、祭等问题。

2. 顺亲与谏亲。儒家不讲"愚忠",故也不讲"愚孝"的。孔子认为对父亲的不义行为必须进行劝止,这样才能使他不做违礼的不义的事情;如果儿子盲目服从父亲,就是不孝之子。

3. 传宗接代。《孝经》开篇即说:"身体发肤,受之父母,不敢毁伤,孝之始也。"曾子也说:"父母全而生之,子全而归之,可谓孝矣"。全身行孝也不单是一个人个人的事,一个人上有父母,列祖列宗,下有子孙后代。

4. 丧亲与祭亲。孝敬父母还有"事死"的内容,曾子将其归结为慎终追远,慎终是父母死亡的丧葬作为,追远是父母死后的祭祀仪礼。孔子认为"事死"有两个方面:一个葬之以礼,一个祭之以礼。孔子把"祭祀"作为治理国家的大事之一,认为祭祀的核心是要"祭思敬"。

5. 立身、立功,以显父母。儒家的人生观主张人生在世要积极入世,对社

---

① 安云凤:《弘扬传统孝道文化,关注农村养老问题》,《齐鲁学刊》2009 年第 5 期。
② 王立仁、卢明霞:《孝经新读》,《伦理学研究》2005 年第 5 期。

会作出贡献。《孝经》强调孝的最高层次是尊亲、荣亲,即"大孝尊亲"。做子女的,必须有积极的出色的成就,能使父母受人尊重,得享尊名,殊荣加身。所谓"立身、立功",就是要成就一番事业,以报答父母养育之恩。

上述孝道五个方面内容,敬亲与养亲是孝道的最基本的要求;立身、立功,以显父母是孝道的最高要求。历史上,为了提倡"孝道",统治者除了在法律上提倡"五刑之属三千,而罪莫大于不孝"外,还在选举上实行"举孝廉",在赋役上减免孝子徭赋,提倡"以孝治天下""求忠臣必于孝子之门"等。一些有的帝王还纷纷为《孝经》作注,加以倡导。

二、民间组织对孝道文化的维护

在传统社会民间组织中,主要有宗族与村社组织,它们都有信仰因素支撑,具有神圣与世俗相结合的特征。宗族组织建有祠堂,有祖先崇拜;村社组织是基层社区自治组织,建有社庙,有神明崇拜。乡村长老既是祠庙的管理者,祭祀仪式活动组织者,也是信仰文化的解释者,从而获得社会的广泛尊重。祠庙文化既能为老人赋能,也能赋权。

宋代以后特别是明清时期,宗族组织通过修祠堂、置祭田、编家谱等形式,达到尊祖、敬宗、收族的目的,以维护和巩固本家族社会利益。在民间社会中,维护传统孝道就是维护宗族组织。宗族组织是通过建立宗祠、祭田形成的血缘共同体组织。祠堂的公共空间存在,对于宗族起到构建作用。围绕祠堂建设、维修与管理,会形成祠堂理事会的组织;祠堂供有祖先牌位,是经常性开展祭祀祖先的场所,通过祭祀仪式可以强化宗族团结;祠堂通过空间、牌位符号与祭祀仪式,传达有关孝友方面的理念,以及家国情怀。另外祠堂还拥有祭田,为宗族活动提供经济基础。族田,亦称族产、祠产,合族公有的财产,包括山林、土地、房屋等。族田的收入除祭祖、办学之外,主要用于赡族,救济族内穷困的孤寡老人,负责养老送终。族长是根据族规行使权力的。族规又称族训、族约、宗规、宗约、家规、家训、家礼、家范、祠规等,是宗族的法律,起着维护传统社会秩序的作用,对族众具有强制性的约束力。

传统社会虽强调孝道,主要在于要求家庭子女承担起养老的责任。为防止子女无力赡养老人,或老人没有子女,政府则希望宗族组织能承担起最后的职责,故提倡祠堂设祭田,并给予税收优惠。族田收入除用于祭祀开支之外,主要用于救济宗族中的无依无靠的老人。在宗族组织约束下,老人养老问题都能得到妥善解决。①

明清时期,政府在民间社会推行乡约制度,也将孝道内容纳入其中。乡约组织通常与里社组织相结合,而里社组织又是行政与祭祀合一的民间组织,借助民间里社制度,使得乡约更富有神圣性,促进人们自觉遵守乡约。里社是跨越宗族血缘的地缘组织,承担祭祀、乡约、娱乐(迎神赛会、酬神演戏)、公益慈善、守护乡里等多重功能。明清时期,社庙组织的功能超越祠堂组织,成为民间社会最重要的自治组织。乡约与里社组织的负责人都是乡老,乡村老人普遍参加里社祭祀活动,也可以起到维护老人社会权威的作用。②

第四节　西方国家养老文化与文化养老

西方国家养老文化在理念层次强调孝道,基督教也要求子女赡养父母,但并没有通过法律进行强制度约束,社会组织在养老支持上作用大于家庭。工业革命以后,政府社会保障制度日益完善,养老社会化更为突出。

一、基督教中的孝道精神

基督教最早提及孝道是在《圣经》的摩西十诫。"当孝敬父母,使你的日子在耶和华你神所赐你的地上得以长久"。在基督教思想体系中,孝敬父母是作为神的"诫命"而存在的,神的子民需要无条件接受并在实际生活中践行。但基督教的孝道是人世间基于责权的对等性伦理。基督教并没有一套完整的关于孝道的礼仪设计,甚至坚决反对祖宗崇拜、反对神化偶像。孩子的诞生看成是一种上帝的恩赐,父母会欣然承担起养育孩子的任务,毫无怨言,当子女成年之时,不会觉得花费心血必有所图,因此也并不需要子女回报或反

---

① 徐娜娜:《论中国传统宗族文化对当代文化养老的影响》,《湖南社会科学》2014 年第 4 期。

② 甘满堂:《福建村庙文化与社区公共生活》,《宗教与民族》2014 年第 9 辑。

哺。子女既不是父母的私有财产,也不是父母遗产的必然继承人。长幼之间的伦理义务具有权责对等性。所以,西方社会的老年人更强调自食其力,养老主要是靠社会互助,并不对子女做出绝对性的责任要求。

中世纪以来,老年人通过转移私有产权或遗产给长子继承或没有血缘关系的他人,换取养老保障,实质仍是一种子女养老,不过有契约关系。随中世纪教会势力的兴起,社会互助组织发展,如兄弟会的广泛存在,教会组织与社会互助组织逐步承担起社会养老责任,孤苦老人的养老多由教会负责。

二、工业革命以来的西方养老文化

自 18 世纪工业革命以来,西方国家相继由自然经济占主导的传统农业社会,进入商品经济或市场经济占主导地位的现代工业社会,工业化、城镇化和商业化为表征的现代化进程极大地加速了传统大家庭体制向现代核心家庭体制的转化。核心家庭、空巢家庭和人口老龄化问题也成为这一社会转化过程的必然结果。教会与民间组织无法承担孤苦老人养老责任后,政府开始着手兴办老年福利事业,老人养老问题开始得到政府的保障。不过民间教会组织仍是兴办养老院的主体,成为社会托底养老服务的提供者。①

当代西方国家养老文化是基于基督教的平等博爱思想,成年子女对于父母没有赡养与照顾的义务。例如,美国法律没有规定子女供养父母的经济责任作为代际关系的支柱。老年人愿意独立居住、不与成年子女生活在一起,是欧美社会强调个人在尽量少地依赖他人帮助的情况下独立生存的价值观的体现,独立和自给自足的社会精神渗透在西方文化中,并成为衡量自身价值和他人价值的准则。美国各州有关成年子女要赡养父母的法律曾经相当普遍,即孝道法(Filial Laws),有关法律精神可以追溯至古罗马的法典,古罗马法将孝道视为伦理(ethics)和互惠(reciprocity):"在你小时候,你的父母照顾你;现在作为回报,你要照顾他们"。因此,"子女有责任照顾父母"。20 世纪 30 年代以后,随着"社会保险法"的通过和"由政府而不是家庭承担养老责任"的概念

---

① 李志强:《西方养老保障制度对我国孝道文化传承的立法启示》,《华中科技大学学报》(社会科学版)2016 年第 3 期。

开始占上风之后,孝道法律逐渐淡化了。孝道法很少真正被用作起诉的依据,强制执行的更是少之又少。[1]

西方的家庭代际关系属于接力式,即上一代对下一代有抚育义务,而下一代对上一代没有赡养义务;子女成年后须离开父母生活自立,子女不负有赡养父母的责任,但有感情上的联系,父母养老主要靠自己。故法律中对子女的家庭养老责任没有明确约束。西方国家老人主要以独立养老为主,不靠子女经济供养与生活照料,这是有经济基础与社会保障体制支撑的。美国老人普遍有退休金、医疗保险。政府对于低收入家庭,还有最低收入保障制度等。健康老人无须子女赡养。如果是失能半失能老人,也不用子女照料,公办或民办养老机构提供养老服务支持。美国私营养老院也分两种类型,一种针对高收入人口的市场化养老院,收费较高;另一种针对中低收入群体的公益性质养老院,收费较低,其出资人多是有教会背景的慈善机构。进入养老院养老的老人,占比不到10%,绝大部分老人还是居家养老。西方国家公交系统没有老人优先待遇,几乎所有的场合都是女士优先,而不是老人优先。但社会倡导人人平等,老人作为公民的基本权利都能得到尊重。老人生病住院、入住养老院等,都能受到应有的照料。这种照料服务水平与其是否有子女探望没有关系。

美国独居老人养老也有孤独和寂寞问题,这不是金钱能解决的问题,故子女经常性探望父母也是十分必要的。虽然美国法律没有强制子女要赡养父母,但美国人的家庭观念并不淡薄,很多子女成年后和父母的交流依然频繁,即使相距很远,不在一座城市,子女也经常选择在感恩节、圣诞节或是假期与父母团聚。[2]

第五节 当代中国养老文化构建与文化养老

回顾中国传统社会与西方国家的养老文化和文化养老,对于构建当代中

---

[1] 方兰欣:《中西文化比较视域中的儒家孝道观》,《郑州轻工业学院学报(社会科学版)》2015年第6期。

[2] 王承慧:《美国社区养老模式的探索与启示》,《现代城市研究》2012年第8期。

国养老文化,全面提升养老事业发展水平的启示是,中国传统社会突出孝道的文化需要传承,西方国家为老人提供健全的社会保障也需要借鉴。在当代中国社会中,由于社会保障制度不健全,老年人收入水平低,仍要依靠家庭养老,孝道文化仍需要弘扬和传承。西方国家养老主要靠个人,这是有个人收入与国家社会保障制度做支撑,当前中国家庭养老功能弱化的背景下,急需要建立社会化养老体系。弘扬孝道文化,保障老年人权利,从文化赋能到文化赋权,既需要国家引导,更需要社会组织广泛参与,这也是当前文化养老的重要内容。

一、当代养老文化体系构建

1. 养老文化的道德层面。单纯强调绝对服从的传统孝道要扬弃,倡导和弘扬人格平等基础之上的慈孝文化,即父慈子孝、敬老爱幼,营造新型家庭孝亲敬老、养老爱老的家庭环境。在社会层面,一方面要构建社会敬老文化,营造全社会尊老爱老的和谐氛围;另一方面要倡导老人自强自立,安度好晚年生活。强化社会养老服务的文化理念,使新型孝老敬老文化成为当代养老文化的核心,并成为中国特色的社会主义精神文明的组成部分。[①]

2. 养老法律制度层面。为弘扬中华民族敬老、养老、助老的美德而制定或修订的涉老相关法律,将家庭赡养与扶养、社会保障、社会服务、社会优待、宜居环境、参与社会发展等都纳入法律保护体系中,真正做到有法可依、有章可循,形成完善的老年人权益法律保障体系。通过法治建设,使老年人的各项权利得到切实保障,在贯彻好《老年人权益保护法》的基础上,倡导全社会优待老年人。老年人养老以居家为基础,家庭成员应当尊重、关心和照料老年人。子女需要履行对父母经济上供养、生活上照料和精神上慰藉等义务。

3. 社会保障制度层面。国家通过基本养老保险制度,保障老年人的基本生活,逐步构建城乡统一的居民养老金制度。完善城乡居民最低收入保障标准,做好兜底工作。国家通过基本医疗保险制度,保障老年人的基本医疗需要。享受最低生活保障的老年人和符合条件的低收入家庭中的老年人参加新

---

① 赵强社:《农村养老:困境分析、模式选择与策略构想》,《农业经济问题》2016年第10期。

型农村合作医疗和城镇居民基本医疗保险所需个人缴费部分,由政府给予补贴。

4.家庭与社区养老层面。中国老年人养老还不能完全通过个人与社会支持来解决,在这种社会背景下,老人养老还需要其家庭子女发挥支持作用,特别是广大农村地区,老人的养老离不开家庭支持与社区支持。同时还要鼓励村居组织、社会志愿者发挥作用,通过社区互助养老,来解决老人的生活照顾问题。①

5.机构养老层面。养老机构要提高服务质量,特别是提高养老服务从业职业道德水平,照顾好住院老人,发挥好养老机构在养老中的托底功能,让子女与社会放心。政府也可以鼓励宗教团体类非营利组织兴办养老院,以确保非营利原则,为低收入老人提供养老保障。

二、农村要让传统文化赋权文化养老

在广大农村地区,应当将传统文化赋权文化养老,其具体操作办法就是构建传统孝道文化实践空间——祠堂,交由老人打理,这也是一种文化养老,这种文化养老,既让老人老有所为,又可增加老人的社会威望,树立传统文化权威形象。复兴中国传统祠堂文化,能让每个人在家乡都有"根",每个城市人在农村都有一座"老宅",这个"根"或"老宅"就是祠堂,祠堂中有家谱,家谱有自己的名字,有自己存在的痕迹,让其主动承担孝敬老人的职责,为传承中华传统孝道文化作积极贡献。

1.各地方可以乡村传统文化馆等名义重建祠堂。推动以乡村文化馆、老年协会活动中心、互助幸福院等名义建设祠堂,确保场所具有多种用途。地方政府只要批给建筑用地,通过民间渠道筹资,如发动乡贤捐款,建设资金也很容易解决。另外农村有很多废弃的房舍,特别是祖屋较多,将祖宅改造为祠堂一举多得,既修复老房子,同时也恢复传统,也为乡村老年人提供公共活动空间。对于多姓村来说,一个村一座祠堂,可以多个姓氏共建一座祠堂。建成后传统文化馆或老年活动中心,可交村老年协会负责管理,村两委负责指导。

---

① 甘满堂、娄晓晓、刘早秀:《互助养老理念的实践模式与推进机制》,《重庆工商大学学报(社会科学版)》2014年第4期。

对于已经城市化的乡村,祠堂可以是传统文化活动中心,与老年活动中心、丧事料理中心、骨灰堂相结合。若前后院结构,则前为祠堂,后为骨灰堂,祠堂前厅兼有老年活动中心、丧事料理中心功能;若多层楼房结构,则可最高层为祠堂,最底层为丧事料理中心,中间部分为骨灰堂。这样也可节约宝贵的土地资源,让每个城市人在农村中都找到自己的"根"。①

2.开展城乡慈孝家庭表彰活动。为营造"父母慈、子女孝"的社会和乐氛围,进一步弘扬中华民族慈孝文化传统,可由地方慈善总会、祠堂理事会等社会团体开展相关表彰活动,促进家庭两代人社会关系对等与和谐。

3.依托乡村老年协会与祠堂理事会等民间组织,开展居家养老服务。乡村老年协会是国家推动成立的基层老年群众互助组织,乡村老年协会领导骨干多与祠堂管理委员会成员重合,有利于增强老年协会在社区中权威,也有利于敬老氛围形成。福建、浙江与江西省农村地区的老年协会积极承办居家养老服务,有效提升乡村社区老年人福利水平。乡村老年协会可以通过社团登记或备案管理方式提升规范化发展,增强互助养老能力。②

---

① 甘满堂:《福建宗祠文化的当代社会价值与提升路径》,《东南学术》2019年第4期。
② 甘满堂、王瑶:《福建乡村老年协会承办社区居家养老服务的模式》,《福州大学学报(哲学社会科学版)》2019年第5期。

第十三章　福建宗祠文化的当代社会价值

　　福建省宗祠总量有 13000 多座,应当位列全国之冠。福建宗祠文化自明清以来就很发达,乡村居民多聚族居。当代围绕宗祠日常维护与活动管理所成立的宗祠理事会是宗族再组织化的表现形式。宗祠理事会虽然没有传统社会族长的权威,但仍是村落社区中的重要民间非正式组织,对社区自治具有重要的影响。宗祠文化在村落社区中承担着道德教化、文化传承、公共交往以及推动公益事业开展等积极功能;在社会层面中,宗祠文化是中国传统文化的重要组成部分,传承传统儒家孝道文化,具有促进社会信任与合作、民族认同等重要功能。在当前城镇化进程与和谐社会建设中,应加强宗祠组织建设与日常管理工作,弘扬乡规民约、祖训家规;搞好宗祠建筑保护与产权登记工作;引导宗祠组织积极参加社区建设与慈善公益事业;搞好福建祖地与闽台两岸宗亲文化交流活动;发起福建宗祠申报"世界文化遗产"工作,向全世界展现福建宗祠文化的魅力。

第一节　宗祠在传统社会中的功能

　　宗祠也称祠堂,是汉民族供奉祖先神主牌位并进行祭祀场所,是宗族组织存在的象征。福建省宗祠数量很多,大部分在解放前已建,改革开放后得到重修,也有近 40 多年来新建的宗祠。宗祠文化是中国传统文化的重要组成部分,对孝道传承,促进宗亲互助,维护社会和谐具有积极意义。宗祠修复与新建,表明民间宗族组织在复兴,影响力在增强。在当前快速城镇化与工业化过程中,征地拆迁与农村人口外流严重影响到宗祠文化的传承。福建作为宗祠文化大省,在当前强调社会治理创新与乡村振兴的大背景下,需要加强对传统宗祠文化的保护与传承创新工作,以促进宗祠文化在新时代发挥更大的积极作用。

北宋以前,建祠祭祖是皇家与达官贵族的专利。在宋朝时期,经朱熹的倡导,平民百姓才可建祠祭祖,修家谱,置族田。朱熹在福建多个地方做官,辞官后长期在福建讲学,传播程朱理学。受朱熹倡导与程朱理学影响,至明清时期,福建很多宗族都建有宗祠,中国家族社会也在此时发展到鼎盛时期。家族社会以血缘与地缘为纽带,通过宗谱、宗祠、族田、族规、族长等文化符号、经济手段、民间法来巩固宗族自治的地位。族权仅次于政权。族权与政权互补互用,是中国封建社会得以长期延续的重要原因。

明清以来,福建与广东被认为是中国家族社会与宗祠文化最发达的省区。[①] 一般家族不仅有一族合祀的族祠、宗祠(或称"总祠"),族内各房、各支房,往往还有各自的支祠、房祠,以奉祀各直系祖先。旧时漳州府诏安县,"居则容膝可安,而必有祖祠、有宗祠、有支祠"[②]。明清至民国年间,福建乡族组织势力强盛,地方的控制权基本掌握在乡族手中,宗祠文化也特别发达。宗祠除了是祭祀的场地外,还是处理宗族内部事务、执行族规家法之地,也是族人娱乐的主要场所。[③] 解放后,宗祠被认为象征着"封建族权"而改为他用或拆毁。改革开放后,宗族与宗祠文化的积极意义得到肯定,在海内外乡亲的支持下,很多宗祠被修复,家谱也得到续修;以前没有宗祠的乡村宗族,也新修了属于本支宗族的社区宗祠。同姓宗族联谊、联合修宗谱等活动也开展起来。

对于复兴后的农村宗族组织所发挥的社会功能,学者们进行广泛深入的研究。王沪宁、钱杭、王铭铭等学者的研究便是其中的代表。王沪宁认为,复兴后的中国村落社会中,血缘型的人际关系依然存在,但不再决定人们社会地位。社会体制力量压倒宗族共同体,成为村落基本功能的主要执行者,村落家

---

① [法]莫里斯·弗里德曼:《中国东南的宗族组织:福建与广东》,上海人民出版社 2000 年版,第 1 页。

② 陈盛韶:《问俗录》卷四《诏安县》。

③ 陈支平:《近 500 年来福建家族社会与文化》,上海三联书店 1991 年版,第 39—50 页。

族还执行一定功能,但已不是主体功能。①　钱杭认为,近年来重新恢复的宗族组织无论其结构还是功能,严格地说都已经不是旧宗族形态的重复和翻版,而应被看成是传统宗族转型过程中一个阶段性产物。转型中的宗族在结构上与传统宗族有重要区别,现在的宗族没有确定的宗族首领,只有一个或几个"宗族事务召集人",它们是为具体事务而组成的职能化的工作班子。②　在福建有围绕宗祠管理而成立的理事会,是名义上的宗族组织,但理事会主任也不享有过去宗族首领所拥有的权威,宗祠组织是村落社区的文化组织,而非权力组织。王铭铭认为,农村宗族中的精英通过主持修宗祠与村庙,主持祭祖与祭神仪式等,获得村民们的广泛支持,从而成为乡村社会中的非正式权威,影响村庄权力结构。③

也有学者认为,村民选举存在较严重的宗族操纵现象,农村宗族组织及其活动对村民自治或选举的影响主要是消极的。朱康对、仝志辉、贺雪峰等人却持肯定态度,认为宗族势力有利于选举的效率与公正。④　有些学者则认为,宗族的作用必须具体情况具体分析。如胡荣认为,村民投票是有理性的,并不只考虑候选的姓氏,更会看重候选人的领导能力以及上任后对村庄与家庭的经济影响。⑤　对于宗族组织为社区兴办公益事业、促进乡村公共产品供给方面,孙秀林等人持积极肯定的看法。⑥

在当前,需要了解福建省城乡社区中的宗祠总数以及日常管理基本情况,在此基础上了解宗祠文化的价值以及存在的问题,并加以引导,以促进发挥宗祠文化的积极作用。本课题组设计"福建宗祠基本情况普查表",通过各地市社科联系统普查,乡镇街道为单位进行登记。通过 2015 年 8—9 月集中普查,

①　王沪宁:《中国村落家族文化——对中国社会现代化的一项探索》,上海人民出版社1991 年版,第 286—287 页。

②　钱杭:《论汉人宗族的内源性根据》,《史林》1995 年第 3 期。

③　王铭铭:《村落视野中的文化与权力——闽台三村五论》,生活·读书·新知三联书店1997 年版,第 78—85 页。

④　温锐、蒋国河:《20 世纪 90 年代以来当代中国农村宗族问题研究管窥》,《福建师范大学学报》2004 年第 4 期。

⑤　胡荣:《村民委员会选举中影响村民对候选人选择的因素》,《厦门大学学报》2001 年第1 期。

⑥　孙秀林:《华南村治与宗族功能主义的分析》,《社会学研究》2011 年第 1 期。

以及在此之前的实地调查,收集了福建省各县市区宗祠总数与日常管理基本情况的统计资料与案例资料。

第二节 福建宗祠文化的现状

为探讨宗祠文化,本课题组在社科联系统支持下进行普查。本次调查发现,福建省宗祠总数约 13272 座,平均每万人拥有 3.59 座,每个县市区拥有 156 座宗祠(见表 13-1)。这么多的宗祠,是福建省一笔宝贵的文化遗产。

表 13-1 福建省九地市宗祠分布情况统计表

	福州	莆田	泉州	厦门	漳州	龙岩	三明	南平	宁德	合计
市县区数(个)	13	5	12	6	11	7	12	10	9	85
人口数(万人)	674	341	716	203	497	307	284	319	352	3696
宗祠总数(座)	1358	543	2219	517	2436	2686	1249	821	1266	13272
县市区平均数	104	108	185	83	221	374	104	87	141	156(均数)
每万人宗祠数	2.01	1.59	3.10	2.45	4.90	8.61	4.40	2.72	3.61	3.59(均数)

注:查有些县市出现漏报或少报,实际数量会超过 13272 座。

从地市区分布角度来看,龙岩地区拥有宗祠总数最多,2686 座,人均数量最多,每万人宗祠拥有量为 8.61 座;其次是漳州地区,总数为 2436 座,每万人宗祠拥有量为 4.90 座;再次是泉州与宁德地区。从地市区分布密度来看,龙岩地区密度最高,平均每个县(市区)拥有 374 座。南平地区拥有宗祠数比例最低。从上报数来看,南靖县拥有宗祠数量最多,达 552 座。从民系来看,客家话方言地区(龙岩、三明)拥有宗祠数量最多,其次是闽南话方言地区(漳州、厦门与泉州),再次是福州话方言区(福州与宁德),最后是南平与莆田。

表 13-2　宗祠内部设施与拥有家谱情况

	戏台		骨灰楼		家谱	
	频数	百分比	频数	百分比	频数	百分比
有	1994	20.4%	700	7.1%	8478	81.6%
没有	7788	79.6%	9118	92.9%	1913	18.4%
合计	9782	100%	9818	100%	10391	100%

　　宗祠是乡村公共建筑,通常坐北朝南,拥有两进(两排)以上房屋所组成的院落式建筑建构,占地建筑面积要比普通民宅要大得多。本次调查发现,宗祠建筑结构以"二进"最多,占 47.9%;其次是"一进",占 34.5%;"三进"占14.4%,见表 13-2。"一进"建筑结构的宗祠以闽南地区为多。拥有"三进"就是大型宗祠。福州与宁德地区宗祠普遍占地面积较大,"三进"结构较多。从建筑占地面积来看,"二进"宗祠加前后进之间的庭院,占地面积约 700 平方米。"三进"宗祠占地面积都在 1000 平方米以上。

　　对于宗祠内部设施,戏台是宗祠的标准化设施。调查发现有戏台的宗祠占 20.4%(见表 13-2)。有戏台的宗祠建筑规模通常较大,内部设施也较完善。福州语系的福州与宁德、客家地区的龙岩、三明的宗祠多有戏台。实施殡葬改革后,遗体火化后的骨灰要安放在骨灰堂,有的骨灰堂设在宗祠后面。调查发展,有骨灰楼的占 7.1%。在福州地区,很多宗祠附设骨灰楼。宗祠拥有族谱的占 81.6%,说明大多数拥有宗祠的家族都修有族谱。

　　宗祠作为团结族人的公共建筑设施,需要日常管理与维护。家族组织都设有宗祠理事会。本次调查发现,拥有宗祠理事会的比例占 65.7%,说明大多数宗祠都有管理组织。很多宗祠也是乡村老人会的活动场所,调查发现宗祠兼乡村老人会活动场所的比例占 23%,比例不是很高。

　　宗祠作为乡村重要的公共空间,也是乡间交往休闲的重要场所。调查发现,宗祠能做到天天开放的占 45.6%,说明宗祠作为乡村社区公共空间已得到合理的利用。宗祠逢重大祭祀活动有演戏,感谢祖先的庇荫。20% 的宗祠有戏台,10% 的宗祠内有演戏。演戏奉献给祖先或社区神。

表 13-3　建设与维护经费来源情况

	有		否		合计	
	频数	百分比(%)	频数	百分比(%)	合计	百分比(%)
平均摊派	4831	47.5	5343	52.5	10174	100
宗亲捐款	6979	68.6	3191	31.4	10170	100
经营收入	315	3.1	9856	96.9	10171	100

宗祠建设与维护经费来源,主要采取宗祠自愿捐款方式,占 68.7%,其次是按户(或按家庭人口数或男丁数等方式)平均摊派,占 47.5%,3.1% 的宗祠有经营性收入。见表 13-3。经营性收入主要来自不动产出租,如出租店面收益。有的宗祠是老人会活动场所,可收一些茶水费与打牌场地租金等。复兴后的宗祠建设维护经费主要靠族人捐献。宗祠建筑的豪华程度与族人经济实力通常成正比。

表 13-4　开展公益慈善情况

	有		没有		合计	
	频数	百分比(%)	频数	百分比(%)	频数	百分比(%)
助学	2166	21.5	7888	78.5	10054	100
济困	1481	14.7	8570	85.3	10051	100
助老	2127	21.2	7924	78.8	10051	100

宗祠理事会(宗族组织)开展资助族人的社区公益慈善活动。从表 13-4 可知,有开展公益活动比例约为 20%。宗祠组织最主要的公益活动首先是助学服务,占 21.5%;其次是助老服务,为 21.2%;最后是济困服务,占 14.7%。这个调查结果也符合我们的印象。很多家族组织设有教育基金,用于奖励考上大学的子弟,对于家庭贫困子弟也给予资助,将奖学与助学相结合。公益经费来自族人的奉献。有些宗祠理事会还设有慈善公益基金,以方便开展活动。本次调查发现,全省有 25.2% 有宗祠与台湾宗亲联系较密切。福建很多宗祠在修复与建设过程中,得到台湾宗亲资助。

第三节　福建宗祠文化的当代社会价值

宗祠是家族文化在空间上的体现。文化有三个层次,第一是器物层次,第二是制度层次,第三是信仰层次。① 宗祠文化在第一个器物层次是宗祠建筑,是一种可视的文化。宗祠建筑都是传统歇山式院落建筑,以木结构为主,内部装饰精致,具有独特的美学意义和较高的旅游价值。第二个制度层次是宗族的制度文化,如族谱、族规与家训,以及宗族名人文化。族谱记载着本家族的历史,通常保存在宗祠里。族规与家训则是用以约束族人社会行为的规范,或载于族谱,或张贴在宗祠内。宗祠内通常有表彰杰出族人的匾额,激励后人。第三个信仰层次是祖先崇拜。宗祠是崇拜祖先的地方。祖先崇拜是中国传统宗法式宗教的组成部分之一。宗法式宗教可分为上下两部分。上层信仰就是君权神授理论,但这套理论体系随着清王朝的灭亡而消失。下层信仰就是民间信仰,以祭神、祭祖为代表。如果前者是一个大传统的话,后者就是小传统,它们在民间社会发挥作用。② 总结起来,宗祠文化有四个方面的功能。

一、宗祠文化的核心是儒家孝道文化

福建传统村落有宗祠和村庙两类公共建筑。所谓的八闽文化、福州文化、闽南文化、客家文化,有两大信仰内核:宗祠文化与村庙文化。前者是一种祖先崇拜文化,后者是一种神明信仰文化;它们也分别与乡村社会的血缘团结和地缘团结相对应。③《周礼·考工记》载,"匠人营国,方三里……左祖右社,前朝一夫"。"左祖右社"指左边是供奉先祖的祖庙,右边是设社神的神庙。福建传统乡村也有两个类似的信仰场所。福建村庙多,有"村村皆有庙,无庙不成村"之说,但并不是每个村庄都有宗祠。没有宗祠的村落,通常建村历史较短,或村落的家族经济力量还不够强大。从功能主义角度来看,村庄配有村

---

① 李亦园:《人类的视野》,上海文艺出版社 1996 年版,第 102 页。
② 甘满堂:《村庙与社区公共生活》,社会科学文献出版社 2007 年版,第 28 页。
③ 甘满堂:《村庙与社区公共生活》,社会科学文献出版社 2007 年版,第 276—277 页。

庙,表明神明的功能比祖先大,地缘团结的力量也比血缘团结的力量强。

宗祠文化特别强调孝。宗祠有三个门,左右两边的门上面分别写着"出悌"、"入孝",是宣传孝文化的一个重要场所。宗祠壁画经常有宣传传统孝道的"二十四孝图"、表彰家族名人的牌匾,以及族规、家训类的宣传板,传承着传统美德。在宗祠文化中,孝道终极体现是"光宗耀祖",宗祠悬挂很多表彰本宗族名人的牌匾。宗祠是血缘伦理关系制度化、仪式化的重要载体。宗祠文化实际上是儒家文化的一个部分,或者说宗祠就是一个践行儒家孝文化的场所。

现在很多宗祠在宣传孝道时,结合国家相关法律,与时俱进。在福州,很多宗祠将"老年人权益保障法"全文和保护老年人权益的标语或对联刻写或张贴在宗祠的墙面上。闽侯县青口镇傅筑村黄氏宗祠的前厅中柱面贴的多副对联,宣传老年人权益保护:"全社会都来关心和支持老龄工作;尊老敬老光荣,虐老弃老可耻。""弘扬中华民族尊老敬老传统,重视老龄工作发展老龄事业"。现在有一些地方的老人没有了昔日的权威和地位,成为一个弱势群体。孝道文化的丢弃,文化信仰的缺失,导致农村地区老人自杀的现象较普遍,①这是值得警惕的。

二、宗祠是传统社区公共生活空间

宗祠供奉着祖先神主牌位,祭祀与缅怀祖先是其最重要功能。在当代村落社会中,宗祠除没有执法功能之外,发挥着传统社会所拥有的功能,是乡村社区公共活动中心,提供社区公共空间。

很多宗祠也是乡村老人会活动场所,设有专人管理,每天开放。宗祠里有桌椅板凳,茶摊与麻将桌,另外还有电视、VCD 机、报纸杂志、棋牌等娱乐设施,是乡村最热闹的场所之一。平日里,老人们可以在这里打牌,下棋,看电视,看书报;也可以喝茶聊天、休息等。逢节庆日,老年协会要举行联欢会活动,最隆重的是九九重阳节,活动内容有放电影、唱戏、聚餐等。② 在福州闽侯

① 陈柏峰:《代际关系变动与老年人自杀》,《社会学研究》2009 年第 4 期。
② 甘满堂:《乡村草根组织与社区公共生活——以福建乡村老年协会为考察中心》,《福建省行政学院福建经济管理干部学院学报》2008 年第 1 期。

青口镇青圃村,林氏宗祠非常热闹。该村将老人会活动中心移到宗祠里。村庙与宗祠理事会主任认为,在祖先神主前,公开娱乐,相信祖先也不会怪罪。有的宗祠出于肃静考虑,不在宗祠设老人会活动所,以确保宗祠庄严肃穆。

　　宗祠设有戏台,逢重大祭祀活动演戏。本次普查发现 20%的宗祠有戏台,10%的宗祠内有演戏,由族人捐资请戏班来演唱,村民们得以免费看戏。族人经商成功,或子女高考上名校等,都会感谢祖先而捐资唱戏。宗祠也是族人举办婚丧嫁娶宴请宾客的场所。福州地区的宗祠建筑规模都较大,宗祠内备有很多桌椅,供村民办酒宴之用。如福州仓山胪雷陈氏宗祠,就能摆一百桌宴席。闽南有些乡村有老人要在宗祠或祖厝中过世的习俗。当地村民认为,只有在宗祠或祖厝中过世,死后才可以在宗祠中立灵牌,得到子孙的享祭。这是宗祠较为独特的功能。

　　福州一些宗祠还附设有骨灰堂。骨灰堂的建立主要是为了响应政府殡葬改革的号召,节约土地,保护环境,移风易俗,减轻群众负担。政府鼓励火葬,禁止对骨灰进行二次土葬,提倡乡村建骨灰楼以安置骨灰。福州乡村的骨灰堂就建在宗祠后面,成为宗祠的一个组成部分,既方便管理,也方便村民前来祭扫。

三、宗祠组织推动社区公益事业开展

　　宗祠设的宗祠管理委员会往往与村老年协会重合,推动社区公益事业开展,如修桥补路,组织演戏娱乐,奖励族人读书上进,维护老年人权益。本次调查发现,宗祠理事会有开展资助族人的社区公益慈善活动比例为 20%左右,主要形式有助学服务、助老服务、济困服务等。有些宗祠管理委员会还设有慈善公益基金,以方便开展奖励与救济族人的活动。在传统社会中,福建农村宗祠或村庙理事会出面举办文化娱乐活动,如酬神唱戏、迎神赛会等活动。酬神演戏与迎神赛会活动具有民俗宗教与社区文化娱乐的双重功能,它们的举办丰富了乡村群众的文化生活内容。

　　以宗族组织为内核的老年协会组织在乡村社区特别活跃。老年协会(或称"老人协会"、"老人会"、"老年人协会"等)主要是为了解决老年人权利保障、休闲娱乐等方面的问题。老人会是政府承认的合法性组织,用来维护老年

人合法权益,也负责管理宗祠和村庙,是三合一组织。许多村庙与宗祠门前挂着"某某村老年协会"的牌子,因有老年协会进驻而存在合法性。

福建乡村老年协会经费来源渠道较多,主要有村委会拨款、会费、社会捐助与经营性收入等。经费充裕,老年协会开展的活动也较多。逢节庆日,老年协会要举行联欢会活动,活动内容有放电影、唱戏、聚餐等。村财收入较多的村庄每年还组织老年人出游。有的老年协会还会给每个年龄逢十的会员过生日。当有老人生病时,老年协会请医送药,对重病号派人轮流护理。若村中老人去世,老年协会慰问其家人,并送花圈表示哀悼,安排老人参加葬礼,有老人乐队为葬礼奏乐。如有老人与家中成员发生纠纷,会长将根据不同情况进行调解。发生损害老人权益的事情时,会长将督促村委会予以处理,保障老年人权益。

闽南一些乡村依托富裕族人奉献与集体经济支持,为本族老人办起公益性质的食堂,提供居家养老服务。如晋江市深沪镇华峰村,晋江市磁灶镇大埔村、下灶村、洋宅村,南安市霞美镇金山村、眉山乡观音村,石狮市宝盖镇郑厝村,泉港区峰尾镇联岩村等。① 南安市金山村是以吴姓为主的村庄,村庄内有一座吴氏宗祠,也归村老年协会管理。老年协会充分发挥了宗祠文化的积极作用,有助于凝聚村庄集体的力量,争取村中经济精英的捐款,开展互助服务活动,推动了社区居家养老事业的发展。金山村老年食堂一年运营成本是25万元,80%是由本村企业主赞助。金山村强大的宗族互助意识推进了乡村居家养老食堂的发展。②

四、宗祠文化承载着民族认同的积极意义

海峡两岸和平统一是两岸人民乃至各民族人民的期盼。中国传统文化中的"缘"是一个带有浓郁情感色彩的社会或人际的网络,这个无形的网络无所不在、每时每刻地发挥作用。宗祠文化就是通过神缘关系来加强人缘关系。

---

① 泉州网:《"幸福院"里老人晒幸福:除了洗个碗,啥都不用干》,http://news.qzwb.com/news/gb/content/2015-02/09/content_5039172_7.htm。

② 甘满堂、邱玮、吴家玲:《老年协会办食堂与农村社区居家养老服务创新——以福建省南安市金山村为例》,《社会福利》2014年第12期。

宗祠的建立,使宗族成员间获得一种具体的、形象的符号形式和完成性身份认同。① 宗祠族谱是台湾同胞落叶归根的依据,可以通过共同的祖先崇拜来强化后辈的血缘联系,从而加强两岸人民的集体意识和民族认同,对两岸和平统一而言具有十分积极的作用。中国传统宗祠文化体现着"家族本位"思想和"家国同构"的政治意识。强化氏族内部成员之间的相互认同从而强化氏族的团结将直接影响政治关系的变迁。② 认祖归宗,加强两岸同胞的民族认同感,增强民族凝聚力,是当下中国处理两岸关系最好的政治手段。

福建是台湾同胞的主要祖籍地,台湾同胞中 80%以上祖籍在福建,台湾现有福建同乡会 143 个,宗亲会 106 个,遍布台 21 个县、市。围绕祖籍地文化,以各地姓氏宗祠为平台,举行形式多样的宗亲联谊,不断增进台湾同胞对"根"、"源"、"祖"、"脉"的认同,增进两岸宗亲情谊。台湾政坛蓝绿两大阵营大佬以祖籍福建为多,不少人曾来过福建祖籍地祭祖。这种无形的血缘纽带关系,密切了福建与台湾的联系,有利于祖国统一事业的发展。

第四节　福建宗祠文化建设的提升路径

宗祠在当今社会仍然有其新的社会价值。从文化层面来说,宗祠传承中国儒家孝道文化,对加强中华民族的凝聚力和民族团结有积极作用。在社会层面,宗祠组织积极支持宗族公益事业发展,有利于乡村社会自治水平的提升。在经济层面,宗祠文化提供各种社会网络与社会信任,有利于家族企业的发展。在城镇化与工业化的冲击下,宗祠文化传承也存在一些问题。归纳起来有三个方面:一是宗祠日常管理问题,二是宗祠被拆迁问题,三是宗祠产权登记问题。针对这些问题,本章提出相关建议,以引导宗祠文化发挥积极作用。

---

① 余达忠:《祖先·祖籍·宗祠——古代宗族制度下的文化认同》,《南通大学学报》2010年第 3 期。

② 曾诣:《浅析中国传统宗祠的发展及其现代影响》,《五邑大学学报》2012 年第 2 期。

一、加强宗祠组织建设,解决日常管理问题

有些乡村宗祠疏于管理,成为麻将馆,也有赌博活动,社会影响很不好。此外还有不法商贩租用祠堂戏台贩卖伪劣保健品骗取老人钱财。以上管理问题,主要还是由于宗祠管理组织不健全造成的。为做好宗祠日常管理工作,宗祠理事会组织要加强自身组织建设,让有社会威望、有领导力的族人担当理事会负责人。对于那些没有设理事会的宗祠,如果乡村有老人会的,村委会应当要委托老人会代为管理;没有老人会的,就要委托专人去管理。宗祠理事会的理事长德行要出众,受族亲拥戴。理事会班子团结,分工明确,职责落实,遵守规章制度,组织宗亲活动。宗祠在理事会领导下要实行民主管理,管理基金和各专项基金募集使用,符合有关政策规定,经费收支公开透明,让群众满意。宗祠是乡村公共活动中心,可以在宗祠里增设图书室。将图书室建立在宗祠(老人馆)中,能有效引导村民读书看报的习惯,自觉抵制不良行为发生。建立在村委会的图书室最好移交老年协会(宗祠理事会)管理,图书室也要搬到老年馆(宗祠)。①

二、加强宗祠保护与产权登记工作

解放后,中国宗祠文化受到很大的破坏。而城镇化过程中的征地拆迁正掀起新一轮对传统宗祠文化的破坏。然而,宗祠一旦被拆除,就难以重建。宗祠建筑要求有空间庄重性与神圣性,要求"顶天立地",如果拆迁后赔钱不赔地,或赔付商品房,这就会破坏了宗祠建筑的神圣性。现在泉州、漳州等地在涉及宗祠问题上,出台"赔钱又赔地"的政策,给予被拆迁宗祠易地重建的机会。晋江在拆迁过程当中,考虑一个村庄中宗祠与祖厝较多,政府鼓励多个家族的祖厝在拆迁后合建一个大的宗祠,即联合宗祠,并与拆迁的村庙等集中在一块规划地中,形成富有特色的民俗街区。如晋江市五店市民俗文化街区,就是宗祠和村庙的集合区,现已成为晋江重要的旅游文化景点,此举多方受益。建议地方政府在城镇化改造时,借鉴晋江的和谐拆迁经验。

---

① 甘满堂:《村级社区学习中心构建模式及可持续发展对策》,《福建农林大学学报(哲社版)》2012年第5期。

宗祠是由宗族成员家户出资建成的公共建筑,理论上产权属于出资建设该宗祠的宗族。但宗族在法律上并无法律地位。中国台湾地区也有很多宗祠,登记时通常为"财团法人某某宗祠",并不需要一个宗亲会的组织来持有宗祠,财团法人的场所为公共财产就可以进行法律登记。笔者认为,在目前的中国法律框架下,宗祠的合法登记可以依据 1999 年民政部颁布的《民办非企业单位登记暂行办法》,按文化单位来登记为民办非企业单位,不过,也要解决宗祠是文化场所的问题。到目前为止,笔者还没有听说过宗祠以"文化单位"的名义,被登记为"民办非企业单位",显然这也需要创新思维。

三、引导宗祠组织积极参加社区建设

当前中央政府强调要加强社会管理创新与乡村振兴,各种社会组织就是实现社会自我管理的依托,宗祠组织也可以在乡村振兴中发挥积极作用。在村委会组织中,村干部精力有限,而村宗祠理事会拥有较高的社会威望与组织动员能力,可以通过加强引导,以发挥其积极作用,抑制不良组织行为。宗祠理事会重视祭祀祖先,开展族规祖训宣传教育,倡导"百善孝为先",开展"孝子、好婆婆、好媳妇、好夫妻"等活动。还可以组织开展弘扬先贤优秀品德的活动,表彰各行各业宗亲中先进人物;联络在外宗亲,支持家乡建设;也可以开展扶贫济困,建立助学、奖学基金,帮助宗亲及青年大中专毕业生创业与就业。可以采取培训、经济资助及表彰等方式引导宗祠理事会组织参与社区建设。[①]组织那些在社会上较有影响力的宗祠理事会负责人进行集中培训。对被列为地方文物保护单位的宗祠,给予维修资金。发挥榜样与带头的作用,可以在全省或市县区范围内表扬和举办"十佳宗祠管理组织"或"十佳优秀宗祠文化展览"等活动。

四、组织开展海内外宗亲文化交流活动

福建是海外华人华侨最主要祖籍地之一,台湾地区 80% 居民的祖籍地是福建。发挥祖籍地的地缘与血缘文化,也可为祖国统一服务。首届闽台同宗

---

① 甘满堂:《引导乡村老年协会健康发展》,《福建日报》2012 年 4 月 2 日(视点专栏)。

同名村交流大会在泉州举行,来自两岸 40 多个同宗同名村的近 300 位宗亲代表相聚中国闽台缘博物馆,开展学术交流和对接联谊活动。两岸同宗同名村嘉宾参观中国闽台缘博物馆和谱牒文献中心;两岸同宗同名村代表进行学术交流探讨;台湾同宗同名村代表参访泉州、厦门、漳州的祖籍地,开展寻亲对接、续缘寻亲联谊交流活动。同时,两岸同宗同名村代表向闽台缘博物馆捐赠谱牒文献资料。① 两岸同宗同名村是历史留给我们的财富,是两岸同胞共同的资源,两岸未来的发展一定是朝着"两岸一家亲"迈进,因此要将这一活动进一步办好,不断扩大影响力,并服务更多的两岸同胞。

五、申报世界文化遗产,展现福建宗祠文化魅力

福建省有 13000 多座宗祠,拥有悠久的历史,涌现诸多的历史名人,建筑精美。无论是从历史文化角度,还是从建筑文化角度,福建宗祠都具有很高的价值。其中有代表性的宗祠,就可以申报为"中国文化遗产"与"世界文化遗产"。地方政府想"文化搭台,经济唱戏",将宗祠文化申报为"世遗",既可以为发展地方旅游经济服务,也可以保护传统宗祠文化。福建妈祖信俗已成功申报为"世遗",福建宗祠信仰文化也可以申报为"世界非物质文化遗产",向世界人民展示福建宗祠文化的魅力。这也是保护与传承宗祠文化的一种很好的方式。

① 泉州网:《首届闽台同宗同名村交流大会在泉举行》,http://news.163.com/14/0617/12/9UUL788T00014Q4P.html。

第十四章　福建村庙文化的当代社会价值

在福建传统社区里,现在基本上活跃着三种以男性老年人为主体的非正式组织,彼此人员有相互重合,与村庄老年人社区权利有着直接或间接关系,一是宗祠管理董事会(理事会),如果是单姓村,宗祠理事会通常也兼管村庙事务;二是村庙管理委员会,专门管理村庙的组织;三是村老人协会,通常也兼管村庙与宗祠事务。村庄老人协会不一定有自己的活动场所,它的场所都是借用宗祠或村庙。这三个组织基本上将村庄老年精英们统一到自己的组织中来,从而形成村落中的世俗权威中心。由于老年协会得到政府的认可,所以村庙与宗祠组织的"正式外衣"都是老年协会。

第一节　村庙文化是民间信仰文化的核心

本书所说的传统社区是指因长期定居于此而形成的基于地缘与血缘为主要纽带关系的居民区,主要是指农村社区,另外还包括城市中传统的街坊制社区,以及因城市化而由村(行政村)改居(居委会)的城市部分社区。农村社区主要是指乡村自然村落,有时与法定社区——行政村相重叠。因此,在本章中"传统社区"与"村"有时互用,表达同一个概念。

民间信仰是一种多神崇拜,作为传统社区的居民崇拜的各类神明也较多,但村庙主神崇拜所形成的村庙文化,则是民间信仰文化的最主要部分,也是村民信仰生活的主要组成部分。在此,本章以闽村周将军庙为个案以资说明。

闽村(作者给该村所起的学名)位于福州至闽侯县城甘蔗镇之间,村落依山而建,有人口 1000 多,分属陈、林两大宗族。村落内有两座祠堂,一座庙宇,祠堂分属陈、林二姓,供奉二姓祖先,庙宇则为两姓合建,供奉村神周将军及其随从,另外附祭临水夫人。据村民介绍,庙神周将军曾救过该村的先民,故村民立庙祭之。临水夫人原名陈靖姑,是闽江流域著名的女神,是妇女儿童的保护神。村落内还分布着一些神坛,各家各户还有一些神位。村边的山脚下有一座三面壁的小庙,俗称"鬼庙",或"阴庙",里面只有一个牌位,上书"历代孤魂野鬼"。村中三口水井旁也有神位,供奉的是井神。村民家里还有祖先牌位,还有灶神、门神、土地公等位。另外在村民们的头脑中还有天公、玉皇大帝、观音菩萨、太上老君等法力更大的神明,村民们在关键时刻会有求于他们。

在闽村的诸多神明与鬼魂中,村民们对他们的待遇各不相同。周将军与临水夫人是塑像建庙祭之,全村居民农历每月初一、十五都要祭拜,每年春节期间还将庙神周将军抬出来游村一周,每年周将军生日之时村民还要捐钱演戏给他看。临水夫人生日时,村民们(每家的代表)会聚在庙内吃一顿。在日常生活中遇到疑难时会求助于庙神周将军与临水夫人,如家中有人生病、不知道应不应该作一个投资的决定、流年不利等,遇到这些问题时村民会向庙神问询或许愿。其他神明则没有这种待遇,它们没有被建庙塑像,有的只有一个神位,有的连神位都没有,只在村民头脑中有个印象,祭祀也只是在某些传统节日来临时才祭祀,而且只是每家每户单独祭祀,没有全村居民的集体祭祀,如农历正月期间的祭天公,供奉"历代孤魂野鬼"的"鬼庙"村民只有在农历七月十五才去祭祀。

闽村的民间信仰文化在福建乡村具有代表性。闽村人所信奉的神,从对社区影响力角度来看,庙神周将军影响力最大,村民们给予庙神周将军的待遇最高,寄予的期望也最多,庙神周将军也像一个村官,什么都管。闽村居民所祭祀的其他神明则没有这种社区影响力。在闽村,周将军就是村落的保护神,是社区神,临水夫人也是社区神,不过其祭祀的村落众多,是跨社区的神明,而其他的神明没有这种社区意义,只能是超社区神,福建以外的其他地方也有村民信奉,如天公。为什么在众多的神明中,周将军得到特别的对待?在制度化宗教中,其待遇最高的是至上神,基督教中有上帝,佛教中有如来佛,道教中有三清神。在民间信仰体系中也有至上神——天公,在有些地方其化身经常是玉皇大帝,但天公在闽村却没有得到最高的待遇,受到最高礼遇的却是名不见经传的周将军。费孝通先生认为,中国传统社区是一种差序格局,人与神明的关系也是一种差序格局。乡土中国的社会结构,像是石子扔进水中形成的一圈圈外推的波纹。每个人都是圈子的中心,每一圈都是远近亲疏不同的社会关系。每个人都有以他自己为中心的社会关系圈层,并且一人形成的社会关系圈层不同于另一人。人们之间的社会关系就像水的波纹一般,一圈圈推出去,愈推愈远,也愈推愈薄。① 传统社区居民对待神明的态度也有亲疏之分,"至上神",如天公、玉皇大帝、佛祖、太上老君等并没有得到特别的崇拜,受到特别崇拜的只有与社区居民有关系的神明。周将军是闽村的"熟人",是本村中的一员,自然会对闽村有特别的关照。那些天公、上帝、如来佛、太上老君等都是超社区的,不会对闽村有特别的关照。要想得到特别的关照,只有崇拜本村的神明。周将军是因得到闽村民众的崇拜才成为神明,并在闽村获得最高的待遇。作为回报,周将军自然要格外关照闽村。陪祭神临水夫人是跨社区的妇女儿童保护神,其功能是周将军难以替代的,所以被列入陪祭神之列,在周将军庙中也有一席之地。

由上所述,村庙社区神(村庙主神)崇拜在传统社区居民的信仰生活中占据着主导地位,村庙空间内的社区神崇拜也构成一个相对独立的信仰系统。村庙社区神崇拜的主体是全体村民,客体是社区神;经常性的信仰活动是每月初一、十五的上香,日常遇到疑难问题时请求神示的询问,每年农村正月游神巡境,神诞时聚餐、演戏或办祈福法会等;村庙是社区神崇拜最主要的场所。村庙所在社区也可称为社区神崇拜共同体。

福建民间村庙的名称也是五花八门,没有统一性,反映其作为非制度化信仰的非制度性一面,不过在统计上也有集中性。笔者对名称做过简单统计,结果发现,村庙的称谓尽管比较多,不过以"庙"为称号的占多数,占被统计村庙总数的三分之一以上;其次是"宫"、"堂",为15%左右;以下是"境"、"殿"等;还有称作"寺"、"岩"、"馆"、"洞"等,总之名称很多。从村庙名称的多样性可

① 费孝通:《乡土中国》,三联书店1985年版,第25页。

以透露出一个信息:民间村庙的来源具有多样性,与村落社庙、道教宫观、佛教寺院有着密切的联系。

村庙在建筑造型上非常注重传统,悬山起脊式架构,紫墙青瓦,这在一片西式楼房占主导的现代村落社区中非常醒目。福建省典型的村庙结构是三开间两进悬山式结构,中有天井,两边通过厢房紧密相连,两边厢房内设有钟楼与鼓楼,构成前厅后殿式建筑格局。庙外还附设厨房、卫生间。前厅主要设施是活动式戏台和阁楼式看台,戏台前和阁楼上都配有桌椅板凳,是村民娱神演戏、看戏和神诞会餐的地方。后殿就是神殿,是神明所住之地,也是村民崇拜祭祀之所。前厅的戏台紧靠庙门而建,多为木质结构,分为左右两部分,这是为了方便进出村庙而设计。中间空出地为过道,与大门等宽,演戏时铺上木板,便是戏台,因而可称为"活动式戏台"。看台设在戏台左右,为阁楼形式,这样可以增加建筑的使用面积。平时桌椅板凳不用,都放在阁楼上,这样前厅更为宽敞。传统社会中"男女授受不亲",妇女看戏不能与男性混坐在一起,所以阁楼看台是专为村中妇女准备,新社会已没有这种规矩,阁楼上的看台任何人都可以就座。如果想要悠闲地看戏,只有上阁楼,可以边喝茶边看戏,这样并不影响其他人看戏。福建村庙这种建筑设计充分体现了"人神共乐"的特征,增加了世俗的气氛,扫去正规佛道寺观的神秘气息。村民们平时常聚集在村庙中聊天,神诞会餐时在神殿内大摆筵席,猜拳行令,不亦乐乎。神诞演戏时,吹拉弹唱,热闹非凡,这说明村庙既是社区宗教活动中心,也是社区娱乐中心。

闽南村庙与福建莆田地区的村庙外形有所不同。闽南村庙较低矮,缺乏东北部地区的高大雄伟,但庙内外装饰颇多,显得精巧与华丽。庙内不设戏台,也不设厨房,戏台多是露天的,位于庙前广场上。从面积上看,闽南村庙多在 100 平方米左右,而闽东北的村庙多在 400 平方米以上。闽南夏秋季节台风时常登陆,过高建筑物易受台风危害,所以闽南村庙建筑设置显得较少。不过,闽南村庙建筑样式虽小,但"配置高",庙内外常配置精美的石雕,如石狮、石龙柱等,在造价上并不低于福州地区的村庙。龙海市角美镇五恩公庙造价多达 800 万元人民币,全部由台湾乡亲捐资建造,雕梁画栋,用料考究,华丽而不失典雅,称得上是民间村庙建筑艺术的经典之作。

为了推动村庙信仰活动的开展,社区中一些热心于公益事业,并有社会威望的老年人出面组成村庙管理委员会对村庙日常事务进行管理,村庙通常可分为三种类型:一为村庙管委员会(理事会),专管型;二为村老人协会,兼管型;三为年度性组织管理组织,它经常与村庙轮祭组织相重叠。村庙组织不是宗教组织,而是社区居民热心于村庙事务的社区居民组织,他们通过为村民做事而赢得村民的认可和尊敬,成为传统社区最重要的"草根组织"之一。村庙信仰离不开神职人员,但神职人员并不一定是村庙信仰共同体的成员,他们与村庙之间是雇用与被雇用关系。与福建村庙信仰联系最密切的神职人员是正一派道士,其次还有童乩、灵媒(巫)。民间信仰中的神职人员对宗教的热情并不是为了一种精神上的解脱,而为谋生,并把它作为一种赚钱的职业手段。

村庙信仰的经济基础是建立在社区居民奉献的基础上,与社区经济发展成正比,平时没有香火收入的村庙,其活动经费主要来自"摊派"与村民自愿捐助。摊派有三种方式,一是按户来收;二是按每户的人口数来收;三是按户丁相结合的办法来收,除按户收款之外,还按每户家里拥有的男丁数来收钱。福州地区的通常摊派方法是按灶(户)与丁口(男性)数进行派捐。在传统社区中,富人要多捐款,这已是不成文的规则。村庙管委会还要将各个家户所捐款的具体数目进行登记,张榜公布,人人皆知。村庙管委会成员个人社区威望也影响村庙获得捐助的多少,村庙管理组织尽量吸纳有社会威望的村民加入管委会中,或承办村庙庆典,他们能广泛动员社区资源办好村庙庆典,也能动员富户多出钱捐助村庙事业。在村落社区中,群众的从众心理是非常强的,当社区中拥有较高社会声望的村民或富户带头捐助时,一般群众都会愿意积极响应。

第二节　村庙中的神明系统

宗教一个很重要的特征是对于人格化的神和代表他们偶像的崇拜。民间信仰在本质上是多神崇拜,神明偶像众多是村庙神像设置的特色。不明实情的人往往认为村庙神像布置是杂乱无章的,神明稀奇古怪,觉得可笑,但实际上,村庙众多神明偶像在庙内布局是遵循一定的章法的,神明也都有其来历,法力与功能也各不相同。从神明的来历、法力、功能,以及其偶像在村庙中摆放的位置,可以将村庙中众多的神明分为主神、陪祀神、侍神三大类。在闽江中下游区域内的村庙中,有90%以上的村庙都供奉临水夫人,但大都作为陪祭神出现在村庙的神殿中,作为村庙主神较少。

处在村庙神殿正中央的为村庙主神,处于次要地位的是陪祭神与主神的侍神。主神位于神殿正中的上首,大型的村庙常用"正殿"作为主神的栖身之所;陪祀神处于神殿两侧的上首,在大型的村庙中常把"偏殿"作为陪祀神的栖身之所;侍神的位置通常是立在主神的两侧。村庙主神多以名不见经传的"大王"居多,其知名度通常仅限于村庙所属的社区,陪祭神多以跨社区的名神为主。如在福州地区,村庙中的主神通常是"将军"、"都督"类的社区神,陪祭神通常是临水夫人陈靖姑,为妇女儿童的保护神;在莆田地区,村庙的陪祀神通常是天后妈祖。村庙主神的造像风格比较庄重典雅,显示出村庙主神的公正与威严。男性神明的装束多以封建帝王装为主,女神多以封建帝后装为主,一副高级官僚与权贵般打扮。

村庙主神的侍神常以文臣武将的面目出现,有的则是班头捕快的形象,显然是把村庙主神作为县太爷来对待。侍神像往往被塑造得比较凶恶威猛,显示出一副驱邪逐恶的强大能力。妈祖手下随从"顺风耳"与"千里眼"的塑像,其神像的耳朵与眼睛的造型很夸张,突出其善于发现问题的能力,为妈祖手下的得力助手。在福州地区,村庙的侍神常用"塔骨"制成。"塔骨"神像的头是用木料雕成,或用塑料倒模而成,面相都很奇特,其身子是用竹架做成,中空,有木制的手,但无腿脚,外面披上仿绸衣服。游行的时候人顶着游行,这时顶像的人被称为"神脚";不游行时被安放在特制的木架上。"塔骨"神像的造型有多种,其中以"七爷"(黑无常)、"八爷"(白无常)、"牛头"、"马面"等神为主,除黑无常身材矮小外,其余都很高大,人顶着都有2米高左右。这种"塔骨"神像显然专为方便出游而制作,高大的偶像更能显示神灵的威猛与神圣不可侵犯性。

众多的神明在造像规格上又有区分。主神与陪祀神多采用木雕制像,外施以彩绘,规制上一般要比侍神大得多。制度化的佛道寺观的造像多用泥塑,少用木雕,而村庙神像多用木雕,神的姿态以坐姿居多,这主要是方便抬神出庙巡游。如果是泥质塑像则太沉重,不便于人抬巡行。在闽南地区的村庙中,神像造得特别少,很多在两尺左右高,这样也为了方便神明"出行"。有的村庙较少,侍神则用画像代替,如临水夫人手下有 36 宫婆,且各有名称与其功能,小的村庙没有办法为其一一塑像,通常在墙上画出 36 位神像以供祭祀。

西方人类学家在考察中国传统民间村庙布局时认为,村庙象征封建时代的政府衙门,村庙信仰仪式是封建政治在民间社会的一种体现。美国人类学家马丁通过对中国汉民族宗教仪式的研究认为,在宗教祭拜仪式中,神即是官,祭拜者即是百姓,人神交流如同百姓向官府衙门汇报案件,官僚政治体制显然已深入到乡村社会的每个角落。① 不过从宗教学角度出发,宗教是对自身社会的模拟。在传统社会中,封建官府是人间最高主宰,人们臆想超自然世界中的诸神也应当像人间官员一样。因此,人们布局村庙时,当然要仿照封建衙门,神明穿着打扮也像封建官员。当代村庙是传统社会的遗留,布局基本照旧,保留着浓厚的传统社会文化特色。

福建村庙中神明都是社区神,属于地方性神明。地方神明只由产生地人们信奉,超过这一区域人们对神就无法产生神圣的崇拜感。围绕着这类"名神"都有许多传奇性的灵验故事,吸引着人们对其顶礼膜拜,但如果超过神明所存在的区域,人们则对这位神明感到陌生,无法产生崇拜感。福建本土所产的主要神明有其共性:(1)福建名神在历史上曾有其人,大都生前曾有德或有功于民,如开漳圣王陈元光是晚唐漳州刺史,领北方移民开发漳州,功勋突出,正史中都有记载。(2)神明出身有多种,巫、僧、官、民皆有,性别也不仅限于男性,如福建最有名气的神明——妈祖就是女性,另外还有临水夫人等。在福建民间信仰中女性神明能获得如此高的地位,这在全国其他汉族地区是极少见的。(3)名神因受人民的祭祀而成为神,有的还得到官方的加封,体现"神是由人创造出来"的真理。如妈祖受到民间崇拜后,封建政府也想利用妈祖信仰,加强对民间信仰的社会控制,妈祖的封号从"夫人"到"天妃",再到"天

---

① Emily Martin Ahern, *Chinese Ritual and Politics*, Cambridge, Cambridge University Press, 1981.

后",贵至最尊。地方神明得到封建政府的加封,也加强了民间神明的"神圣性"与"权威性"。

福建村庙信仰中的神明往往被村民们看作是社区中特殊的成员,它们都富有人性。有人批评中国民间信仰(村庙信仰)中经常是"以人性度神性",但民间信仰的神明都是从普通人转化而来,自然也有人性一面,而不具备西方基督教神学中的神的崇高性。董芳苑在研究台湾民间信仰的特征时说,民间信仰将可祀神一律予以拟人化,即神明不仅有偶像与住所,还有尊称、食欲、降诞日、从属、妻儿仆婢与经济开销等。① 台湾民间信仰是由福建传过去的,福建民间信仰中的村庙信仰的神性也具有此类特征。

村庙主神都有自己的从属,且职能各不相同,如妈祖有千里眼与顺风耳,普通村庙中的主神其随从多是班头、衙役,村神如同县太爷。神界同于人间,神也有妻儿、仆婢,有时还有其父母。临水夫人庙中的神明较多,有其姐妹林、李两夫人,助手36宫婆,另外还有其学法的老师许真人、其丈夫刘杞等。所以在一座村庙中,村庙诸神就是一个大家族,将神殿塞得济济一堂。神有从属与妻儿仆婢,使得村庙信仰走向多神崇拜。

第三节　社区神崇拜与区域社会互动

研究台湾民间信仰的桑格瑞曾就民间宫庙之间的关系作过分类,他抓住了台湾民间信仰的组织特性与空间扩张的模式,将台湾民间村庙分为三大类。第一类为地域性组织,是指在一定的地域范围内居民共同祭祀,分为三个层次,一是村庄内的,即村庙属于单个村庄;二是联庄的,村庙属于多个村庄;三是乡镇性的,村庙是某一区域内社区神崇拜中心。第二类是进香中心,指拥有很多分庙,历史较悠久的村庙,它们成为各分庙的进香中心。第三类是教派性组织,指台湾的斋教等民间宗教团体。② 桑格瑞对于台湾民间宗教组织的分

---

① 董芳苑:《台湾民间信仰》,(台北)长青文化事业股份有限公司1984年版,第144—148页。

② Steven Sangren, *History and Magical Power in a Chinese Community*, Stanford, 1987, pp.61-92.

类,对于研究福建村庙信仰与村落联合也有启发意义。

本书依村庙所属村落的多少,将村庙分为两大类,即单庄庙与联庄庙。单庄庙是指村庙所属社区只有一个村庄(自然村)。联庄庙是指村庙所属社区是由两个或两个以上村庄(自然村)所拥有的,这里又可分为两种情况,一种是这些村庄拥有自己的单庄庙;第二种是没有属于自己的单庄庙。前者比较多见,为不同姓氏村庄联合的纽带;后者少见,多是单姓村落因人口膨胀而裂变为同姓多村落所致。从现在调查资料来看,福建地区大规模的联庄庙在各地都有。如现位于福州市区内的"九案泰山十三堂",就是十三个自然村共祭一座村庙社区神的村庙信仰联合体,但每个自然村也有自己的村庙,称为"堂",各分堂的所供奉的神明只是主庙主神的侍神,每年农历九月以"投坯"(卜杯)方式确定主神坐镇何座分堂,同时主神巡境时要巡游十三乡(村)。①在晋江市金井镇存在着以石井村龙泉宫为中心的跨 16 个自然村的祭祀圈,其管委会由 16 个村每村派一个代表组成,每个自然村也有自己的单庄庙,每年的游神巡境活动(当地称迎王,即将龙泉宫内主神迎接回本村驻扎一年)由每村轮流迎请举办,16 年轮流一周。② 值得一提的是,联庄庙每年的集体性信仰仪式通常是各个村庄轮流举办,村庙管委会与祭祀组织是分开的,关于这个问题本书在第四章村庙组织中有专门介绍,在此从略。

从庙与庙之间是否分香割火的关系来看,又可将村庙分为根庙(祖庙)与分庙(子庙),分庙中的香火是从根庙中移过来的,分庙要定期向祖庙进香。民间小庙到大的庙的朝圣行为是把地方庙宇与中心庙宇联结在一起的媒介。因祖庙与分庙关系而产生的来往,其范围超出县境、省境的,如古田县大桥镇临水夫人祖庙临水宫,其分庙广泛地分布于福州、宁德、浙江南部等地,台湾地区也有其分庙。其他如妈祖、保生大帝、三平祖师、清水祖师的分庙不仅在闽南地区有,而且在台湾地区分庙也极多。据统计,台湾民间信仰的神明共有300 多种,其中 80% 是由福建"分灵"过去的。因"分灵"关系,供奉这些神明的村庙之间也有渊源关系,福建庙称"祖庙"或"根庙",台湾分灵庙则称为"分

---

① 福州大学社会学系:《都市的村庙信仰联合体——福州九案泰山十三堂调查报告》,内部资料。

② 石奕龙:《晋江石川村的神鬼信仰》,《中国社会经济史研究》1994 年第 2 期。

庙"或"子庙"。这是由"村庙缘"所结成的"社区缘"。

福建民间信仰向台湾传播可分为"分身"、"分香"与"漂流"三种形式,贯穿于闽人向台湾移民的始终。所谓"分身"是指,准备移民的闽人从故乡登船下海前,往往先到当地神庙祭拜,继而恭请一尊故乡的神像上船,入台后,建庙供奉这一神像,此即"分身";也有村民只奉请香火袋或神符上船,抵台后加以礼拜,俗称"分香"。另外,解放前福建宫庙流行"放瘟船"驱邪的习俗,有的瘟船会随洋流漂到台湾沿岸,当台湾民众在水边拾到自海峡两岸漂来的神像时,都为其立庙祭祀,这就是闽台寺庙分灵的"漂流"形式。台湾各地的民间庙宇按此方式建立以后,即与福建的祖庙确立了源与流的特殊关系。① 为了保持和增强这种特殊的联系,各分庙每隔一定的时期都得上祖庙乞火,参加祖庙的祭典等,俗称为"进香"。有时,祖庙的主神也可能被台湾信徒请回巡游在台各分庙,接受信徒的顶礼膜拜。董芳苑在其《台湾民间宗教信仰》中列出一些台湾著名庙宇与福建庙宇之间的渊源关系,如表 14-1 所示。

表 14-1　闽台具有渊源关系的著名民间信仰宫庙

神灵	福建祖庙	在台分庙数量	在台开基庙或影响最大的宫庙
妈祖	湄洲妈祖祖庙	800	北港朝天宫
王爷	泉州富美宫	677	台南南鲲鯓王爷庙
观音	晋江安海龙山寺	441	台北艋舺龙山寺
关帝	泉州通准关帝庙 东山铜陵关帝庙	193	台北行天宫 宜兰协天庙
保生大帝	龙海白礁慈济宫 同安青礁慈济宫	140	台南学甲慈济宫
清水祖师	安溪清水岩	83	台北艋舺清水岩

资料来源:董芳苑:《台湾民间宗教信仰·台湾民间信仰祀神之研究》,(台)长青文化事业股份有限公司 1984 年版。

进香(朝圣)从宗教学意义上来说,其目的是接近所崇拜的神明的神迹,聆听神明的教诲或教导,增强宗教体验与信仰的热诚。在宗教人类学看来,朝

---

① 范正义、林国平:《闽台宫庙之间分灵、进香、巡游及其文化意义》,《世界宗教研究》2002年第 3 期。

圣是一种中介性仪式,有了这种宗教神圣体验,信徒回到原来生活的社区就能再全身心投入到新生活中去。所谓中介性仪式是指企图把世俗的事务与神圣的境域分离开来所做的仪式,是一种隔离两种不同境界领域中的仪式,信徒企图通过这种方式,告别过去的日子,而重新开始未来的新生活。① 在宗教社会学看来,进香不仅能增进信徒宗教体验与信仰的热诚,而且还能使各地信徒有聚合的机会,增强信仰群体内部的联系与团结,有利于信仰群体之间的整合。

在台湾地区,分庙赴祖庙割火活动一直都有,两岸关系走向正常化后,台湾地方庙宇赴大陆福建祖庙"割火"活动也越来越多。大陆祖庙神明金身也赴台巡游,得到台湾信众的热烈欢迎。祖庙神明金身赴分庙境内巡游,也是一种游神巡境仪式,不过这种仪式是分庙与祖庙共同主办,有利于加强闽台两地民间往来。湄洲岛妈祖、龙海保生大帝、漳州开漳圣王等神明曾应邀赴台湾巡游。2009 年 10 月,古田县临水宫管委会与台湾顺天圣母协会联合举办"福建宁德古田临水宫祖庙顺天圣母陈靖姑金身巡游台湾"活动。巡游活动将环游台湾全岛,前后历时 13 天。这次巡游活动说明陈靖姑信仰也是两岸神缘关系的重要见证。

福建也有教派性村庙,主要有莆田地区的三一教,三一教设总祠堂与分祠堂,总祠只有一个,分祠目前已发展到 1285 座,总祠堂与分祠堂保持着密切联系,信徒入教需举行完整的入教仪式,每逢"三一教"创教人林兆恩生日、忌日都有集体性的活动仪式。② 本书在村庙信仰研究中没有包括教派性村庙,此类村庙不在研究范围内。

第四节　传统社区的公共生活空间

村庙建筑在传统社区中具有多种功能,村庙不仅仅是传统社区的宗教活动场所,也是其社区活动中心之一。从宗教学角度来看,村庙为村庙信仰提供

---

① 李亦园:《人类的视野》,上海文艺出版社 1996 年版,第 314 页。

② 福建省政协民族宗教委员会:《关于加强我省民间信仰活动场所管理的调研报告》,2002 年 7 月,内部资料。

一个宗教活动最佳的凝聚空间,能把宗教信仰者、神职人员和各种礼仪活动凝聚在特定的空间中,这个空间是宗教建筑和宗教艺术的组合体,是开展宗教活动的"圣地"。从传统社区角度来看,村庙同时也是村民们休闲娱乐之地,其神圣性没有制度化宗教那么严格,如村庙也是传统社区中老人协会活动中心。福建乡村都有老年协会,它是老年人自发组成的,主要开展互助与组织休闲娱乐等活动,其活动场所大都假借村庙与祠堂,尤以村庙为多。

福州地区,老人协会活动场所与村庙结合最多。如果村庙同时又是村老人活动中心,则村庙每天都要开放,而且还是早开门,晚关门,成为社区中最热闹的地方。作为社区老人活动中心的村庙,通常还配备电视机、VCD 机、报纸、麻将与扑克牌等。另外,村庙内还有茶水供应,茶水通常是一毛钱一杯,续水免费。打麻将与扑克牌是要收场地费的,通常是一张桌子每半天(分上午,下午,晚间)收费 5 角或 1 元,这两项"生意"由看庙人承包经营,其收入构成村庙或老人协会收入的一部分。

村庙最主要的社区功能是宗教信仰功能。村庙所供奉的神明都具有鲜明的地方性色彩,都是一种社区神,它们大都与当地村民有一定渊源关系。村庙神明都富有人性,且法力较大,经常是"有求必应",保护着全村居民的幸福安康,家庭是社区村庙信仰的基本单位。在传统社区中,村庙通常以它境内所有的居民为其信众,村民有义务也有责任祭拜村庙神明,村庙神明则为其信众祈福禳灾,村民与村庙神明之间建立一种"祈求与护佑"式的响应模式。村庙依托村民的信仰与捐献而存在与发展。村庙信仰共同体就是围绕村庙神明而产生的地缘性宗教信仰团体,有信仰,也有仪式。人与神之间的沟通是通过神职人员、祭祀组织所开展的各种仪式。村民(香客)的信仰方式是农历每月初一和十五上庙烧香拜神,另外参加集体性的游神、神诞会餐、看戏等活动。作为一种群体性的民间信仰,本书关注的是村庙信仰的集体性仪式活动。本书将福建村庙信仰的集体性仪式活动概括为四种:聚餐、斋醮(法会)、演戏酬神、游神巡境。集体性仪式由村庙管委会或轮祭组织出面举办,经费一般由家户自愿捐助。

"民以食为天",制度化宗教中都有饮食仪式方面的宗教仪式,如基督教的"圣餐礼"、伊斯兰教的"开斋节"等。在福建的村庙信仰中也有饮食方面的集体性活动,这就是"聚餐制度",其社会功能也是多方面的。神诞聚餐的来历大致是这样:村庙神明诞辰,村民需要用丰厚精美的食品向神献祭,仪式完毕,村民们再聚集在一起享用祭神的美食。村庙聚餐通常在庙内诸神的生日时举办,因此一年内不止一次,其中以村庙主神神诞聚餐最为隆重,但多附在其他活动之间,较少独立开展。村庙神诞聚餐有两种形式,一是在村庙内的社区居民家庭代表的会餐,二是家庭里的亲朋好友聚餐。这两种形态上,福州地区偏重于村庙内聚餐,家庭内亲友聚餐也有,而闽南一带偏重于家户内的聚餐,没有村庙内的聚餐。闽南农村在村庙主神诞辰日家家户户要杀猪屠羊,准备鸡鸭鱼肉敬神,同时发出请帖邀请亲朋好友光临吃大餐,看热闹(看戏和游神巡境)。

斋醮(法会)是村庙信仰活动中最主要的一种宗教性活动,由道士(法师)主持,目的是祈福谢恩,或禳灾解厄。福建民间道士是正一派的,它们有严格的道教斋仪规范与制度。在道场上,道士们有说有唱,有音乐,有宗教舞蹈;根据法事需要、经文内容,在殿堂上下做一些简单的行礼、叩礼、巡回转经等动作,犹如演出一场歌舞剧。福建闾山派三奶教的道士做醮时得要表演道士戏,就是"打城戏",另外有时还表演"上刀山"、"下火海"等仪式。因而,道教仪式不仅有观赏性,而且还有娱乐性。这也许是与民俗相结合的结果吧。醮期的长短不一,最短的是"午夜三献",即在当天中午开始,午夜之前结束。最长的为"大醮",长达七七四十九天。一般醮期是一至三天。福建村庙信仰中最长的醮期是七天,只有大庙才能办得起。村庙信仰举行斋醮活动各地多有不同。在福州地区,每年通常在主神诞辰日举办一次历时半天的斋醮——"平安法会"(又称"平安礼斗"[1]),而历时七天的斋醮——"普渡"则是少数经济条件好的村庙才能举办,而且间隔多年才会举办一次。闽南村庙神诞法会类似于福州,[2]但仪式不以拜斗为中心,普渡则是年年都举办,但历时短,规模

[1] 福州地区的村庙斋醮——"平安礼斗"详细情况,参见林明生、杨榕:《福州元帅庙田公信仰与民俗仪式调查》,载《福建戏曲行业神信仰研究》(2002年莆田市田公元帅文化学术研讨会论文集),打印本。

[2] 泉州地区村庙神诞斋醮的详细情况,参见王铭铭:《社区的历程》,天津人民出版社1997年版。

小。在福建闽西客家人聚居的村落,斋醮是与村庙神诞庆典同时举行,而且还占重要的地位,故将一年一度的村庙神诞庆典称为"打醮"。

在传统的村庙信仰中,为答谢神恩,求得神灵欢心和庇护,除了给神献上丰盛的祭品外,"演戏酬神"、"演戏娱神"也是一条重要的途径。村庙演戏酬神每次通常要连续演出至少两场,是传统社区重要的文化娱乐活动。演戏需要花钱,也是体现村庙经济实力之时。沿海地区的村庙演戏要比山区多,经济发达地区比经济落后地区要多。村庙所在社区居民较少,经济实力不强的村庙演不起大戏,经常用放电影来代替。不过,这种情况较少,更多的村庙总是想方设法集资演大戏。献戏者除全体村民集资捐献外,还有少数家户单独捐资的戏剧,这就是所谓的"愿戏"。村庙通常将村民们所捐的"愿戏"集中在神诞时演出,这样既可降低剧团的演出成本,也可以增加村庙神诞演戏的场次。① 福建村庙众多,神诞演戏造就了庞大的戏剧演出市场和服务于这个市场的演出剧团。福建戏剧演出剧团之多,称得上全国之最。沿海地区每个县市都有两个县市级的剧团,每个乡镇也有,甚至有的村也有自己的剧团,它们当中大多数是民营剧团。因方言原因,每个地区的地方戏并不完全一样。福州与宁德居民爱看闽剧,莆田一带是莆仙戏,闽南一带则是梨园戏、高甲戏、芗剧、潮剧,闽西地区是汉剧、四平戏、梅林戏和采茶戏等。在福建享有五大地方剧种之称的是闽剧、莆仙戏、梨园戏、高甲戏、芗剧,它们在福建民间拥有较多观众。

游神巡境就是将村庙中的主神及其侍神等抬出来,辅以各种仪仗及娱乐队伍,巡游村庙所在的社区全境。游神巡境也称"游神赛会"、"游神"、"游春"等,它是村庙信仰活动中参与人数最多、仪式规模最大、最为热闹与隆重的集体性活动,可以说是传统社区的"狂欢节"。② 游神巡境规模取决于村庙所在社区的大小,社区人口越多,游神巡境规模也越大。通常,跨村的联庄庙的游神巡境规模都比较大,持续的时间也长。小型游神规模在 100 人左右,中等规模在 500 人左右,大型游神规模约在 1000 人以上。福建村庙信仰活动中

---

① 甘满堂:《福建村庙酬神演戏与社区公共文化生活》,《福建省社会主义学院学报》2006年第 1 期。

② 甘满堂:《闽侯县傅筑泰山庙迎神赛会调查》,《民俗研究》2004 年第 2 期。

的游神巡境源自中国传统民间社会借娱神行乐的庙会,集宗教信仰、民俗与娱乐活动于一身,但同时也是颇受社会争议的一项活动。游神赛会是由村庙组织出面举办,时间多选择在春季或秋季,取"春祈秋报"之意。春季游神主要是增加春节的喜庆气氛,祈祷本年度风调雨顺,万事兴旺;而秋季游神,通常是在村庙主神诞辰之日进行,意在庆贺丰收,感谢神灵庇护。目前,村庙游神巡境活动在农村地区基本上成普及之势。如福建省闽清县是福州地区一个山区县,据县宗教局调查发现,该县 400 多座村庙中,约有 260 个村庙有游神活动,约占村庙总数的 60%,参与游神的群众达 27 万人。有的迁移外乡的村民专程回来请神出游,有的受外乡之邀就出现了跨乡镇与地区的游神。一年一度的正常开展的游神巡境仪式,说明村庙管委会具有很强的组织动员能力。

四种群体性仪式活动的社会功能各不相同,聚餐突出的是交际性;斋醮(法会)突出的是村民与神沟通的神圣性;演戏酬神突出的是人神共欢的娱乐性;游神巡境则既突出了神圣性,也突出了娱乐性。从仪式规模与社区影响来看,集神圣性与娱乐性一身的游神巡境具有广泛的社区性,在社区中影响也最大。

由上看来,村庙文化对于现代农村社区与某些城市社区来说,其社会功能是多方面的,它不仅具有宗教信仰方面的心理慰藉功能,而且具有社区公共娱乐、交际与休闲功能。因而,这种空间是多维度的,村庙就是现代农村社区中的"教堂"、"咖啡厅"、"酒吧"或"戏院",集多种功能于一身,构成社区居民的公共生活空间,丰富了社区居民的业余文化生活。

第五节　村庙文化与传统社区的横向整合

村庄传统组织的复兴对于社区自治的影响是众多学者注意到的问题,但很多学者的目光都投向了传统的宗教组织,这是不够全面的。在中国传统汉族村落研究中,由于受到早期开拓者研究的影响,多数学者都认可宗族血缘对于村落内部结合的重要性,村落自治是一种宗族自治,形成宗族决定论占主导地位的中国社会观,①而对村庙信仰对于传统社区自治的纽带作用大多忽视或轻视。如麻国庆在研究福建南平市樟湖集镇的宗族文化时说:"在中国的传统汉族村落中,村庙仅在形式上作为地缘的信仰,平时信仰的目的以家和个人标准为基础,祭祀的时候仅为祈愿各自家庭的幸福。中国的村落血缘结合的组织凝聚力很强,但村落本身是分散的,缺乏凝聚性。这样的血缘和地缘关系一直是处于相对分离的状态。这当然也是村落的主流。但在事实上,还存在合的一面,而合的出现也并不是以地缘为中心的合,而是以血缘为中心的合。"②这主要是他们在研究过程中,对村落社区了解不深入、不全面所致。如果所选择的村落社区往往都是单姓村落,只有一个宗族而已,如果放开视角,扩大到主姓村、杂姓村,以及村落之间,则村庙信仰对于村落之间结合的纽带作用则得到凸显,其村庙管理组织不仅在群体信仰活动中发挥着推动作用,而且也是传统社区的重要自治组织之一。

在福建传统社区里,现在基本上活跃着三种以男性老年人为主体的非正式组织,而且都与村庙管理有着直接或间接关系,一是宗祠管理董事会(理事会),如果是单姓村,宗祠理事会通常也兼管村庙事务;二是村庙管理委员会,专门管理村庙的组织;三是乡村老人协会,通常也兼管村庙事务。宗祠与村庙理事会都是村民自己组织起来的,老人协会最先也是由村庄老人自发组织的,后来得到基层政府的注意与承认,并将之推广到福建全省范围。乡村老人协会接受村委会的领导,宗祠董事会没有自己的上级主管部门,村庙有时由县级宗教管理部门或县市道协领导,但大部分村庙没有自己的对口管理部门。只要不违反法律与法规,影响社会稳定,政府对村庙信仰活动并不干涉。

宗祠董事会(组织)的权威来自血缘认同,村庙管理委员会(组织)的权威来自社区神崇拜的认同,老人协会(组织)的权威来自地方政府授权。就开放性而言,宗祠组织比较封闭,以血缘为进入标准,而村庙组织与老人协会则具有开放性。老人协会不一定有自己的活动场所,它的场所都是借用宗祠或村

---

① 金光亿:《现代中国农村共同体意识形态的基石:宗教倾向性和村落倾向性》,载马戎、周星主编:《二十一世纪:文化自觉与跨文化对话》(二),北京大学出版社 2001 年版,第 514 页。

② 麻国庆:《祖先祭祀及其空间"场":以闽北樟湖镇及周围村落物田野调查为中心》,载马戎、周星主编:《二十一世纪:文化自觉与跨文化对话》(二),北京大学出版社 2001 年版,第 557 页。

庙。在人员上,这三者往往又是重叠在一起的。这三个组织基本上将村庄老年精英们统一到自己的组织中来,从而形成村落中的世俗权威中心。村落社区的政治、经济精英们都是这些世俗精英的亲戚邻居,对于世俗精英们的意见常常是听取的。世俗精英们依靠自己的声望,来获取政治或经济上的支持,村落中的公共活动场所因而得以兴建,各种文化娱乐活动因而得以开展。在以一家一户为主要生产单位的农村社区,村庙信仰活动将村民们聚拢在一起,从而达到文化整合的目的。

村庙信仰的整合功能对于当代传统社区的作用主要是体现在自治,村庙管理组织是传统社区重要的自治资源之一。村庙组织筹办社区群体性宗教活动,获得相当大的社会威望,手中享有调动社区人力与物力资源的能力,因而其参与社区自治能力是相当强大的。传统村庙文化的复兴,为社区精英找到了发挥社区影响的渠道,目前村庙管理组织作为民间社团其作用有逐步扩大之势,其对村级正式组织的补充或替代作用是比较明显的。村委会实际功能是乡镇政府机构的延伸,并不是农民的自发组织的团体,农民实际上并没有将其视为自己的组织,而是视为上面派下的管理组织,只不过,其管理成员都来自本村而已。从实际情况来看,农村基层政权已经出现弱化的趋势,其职能更多是以发展地方经济为主导性任务,对其他公益事业关注不够,村庙组织的出现,则填补了社区公共事业无人兴办的空白。

对于中国传统社会来说,向来有两条文化纽带,一个是宗祠文化(或称宗族制度),另一个是村庙文化。对于传统社区来说,村庙信仰无论在参与人数、制度化建设方面,以及社会功能方面,都超过祖宗崇拜,因此,村庙信仰是民间信仰的主体,并具有自身的独立系统。在当前社会转型期,村庙信仰在社区中具有广泛的参与性,村庙组织在传统社区中拥有较高权威与号召力,成为社区最有活力的民间组织。如果说以血缘为纽带的宗族整合是一种社区纵向整合机制,那么村庙信仰就是社区的横向整合机制。

第十五章　农村居家养老服务解决方案的福建经验及推广建议

城乡社区老年协会是基层老年事业发展的重要载体,是政府认可并大力推广的社区社会组织。近年来在政府支持发展农村幸福院的政策与空间影响下,福建乡村老年协会积极承办社区居家养老服务,借助社区互助养老机制,形成以老年协会活动中心、幸福院、老年食堂、敬老院为平台的四个社区照顾服务层次,其中第一个层次较为普及,能解决基本的居家养老需求。这种内嵌式村办社区居家养老模式具有资源动员能力强、运行成本低、服务亲和力高等优势,本书认为乡村老年协会承办社区居家养老服务,拥有独特的优势,应当鼓励,各地乡村可以因地制宜,推行适合于本社区的居家养老服务模式,但加强乡村老年协会规范化建设是基础。

第一节　当前推进城乡居家养老服务的社会政策与实践

为应对日益严重的老龄化问题,国家"十四五"发展规划提出,实施积极应对人口老龄化国家战略,健全基本养老服务体系,大力发展普惠型养老服务,支持家庭承担养老功能,构建居家社区机构相协调、医养康养相结合的养老服务体系;完善社区居家养老服务网络,积极发展农村互助幸福院等互助性养老。①

---

① 《中共中央关于制定国民经济和社会发展第十四个五年规划和二〇三五年远景目标的建议》,中国政府网,http://www.gov.cn/zhengce/2020-11/03/content_5556991.htm。

据"七普"统计数据,农村人口老龄化问题比城市更为严重,未来农村养老问题更为突出。

根据民政部相关文件,农村幸福院是指由村民委员会进行管理,为农村老年人提供就餐、文化娱乐、住宿等照料服务的公益性互助养老服务设施,包括农村老年人日间照料中心、托老所、老年灶、老年人活动中心等。农村幸福院按照"有固定场地、有设施设备、有服务内容、有人员队伍、有管理制度、有筹资渠道"的"六有"内容,全面推进农村幸福院建设;按"村级主办、互助服务、群众参与、政府支持"为原则进行运营。从政策定位来看,农村幸福院主要为社区居家养老提供平台。"十三五"期间,在中央专项彩票公益金支持下,全国60%以上的农村社区都建有统一标准的幸福院,有文化活动室、健身康复室、休息室(卧室)与厨房、餐厅等。但很多幸福院只有文化活动室被开放利用,其他空间都闲置,甚至建成后连文化活动室也没有人利用,院门紧锁。花费巨资建成的幸福院闲置率却较高,造成不必要的资源浪费。福建农村幸福院总体利用率较高,但多数服务层次停留在老年活动中心层次上,幸福院内厨房、餐厅、休息室的闲置率近90%以上。空间闲置原因,并不是没有需求,而是普遍缺乏专业组织管理,服务供给不足。

社区居家养老,又称社区照顾,是指老年人选择居住在家庭中安度晚年生活的养老方式,它以社区为平台,整合社区内各种服务资源,为老人提供助餐、助洁、助浴、助医等服务。社区照顾模式可分为两类体系:一为社区居家照顾体系,二为社区养老机构照顾体系。前者是指通过血缘关系或道德维系的非规范性养老照料,如家庭成员、亲戚、朋友、邻居、慈善机构等,对有一定自我生活照顾能力的老年人提供的照顾服务;后者是专业人员在社区内的养老服务机构对生活基本不能自理的老人的正式照顾,如老人日间护理服务中心、老人福利院、老人护理院等提供的各种护理服务,享受养老服务的老人不离开其日常生活的社区。①

社区居家养老是介于机构养老与家庭养老之间,具有较多的服务优势,因此也是当前政府与社区大力推广的养老模式。目前,城市社区居家养老服务

---

① 钱宁:《以社区照顾为基础的中国老年人福利发展路径》,《探索》2013年第2期。

由社区提供场所,政府购买专业养老机构服务的方式进行推广,但存在社区接收度低,服务质量不高,老人主动购买服务的积极性弱等问题,因此,社会服务效果并不好。① 当前农村社区老年化问题也较严重,留守老人与空巢老人的比例一般高于城市,因此,农村社区居家养老服务需求也大,但政府对于农村居家养老服务的投入相对少。有些县市对于农村居家养老服务采取政府购买专业养老机构的方式推进,其服务成效比城市社区更差。

2017 年国务院《"十三五"国家老龄事业发展和养老体系建设规划》中提出,提高城乡社区基层老年协会覆盖率,在 2020 年达到 90%,促进老年人通过老年协会组织实现自我管理、自我教育、自我服务。② 依笔者在福建城乡社区的调查经验来看,政府统计数据认定城市社区老年协会建会率高于农村社区,但这类城市社区老年协会只是社区居委会门前再挂一块牌子,本身并没有什么组织活动,大多"有名无实",真正有活力的是乡村老年协会。因农村社区有地缘与血缘关系网络资源,乡村老年协会比城市社区老年协会更有活力,它们在丰富农村老年人生活,维护老年人权益,增进老年人福利,参与乡村治理等方面做出重要成就,成为村委会的重要助手。受宗祠与村庙文化影响,福建乡村老年协会比较活跃,互助养老服务具有文化基础与历史传统。近年来在政府支持农村发展互助幸福院政策支持下,福建乡村老年协会积极承办社区居家养老服务,形成以老年协会活动中心、幸福院、老年食堂、敬老院为平台的四个社区照顾服务层次。这种内嵌式村办社区居家养老模式具有资源动员能力强、运行成本低、服务亲和力高等优势,各地乡村可以因地制宜,推行适合于本社区的居家养老服务模式,但加强乡村老年协会规范化建设是基础。③ 本书特建议地方政府应当鼓励与支持村级老年协会承办本村居家养老服务;地方政府在制定养老服务条例中,应当将这个原则写进养老服务条例中。

---

① 李放、王云云:《社区居家养老服务利用现状及影响因素——基于南京市鼓楼区的调查》,《人口与社会》2016 年第 1 期。

② 《"十三五"国家老龄事业发展和养老体系建设规划的通知》,国发〔2017〕13 号。

③ 甘满堂、王瑶:《福建乡村老年协会承办社区居家养老服务的模式》,《福州大学学报(哲学社会科学版)》2019 年第 5 期。

第二节　福建农村社区居家养老服务的四个层次

福建农村社区推进居家养老服务已有较好的社会组织基础,这就是福建乡村老年协会普及高,很多乡村都有老年协会活动中心,老年互助活动开展比较频繁的原因。随着经济发展水平的提升,在村委会与村乡贤支持下,由村老年协会承办的社区互助养老服务水平也在提升,因地制宜,部分乡村还办起抱团养老幸福园、老年食堂、敬老院等,形成四个服务层次:(1)活动中心平台基本服务型,(2)幸福院平台服务型,(3)老年食堂平台服务型,(4)敬老院平台服务型。农村居民养老服务的场所与资金主要来自村民捐助与村委会资助,日常服务主要由老年协会成员通过互助方式提供。这种模式具有运行成本低、服务效率较高,可持续性强,村民接受度高等特点。

一、活动中心平台基本服务型

乡村老年协会符合规范化建设标准,就可以提供活动中心平台的基本居家养老服务。福建省老龄委在《关于加强基层老年协会规范化建设的意见》(2014 年)中认为,所谓规范化建设就是做到"五有":有组织,有制度,有场所,有经费,有活动。本书能提供最基础的居家养老服务称为"老年协会活动中心平台基本服务型"。福建省农村老年协会普及率达到 90%,其中规范化建设老年协会达到 50%左右,即约有一半老年协会可以提供基本的居家养老服务,主要是提供休闲娱乐场所、助老活动、村务参与等。①

乡村老年协会组织、活动场所与经费来源。福建乡村老年协会会长多是由有知识、有领导能力的老年人担任,他们大多是退休回乡干部,社会威望高,号召力强。老年协会也都有自己固定的活动场所,不过多数活动场所都附设在祠堂或村庙中,这使得祠堂与村庙有了新的用途。活动场所内备有电视、书

---

① 甘满堂等:《互助养老理念的实践模式与推进机制》,《重庆工商大学学报(社会科学版)》2014 年第 5 期。

报、杂志、棋牌、躺椅等,供老人平时休闲娱乐,非老年村民也可以参与活动。因此,村庄老年协会活动中心也是社区公共活动中心。老年协会经费来源渠道较多,主要有村委会拨款、会费收入、社会捐助收入与经营性收入等。依托较充裕的经费支持,老年协会开展的活动也较多。

文化活动组织或参与。协会活动中心每天都开放,村民读书看报,或看电视、打牌等;领导或参与村庙与祠堂日常事务管理等;社区有妇女为参加主体的广场舞活动;依托村庙有组织演戏与庙会活动等。

助老活动开展。集体福利活动有组织会员重阳节聚餐、外出旅游等。个体救助活动:(1)经济补助,若会员出现养老困难问题,给予多种形式救助;(2)维权活动,若遇到会员子女不孝顺,老年协会能出面干涉;(3)探望活动,会员生病住院,能组织人去探望;(4)慰老活动,会员去世,能协助家属料理丧事,并给予慰问金。

村集体事务参与:积极支持与配合村两委工作,为村集体发展献计献策;积极参加村民自治,包括选举、村务公开;主动对乡村不良社会风俗行为进行干预,如反赌博、反吸毒等;积极倡导美丽乡村建设,提升乡村环境卫生水平。

乡村老年协会的存在较好解决了老年人权益保障与休闲娱乐问题,增强了老年朋友对协会的归属感,使老年协会真正成为老年人的"家"。[1]

二、幸福院平台服务型

幸福院平台服务型是由村委会与老年协会推动的村庄五保老人抱团养老的一种组织形式,其办法是在老人活动中心旁边建五保户安居房,让五保老人集中居住,但仍自己做饭,独立生活,不过彼此有照应,也方便村民看望这些五保老人,这就是幸福院模式。这种模式解决了五保老人住房质量差,居住分散,平时缺少人关照等问题。在福建省以漳州芗城区、福州连江县的幸福院为代表。

乡镇敬老院集中供养和家中分散供养一直是农村五保户和低保困难户的

---

[1] 甘满堂等:《互助养老理念的实践模式与推进机制》,《重庆工商大学学报(社会科学版)》2014 年第 5 期。

主要养老模式。目前政府提倡建设乡村敬老院来解决五保户与特殊困难老人养老问题,但福建省乡村敬老院存在的问题主要有普及率较低,已在建成运行的敬老院还普遍存在工作人员少、经费紧张、管理水平低、五保老人居住环境差等问题。新建敬老院对于乡镇政府来说,也是一笔很大的经济负担。从2007年起,漳州、宁德探索五保户与低保困难户养老问题时,借鉴先进经验,探索建立一种介于两种传统养老模式之间的互助式农村养老新模式。村庄为老人提供住房,有的村庄还充分考虑农村老人的生活习惯,腾出地方让他们种菜、养鸡等,虽然集中居住,但每位老人还是单独生火做饭,相邻而住,只是为彼此有照应。农村幸福院这种"离家不离村、集中供养、自我管理、互帮互助"的供养新模式,有效解决了农村孤寡老人无依无靠、各自独居的现状,也弥补了乡镇敬老院的先天不足。

案例:漳州市芗城区石亭镇扬美村幸福院。扬美村幸福院主体建筑为一栋两层高的房子,在幸福院旁,就是村里祠堂,旁边有一个休闲广场和老人活动中心。幸福院共有15间小套房,每间室内面积30多平方米,内有一个卧室、一个独立卫生间、一个厨房和一个小阳台。屋内配有一张老式硬板床、一个老旧的衣柜与液晶电视机。目前幸福院入住了11位五保老人,每人都单独做饭吃,集中在一起,只是彼此有照应,同时也有利于村民照顾这些五保老人。园里的老人走出家门就能和村里老小沟通有无,他们的亲友也能随时前来嘘寒问暖。农村幸福院主要为农村无房的五保户和困难户提供免费居住,老人们抱团养老,互相照应,但又各自生活,自由支配五保供养金、低保金等。①

幸福院模式发起于河北省,同村老人集中居住,还配备食堂,有专人为他们做饭吃,相当于村办敬老院。这种模式要求有管理与服务人员,运行成本相对较高,可持续性较差。相比较而言,福建幸福院模式具有可持续性,也得到五保老人的欢迎。不过缺点在于,只能适合于健康的老年人。目前漳州市87家乡镇敬老院的入住率却不到30%,但乡村幸福院入住率都在70%以上。究其原因,敬老院有规章制度约束,不自由,很多老人不愿入住;另外,敬老院多建在乡镇,意味着许多老人必须离村,而他们大多难以接受晚年背井离乡。另

---

① 林侃:《鳏寡有其屋,携手度夕阳》,《福建日报》2013年3月3日。

外,因为资金不足,缺少人员编制等原因,大多乡镇敬老院生活设施破旧,甚至水电等基础设施都无法落实到位,三餐也仅能保障吃饱,把五保金上交换来的低水平服务,老人们不愿意!乡镇养老院的管理水平较低,也是制约老人们入住积极性的重要原因。

笔者感到,山区农村因交通与生活不便等问题,人口外流现象突出,只有五保户等部分群众还无奈地留守在自己的家园。他们生病后难以及时就医,生活寂寞。因此,山村五保户亟须由以前的分散供养过渡到集中供养。① 在为农村特殊困难老人提供集中养老院时,不一定要重新建房舍,利用农村闲置校舍也是一条非常经济的解决问题之道。现在很多乡村都有闲置的小学校舍。教室改造为住宅,主要工程是铺设自来水与下水管道,因此建设费用较低。

三、老年食堂平台服务型

随着经济发展水平的提升,有些经济较发达的村庄老年协会开办老年福利食堂,为老人免费或低偿提供助餐服务,将居家养老服务层次做了有效提升。据不完全统计,目前福建省农村老年食堂约有 50 多家,它们有的提供一日三餐服务,也有提供一日两餐(中晚餐)、一日一次中餐服务,还有提供每月两餐,即初二与十六日的中午聚餐服务,因为这两天也是村庙"上香日",村民们到村庙烧香拜神,顺便组织大家聚餐。开办农村老年食堂以泉州、莆田、龙岩等地区较多,其中最多为泉州市,如晋江、石狮、南安、永春、泉港口等县市区都有老年食堂开办。在县市区中,以晋江市为最多,有 30 多家老年食堂,占全省老年食堂一半还多。

案例 1:南安市霞美镇金山村老年食堂,为 65 岁空巢老人和孤寡老人提供一日三餐,通过养老服务站,开展日常照料、医疗保健、精神慰藉等服务。食堂从 2012 年开始运营,2015 年后改为所有老人免费。创办老年食堂的发起人是一个退休的小学校长吴金斗,到目前为止,一直正常有序运营。详情见本书第五章。

---

① 甘满堂:《可将闲置学校改建为老人幸福园》,《福建日报》2014 年 10 月 22 日。

案例2:石狮市宝盖镇郑厝村老年食堂,2014年1月创办,为全村70岁以上老人免费提供一日三餐,经费来自村民以及海外华侨捐助,经常在老年食堂就餐的老人有60多位。老年食堂创办发起人为兼任村老年协会会长的企业主。"火车跑得快,全靠车头带"。在会长的带领下,海内外乡亲有的出钱、有的出力,有的老人承担志愿者,坚持每天到食堂帮忙;也有村民给食堂捐米油菜肉等食材。石狮市政策倡导移风易俗,村庄也积极响应,制定村规民约,喜事新办、丧事简办,把节约下来的钱财捐给村老年协会食堂。到目前为止,一直正常有序运营。2017年春节,村老年协会还购置电瓶车一辆,免费接送老人往返食堂与住宅;筹款方式也改成微信群捐,每年正月十五之前,就能将当年的运营经费30万元筹齐,保障老年食堂可持续运营。到目前为止,运营效果良好。

案例3:晋江市深沪镇华峰村老人爱心食堂,2014年10月创办,为全村60岁老人提供免费午餐。爱心食堂设在由废弃小学改造成的老年协会活动中心,活动中心内还设康乐室、南音室、休息室等。经费来自乡贤捐助,食堂由村里10多名年纪较轻、体力较好的老人主动当"义工",负责采购并在厨房打下手,每天中午有近百名老人一起就餐。

案例4:晋江市磁灶镇下灶村老年食堂,为全村60岁老人提供免费午餐,从2012年开始推行,每天有50多位老人来就餐。食材由村里统一采购,擅长烹饪老人义务掌勺,菜色每天一换,80%的家庭曾给敬老院捐过钱。

案例5:晋江市磁灶镇洋宅村老年食堂,创办于2014年10月,为全村60岁老人提供免费午餐。由村老年协会负责运营,本村乡贤提供资金支持。推行免费午餐,除了资金保障之外,管理制度也很重要。洋宅村老年食堂规定,每天上午10时前,需要享用免费午餐的老人都要先到爱心食堂挂牌,食堂师傅再根据挂牌数量安排饭菜量;老人享用免费午餐须定点在爱心食堂,不得打包带走,确保每位老人都能吃饱;如果挂了牌没来吃饭,则要缴交相应的午餐费,目的在于杜绝浪费。

案例6:南安市眉山乡观音村爱心食堂,创办于2015年7月,为本村100多位60岁老人提供午餐,村里成立志愿者服务队,主要由身体健康能自理的老人参加,采取一对一帮扶那些失能或半失能的老人。食堂经费由村老年协会负责筹措,主要来自乡贤捐助。①

案例7:仙游县游洋镇桥光村幸福院食堂。地处仙游县东北部山区的游洋镇桥光村,距离游洋镇区6公里,总人口1388人,空巢老人就有160多人。改革开放后,村民成群结队赴南美国家经商,现在有300余村民常年在苏里南、阿根廷等南美洲国家从事超市行业,成为仙游县不多见的"华侨村"。致富后的侨胞们倾力反哺家乡,积极捐资兴建通乡公路与村庄交通环境整治,另外还成立慈善基金会,奖励每年考上大学的子弟,慰问村里逢十过寿的老人,以及村中困难户等。

2016年10月,在仙游县和游洋镇支持下,村委会将闲置的桥光小学教学楼重新装修,改造成像样气派的幸福院,由村里退休的老支书、老年协会会长负责管理幸福院的大小事务。当年10月,依靠海内外乡贤捐助,幸福院办起了留守老人食堂,每天免费为村里70岁以上的老人提供午饭,每天来食堂就餐的老人在40多位。村老年协会安排会员轮流值班,负责购买米菜;雇用本村一位妇女做饭,给予工资报酬;来吃饭的老人以无偿劳动形式帮助做些杂务。幸福院除老年食堂之外,还有阅览室、影音室、医务室、健身房、活动室,环境优美,生活气息浓厚,院外还有健身运动广场与花园。在老年食堂的吸引下,幸福院文化活动室利用率较高,老人们在午饭前后都在幸福院内聚会娱乐休闲。桥光村老年食堂每年运营费用12万元,全部由村庄内外乡贤捐助。截至2021年8月,桥光村老年食堂已运营近5年。

案例8:盖尾镇湖坂村莲坂自然村老年食堂,创办于2014年7月。莲坂自然村是湖坂行政村三个自然村之一,拥有400多户,2000多人,全体村民都为史姓。超过三分之二的人常年在外经商,留在家里的多是老人。2010年,由企业家史茂聪首倡,10多名企业家共同响应,出资建立了莲坂村慈善基金会,并制定了一套运作模式。如每月为村里的困难户给予200、500元不等的补助;村民若患重大疾病,一次性给予5000元补助;为考上重点高中、本科的学子发放奖学金;逢年过节对70岁以上老人进行慰问。

2014年7月,基金会委托村老年协会开办爱心食堂,每天为村里70岁以

① 许铍铍:《农村幸福院》,《东南早报》2015年2月9日。

上的老人提供免费的午餐、晚餐,对于腿脚不便的老人,还免费为他们送餐到家。经常在老年食堂就餐的老人在 70 位左右。老年食堂运营一年后,考虑到基金会的资金主要用于济贫,经费可能不足。2015 年春节开始,老年协会发起通过村庄微信群募集老年食堂运营经费,每年正月十五前就筹集齐全年的运营经费,确保了老年食堂运营。这种模式,也是子女出钱,让在家的老年免费吃到老年食堂的饭菜。莲坂村经验是乡贤搭建基础设施,率先示范,然后普通村民响应,老年协会负责运营管理的经验。

案例 9:龙岩新罗区溪南社区老年食堂。溪南社区老年食堂开办于 2015 年 8 月,向本社区老人低偿或免费提供中晚餐服务,自开办后一直有序持续运营到现在,经费来自社区合作社赞助。

溪南社区为村改居型社区,属于典型的城中村,居民 4650 多人,其中 70 岁以上老人 376 名,还有 70 多名鳏寡孤独残疾等特殊困难人群,空巢老人也较多。2006 年以来,在富有商业经营头脑的社区居委会主任邱汉成的带领下,利用城中村的优势,大力发展城市物业经济,使得社区合作社经济收入驶上了快车道,在 2010 年以后,社区合作社每年收入已超过 1000 多万元。2015 年 8 月,溪南社区决定将溪南大厦一楼用作老人食堂,为 70 岁以上老人和特殊困难人群每日提供午晚两餐,老人每餐只需自交 2 元就能吃上标准 10 元的饭菜,90 岁以上老人免费。每天都有大约 200 人就餐。食堂由社区老年协会负责运营管理,每天活跃着约 10 名社区志愿者,协助维持秩序,还为行动不便的老人免费送餐。

溪南老人食堂从 2015 年 8 月开张,现已运营近 6 年,溪南社区居委会每年要补贴 120 万元以上。溪南社区是城中村社区,原村集体(现改制为合作社)拥有酒店、商场、写字楼等物业可供出租,年收入 1650 万元,65% 以上用于发放各项居民福利。老年食堂也是社区向原居民提供的社区老年福利。

四、敬老院平台服务型

院舍照料是现代养老模式中最耗费财力物力的养老方式。对于大部分农村社区的老年人而言,在家门口就能享受机构养老服务是可望而不可即的梦想。福建沿海地区民营经济发达,村庄老年人福利水平也在不断提升。作为全省民营经济最为发达的泉州晋江市不仅村办老年食堂最多,村办敬老院数量也是全省最多,目前已有 50 座,除极少数委托第三方运营外,大都由村老年协会负责运营,免费或低偿为本村老年人提供院舍照料服务,较有代表的是晋江市磁灶镇大埔村和东石镇萧下村的村办敬老院,运营经费主要来自村乡贤捐助的基金投资收益,保障村办敬老院可持续运营。

1. 晋江市东石镇萧下村敬老院

晋江市东石镇萧下村是拥有 7000 多人口的村庄,全体村民姓萧,是一个单姓村。村民多经营实业,主要从事伞具生产制造。该村从 2011 年开始由村老人协会出面兴办敬老院一座,提供院舍照料与居家养老服务,入住 50 余位老人,老人需要每月交 350 元就可,敬老院食堂也向村民有偿开放,从而带动居家养老服务的开展。运营经费主要来自乡贤捐赠成立的基金会每年的投资收益。管理团队来自村老年协会,服务人员多由院民有偿兼任。

据发起人退休村干部老萧先生介绍,2009 年夏天,本村曾发生一位留守老人死在家中,却多天无人发现的惨剧,对他触动很大,他提议将村内废弃的小学改办成敬老院,得到村委会与村民的支持。由村委报请镇政府拨款修建,花费 30 万进行了简易的改造,2011 年初正式投入使用,最初只有 7 位老人入住。2015 年利用乡贤捐助 80 万和在村内筹集的资金进行全面的翻修,将小学教室的二楼也装修,床位增加至 70 个。到 2017 年初,在院入住老人已有 52 人,每年运营的费用 15 万元。

萧下村敬老院入住年龄为年纪超过 70 岁才能入住,老年人入住敬老院是有偿的,本村村民每月需缴纳 350 元。除了每月老年人需缴纳的费用外,民政部门给予每张床位 200 元的补贴。在床位有空余的情况下敬老院也对非本村村民开放,但每个床位每个月需要交纳 800 元管理和食宿费。目前并没有外村老人来入住。为了最大限度利用资源,萧下村开创了"互助敬老院+居家养老站"的模式,以互助敬老院为主辅之以居家养老站,全方位覆盖村内需要服务的适龄老人。

为节约敬老院运行成本,敬老院服务人员只有一位厨师是全职的,其余服务人员全部由院内健康老人承担。70 多岁的老年人大多能够自理,这些老年人可以参加劳动工作,院内给予经济补贴,以鼓励大家相互帮助。两个帮厨岗位,每个月有 500 元。保洁岗位若干个,每个月可获得 800 元的补贴。敬老院还收半失能老人,安排一位健康老人同住,由这位健康的老人承担照顾,照顾费用由失能老人家属提供。村中老人可以在敬老院食堂搭伙,中晚餐收费 5 元每次。目前有 20 多位老年村民白天到老年活动中心休息,傍晚才回家住。敬老院院长由一位退休女教师担任,老人会会长协助她开展工作,两人只取约少量的工作补贴。会计是兼职的,补贴也只有 1000 元每月。为保障村办敬老院可持续运营,萧下村通过向村里乡贤募捐方式筹集一笔 200 万元的养老基金,每年利息为 20 万元,用于支付敬老院运营费用。本案例详见本书第六章。

2.晋江市磁灶镇大埔村敬老院

晋江市磁灶镇大埔村位于镇区,拥有户籍人口 5000 多人,外来人口 3500 多人。大埔村全体户籍居民多姓吴,属于单姓村。该村是以生产销售陶瓷、石材为特色的新型工业乡村,村民家庭普遍较富裕。村庄集体经济主要依靠店面以及土地租金,村财也很充裕。在村老年协会推动下,依托发达的民营经济与村庄集体经济,大埔村建立了全省闻名的村办敬老院,2012 年重阳节时投入使用,敬老院基础设施标准高,服务优良,现有近 200 名老年村民免费入住村办敬老院。

大埔村敬老院总占地面积 20 余亩,主体建筑为敬老院大楼,建筑面积 7000 多平方米。养老大楼有 101 间房间,220 张床位,为双人和三人公寓型居室。居室配有卫生间、热水器、液晶电视、电话、报警器等。在一楼还有食堂、村史馆、农家书屋(电子阅览室)、医疗保健室、棋牌室、会堂等。敬老院医疗室卫生设备齐全,并实时与镇卫生院保持联系。整个敬老院大楼耗资 1200 多万元建成,资金全部来自村财与村民捐赠。在敬老院大院内,还有村庙、老人协会、戏台与广场等设施。因此,敬老院也是乡村文化活动中心。

大埔村敬老院向全村 70 岁以上能全自理的老年人免费开放,老人和村民家庭皆无需负担老年人养老的经济压力。在入住的老人中,70 岁至 80 岁的老年人居多,集体居住与夫妻合住的比例均等各占一半。敬老院以五保、低保、孤寡老人为重点接纳对象,并逐渐惠及全村所有与愿意入住敬老院的能全自理的老年人。现已有近 300 人次免费入住。对于村内没有入住的老年人,每月从养老基金中支付 250 元作为居家养老的补助。敬老院有全职服务人员在 10 个左右,包吃住之外月薪 3500 多元。院长是由村干部兼任,老人会的工作职责是筹措经费,管理好养老基金,组织院民休闲娱乐。大埔村敬老院一年运行费用为 200 万元,这笔费用由村养老基金每年的投资利息来支付。大埔村为解决养老院运行费用问题,特地通过募捐方式成立一家社区养老基金会,本金有 2000 万元,全部来自村民捐赠,每年的收益约有 200 万元,足以支持村办敬老院的运行费用。

在村委会与老年协会的领导下,经济富裕的大埔村,实现了敬老院集中养老与居家养老有机结合的模式,为老年人提供舒适的生活照料以及齐备的家政服务。敬老院推行亲情化服务,选址于村庄中心,距离老年人原本居住的家庭较近,老年人和家庭成员随时可以往返探视照料,极大地便利了子女和老人精神慰藉方面的需求。老人可以在白天闲暇时间返回家中,食宿则由敬老院负责。建立在村庄内的现代化的养老院,最大限度满足了村内老年人的各方面的养老需求。比较大埔村与萧下村两家村办敬老院,两家共同点都是单姓村,村民乐于奉献支持村办敬老院,但前者具有高投入,高运行成本,服务质量优良的等特点,一般村庄没有这种经济实力可以支撑,难以复制;后者具有低投入,运行成本低,服务质量也较优良,因此,较具有可复制性。

当前民办养老院注册登记标准较高,如对建筑的消防标准要求较高,农村敬老院很难获得养老院登记许可证,拥有法人身份。若无法人身份,农村敬老院就无法开对公账户,也将影响政府有关鼓励村办敬老院发展的财政补贴资金发放。为解决此问题,同时也为推动乡村社区居家养老事业的发展,从 2011 年起,泉州晋江市政府规定老年协会可以登记为社团法人,乡村社区居家养老服务中心与敬老院等都由老年协会负责运营管理,有效解决了敬老院的法人身份与对公账户问题。目前晋江市村级老年协会已登记 320 多家,基本实现村级老年协会都得到登记的目标。晋江市对于新建与改建的社区老年活动中心、老年食堂、养老院等都给一次性财政补助,养老床位补贴则每年都有。贴补资金直接打到村老年协会账户,有效防止乡镇街道与村居组织截留财政补贴资金的可能。这种实事求是的行政管理政策值得称赞。

第三节 乡村老年协会承办居家
养老服务的比较优势

党的十九大以来,中央提出要在社会主义新时代为人民群众创造更高品质的生活,政府购买居家养老服务,以增进老年人福祉,已成为常态。但受制于资金不足问题,目前政府只为城乡社区特殊困难老人及高龄老人购买居家养老服务。与外部养老企业机构相比较,村级老年协会承办居家养老服务,可以激发民间组织的社会活力,将个别救助式服务变成社区普惠式服务,且能明显减轻政府的财政负担,具有运行成本低、服务面广、精神慰藉服务好等优势。

目前城市居家养老机构提供的上门类服务,主要服务种类有上门理发、家政服务、上门助浴、康复训练、陪医就诊、上门送餐、陪伴外出、空调清洗、家电维修、开锁、疏通管道、紧急呼救等。以上诸多服务,除应急呼救需要专门系统之外,其他也是可以直接通过市场提供的,并无技术含量。对于紧急呼救,只要老人经过培训,也可以知道紧急呼救,对于专门系统依赖性不高。政府购买的居家养老服务主要针对特殊困难老人,以及80岁以上高龄老人,且每年的经费额度有限,如每年每人360元(福州市鼓楼区政府购买价格),这对于特殊老人是远远不够的。城市健康老人希望的多是陪伴与精神慰藉类的,这可以通过老人互助形式完成,不必通过外部企业机构来提供。现在提供上门服务的城市居家养老服务机构的经济收益主要依靠政府购买服务,市民还没有形成主动购买的习惯。运营社区照料中心的养老机构则依靠长照老人的住院服务获取收益。因此,对于城市社区居家养老服务而言,老人需要多提供精神慰藉方面的免费公共活动空间,然后才是在此基础上的升级服务,如提供中晚餐。但这种免费公共活动空间,很多城市小区都没有,然而在乡村社区则较普遍,这就是乡村老年活动中心,以及乡村老年协会。

一、提供普惠式无偿或低偿服务,村民接受度高

乡村老年协会作为社区社会组织,其组织目标是与本村老年人利益一致

的,不存在以营利为目标,能够为本村老人提供普惠式无偿或低偿服务,村民接受度高。政府购买的第三方机构提供的居家养老服务只是针对一些特殊福利对象,是一种补缺式的,能享受政府购买服务的老人非常有限,且承接政府购买服务的第三方机构还想从中赢利,不可避免地造成服务质量低或价格高等问题。另外,农村人口居住较分散,且交通不发达,道路崎岖,虽然外部居家养老服务机构采取就地招收养老服务人员,提供上门服务,但也存在服务准时率低、单位服务成本高等问题。乡村老年人收入低,主动购买上门养老服务的意愿更低。当前在城市社区推行的居家养老服务中,老年人除享受政府购买的服务之外,自己或子女主动掏钱购买上门服务的情况基本很少,农村地区更是极少,这样使得养老服务企业机构想要通过村民主动购买服务来增加经济收益的可能性变小,只得依赖政府购买养老服务。

二、资源动员能力强,有效减轻政府财政负担

乡村老年协会也是村庄福利组织,资源动员能力强,可以征召本社区志愿服务人员、吸收社区内外捐款等,而这些外部养老企业机构则没有这种道义上的号召力。农村老年协会承办的居家养老服务经费中,80%都是依靠社会捐助;来自上级政府部门的补助一般不会超过5%;村委会的资助也在5%左右,此外有的老年协会还有些经营性收入。由老年协会承办的居家养老服务,其资金多来源于本村乡贤与村民家庭捐赠,无偿或低偿为老人提供服务,实质是由子女背后埋单,这是一种代际互助养老形式。

三、能提供外部机构无法提供的特殊服务

老年协会可以无偿提供老年人家庭维权、住院慰问、丧葬料理等服务,外部机构若提供这类服务,则存在高成本,难以进入等问题。如外部机构难以干预一般性家庭养老问题,但老年协会就可以名正言顺帮助老人维护权利,督促子女要赡养老人。对于农村老年人而言,他们需要的是子女孝顺,老有所养、老有所乐、老有所为、老有所学,而这些需求,乡村老年协会都能协助提供,而外部养老企业机构难以提供协助。

四、规范化建设的老年协会都可提供居家养老服务

所谓规范化建设,福建省老龄委在《关于加强基层老年协会规范化建设的意见》(2014 年)中认为,就是要做到"五有":有组织,有制度,有场所,有经费,有活动。福建乡村老年协会都有自己的活动中心,稍加改造,就可以成为日间照料中心与居家养老服务站;它们的日常活动也主要以助老服务为中心展开,如果能提供助餐服务,则居家养老服务则基本完备。因此,如果乡村老年协会能做到"五有",社区居家养老服务的基本需求都能解决。[①] 与外部机构提供的社区居家养老服务相比较来看,由老年协会提供的社区居家养老服务,由内部生成,嵌入社区居民生活中,依托社区互助机制,运行成本低,作为一种社区福利,可以免费或低偿供给;服务人员由本村村民自愿承担,服务亲和力高,老人接受度高。由外部机构提供的居家养老服务则专业化程度相对较高,但也存在收费高,老人接受度低等问题,见表 15–1。

表 15–1 乡村老年协会与社区居家养老服务机构比较

	乡村老年协会(规范化)	社区居家养老服务提供商
组织	民间社团	民办非企业单位或公司
章程宗旨	自我教育与自我服务,互助养老	提供居家养老服务
场所与设施	老年协会活动中心,有娱乐休闲室与图书室;若提升服务,则有食堂与敬老院提供餐食与机构养老	日间照料中心,有娱乐室、图书室、厨房、卧室等,可提供免费休闲娱乐,收费午餐与午休床铺
经费来源	村民捐助、村委会资助	服务收费,政府补贴
工作人员	村民志愿兼职	受薪专业人员
服务对象	全社区老人	有需要服务的老人
活动	休闲娱乐类文体活动 无偿探视:会员生病住院 无偿维权:子女不孝 无偿慰老:会员去世,料理后事	休闲娱乐类文体活动 有偿类上门探视、清洁、助浴、助餐、助医等
服务动力	亲情与友情	商业志愿
服务基础	宗祠与村庙文化服务为基础,具有天然的亲和力	外部切入,市场机制,还需要老人更新观念购买服务

---

① 甘满堂:《乡村老年协会可承接社区居家养老服务》,《福建日报》2016 年 12 月 27 日。

第四节　模式总结与经验推广

乡村老年协会是老年人自我管理、自我教育、自我服务的老年社会组织，具有明显的公益性、服务性，多年来在基层老龄事业、社区公益事业和社区治理中发挥了重要作用。由于老年协会是基层老年事业的重要载体，老龄办与民政部门比较重视老年协会的功能，老年协会在政府的扶持下不断发展。受益于宗祠与村庙文化，福建乡村老年协会组织较健全，且老年协会规范化建设比例较高，在村委会与乡贤的大力支持下，通过社区互助方式，推动了社区居家养老服务从无到有，形成以老年协会活动中心、幸福院、老年食堂、敬老院为平台的四个社区照顾服务层次，提供的居家养老服务水平依次提高，在不同程度上满足了农村老人居家养老的一般性需求。四个服务层次中，以第一个层次较为普及，能解决基本的居家养老需求，另外三个层次普及率相对较低，当前老年食堂应当是农村居家养老服务升级发展的方向。

福建农村社区居家养老服务的四种模式以社区互助养老为运行机制。社区互助养老是指在社区组织动员下，社区居民本着志愿互助原则以无偿或低偿形式提供场所、资金与劳务，以支持社区养老事业的发展。村办老年食堂与敬老院需要资金量大，村庄通过向乡贤与村民募捐、成立基金会等方式保证了运营资金的充足。由于捐款面较广，老年免费食堂的买单者实际是村庄内的全体中青年群体，即老人们的子女。值得注意的是，提供较高层次社区居家养老服务，如能提开办老年食堂与敬老院，多是单姓村庄，村内有祠堂与村庙，传统宗教信仰文化发达，血亲互助性质比较明显，村民乐于奉献，社区老年福利事业发达。泉州地区农村老年协会的发展状况良好，民营经济发达，村民家庭与村集体经济收入普遍较高，能够为社区老龄福利事业投入较多的资金，形成了以老年食堂与敬老院为服务平台的村办社区居家养老服务模式。当前有很多乡村集体经济发达，但社区居家养老服务水平却无法提升，原因在于推进社区居家养老服务还要有地方政府与热心于社区公益事业乡村精英合力推动。在此，泉州晋江市政府推动村级老年协会社团登记制度，并对其开办的各类社区照顾中心予以财政补贴,这是一种重要的行政推动机制,值得各地借鉴。

本书所列举的具有代表性的乡村老年食堂都曾得到地方媒体的广泛报道与社会人士的关注,各地前来参观学习的老龄事业领导干部与民间社团负责人陆续不断,但参观者都觉得推广复制不易。一般参观者认为,首先本村缺少如南安市金山村退休校长吴金斗、石狮市郑厝村企业主郑长青等这样热心村庄老年福利事业的公益领头人;其次是缺乏热心于本村老年福利事业的公益土壤,即乡贤与一般居民都要对兴办老年食堂出钱出力;最后是缺乏经费支持,筹款渠道有限。笔者认为当前推进农村居民养老服务高质量发展,政府应当加强政策引导工作,以上难题都可以克服。政府在重视幸福院建设之时,更应重视老年协会组织建设,硬件设施与软件管理要兼顾;农村居民养老服务应当交由老年协会承办,而不是外包给外部机构;加强老年协会规范化建设,由老年协会负责农村幸福院运营管理工作;移风易俗,引导村民捐助乡村社区公益事业,解决资金问题;充分发挥社区互助养老机制,动员社区社会力量全面推进农村居家养老服务稳步开展。

一、政府向村级老年协会购买居家养老服务

在当前地方财政紧张,农村老龄化、空巢化越来越严重的背景下,依托村级老年协会推进农村社区居家养老服务无疑是最佳的选择,与外部养老机构相比较,有诸多优势。政府部门应当鼓励乡村老年协会承接本村居家养老服务,并给予经费支持,即向村级老年协会购买居家养老服务,而不是向外部养老服务企业机构购买。农村幸福院应当交由村老年协会管理,依托乡村老年协会,盘活幸福院,以幸福院为平台给居民提供居家养老服务。地方政府要鼓励城乡社区老年协会发展,加强老年协会规范化建设,以便做好互助养老服务工作;对于条件较好的老年协会可以采取依法登记管理的方式提升其组织能力,以支持与鼓励基层老年协会承办寻访关爱、文化娱乐、学习教育、陪伴聊天、心理咨询、代购代办等基础性居家养老服务。

二、积极推动村级老年协会规范化建设与登记管理

村级老年协会规范建设就是要做到五有:有组织,有制度,有场所,有经

费,有活动[全国老龄办、民政部《关于进一步加强城乡社区老年协会建设的通知》(2015年)]。政府民政部门可以通过场所支持、经济资助、培训与表彰先进等方式进行引导。基层政府与村委会要提供必要的场所支持与经费支持,场所支持也可以通过改造升级现有老年协会活动中心,使其服务设施更符合日间照料中心的基本标准。经费筹集可以通过政府资助、社区境内企业捐赠、村集体支持、村乡贤赞助、老年人会费等渠道来解决。培训就是对乡村老年协会会长进行培训,加强制度化建设,以推动互助养老服务的开展。表彰先进,地方政府要鼓励各地老年协会因地制宜,探索多样化的居家养老服务模式,并对那些开展居家养老服务较好的典型进行表彰奖励,以鼓励更多的乡村老年协会做好互助养老服务。

支持"五有"基础条件较好的村级老年协会依法登记为社团组织,便于更好地开展居家养老服务。村级老年协会依法登记为社会团体,可以拥有社团法人证书与对公账户后,政府购买的经费可以直接打到老年协会账户,也可以开展其他形式的募捐活动,也便于有关部门对老年协会财务收支进行监督管理。"五有"基础条件不够完善的村居老年协会,可以到乡镇街道民政办公室备案,获得合法开展活动的资质。在县市区民政部门登记的村居老年协会社团组织,年检可以实行特殊的三年一次年检制度,以减轻老年协会年度工作负担。

三、农村已建成的幸福院应当交由村老年协会管理

农村幸福院是指由村民委员会进行管理,为农村老年人提供就餐、文化娱乐、住宿等照料服务的公益性互助养老服务设施,包括农村老年人日间照料中心、托老所、老年灶、老年人活动中心等。农村已建成的幸福院应当交由村老年协会管理,村委会负责监督指导,并给予必要的经济支持。老年活动中心是幸福院必备的基础设施,应当做到每天都开放。幸福院若有居住功能,主要解决五保户集中居住,五保老人通过互助方式,解决生活照料与精神慰问团问题,而非针对所有的老年居民。支持有能力的乡村老年协会开办老年食堂,老年食堂是居家养老服务最主要的服务项目,但要求村庄集体经济实力,且村民居住相对集中。

在星级幸福院评比中,服务类权重分数应当占比 60%。从 2017 年起,全国很多省区市都在开展农村幸福院星级评定工作,以推动村委会重视幸福院运营管理,但已有的指标评价体系中基础设施权重较高,服务权重没有超过 50%,在此建议将服务权重增加 60% 以上,如有举办老年食堂、有五保户入住的幸福院应当可直接评定为三星级以上幸福院。五星级幸福院应当提供助餐服务,因为助餐服务是居家养老服务中最基础、也是最重要的服务项目。当然助餐服务不一定是一日三餐,一日一餐也是可以的。

四、移风易俗,引导村民捐助乡村老年福利事业

农村社会婚丧喜庆活动向来有大操大办的传统,浪费钱财,加重村民家庭负担。泉州地区政府在倡导老年协会承办居家养老服务时,强调移风易俗,喜事新办、丧事简办、"厚养薄葬",把节约下来的资金捐给社区老年福利事业,并将这些条款写进村规民约,要求党员干部带头执行。如晋江市政府就要求党员干部在禁止"普渡"、杜绝"大操大办"等方面以身作则,带头提倡"婚事新办、丧事简办、神事少办",把节约的钱捐给老年协会,用于社区老年福利事业,取得非常良好的成效。晋江移风易俗开展以来,社区老年福利事业得到了最大的支持与发展,获益最多。

五、因地制宜,选择相适应的居家养老服务模式以及服务层次

乡村幸福院作为居家养老服务的平台,需要根据自身条件,因地制宜,选择相适应的幸福院设施配置与服务内容。目前农村幸福院建设存在贪大求全,老年活动中心、老年灶、午休房、长居房都是标配,但实际上能都派上用场的却很少。设置午休房的幸福院,应当有老年食堂,如果没有老年食堂,午休房也只是摆设。长居房是用来安置五保户的,如果没有五保户愿意来住,也是不必要的设置。当前农村五保户非常需要集中居住养老,山区农村应将五保户幸福园建设放在首位,将乡村废弃或闲置校舍改造为幸福院或敬老院是一种较经济的办法。但各个乡村社区应当将老年活动中心作为幸福院的基础设施建立起来,并做到每天都开放,让村庄老年人娱乐休闲有场所保障。当前东南沿海地区的乡村社区拥有老年活动中心比例在 80% 以上,因此只要建立健

全的老年协会组织,多数乡村可以提供基础性的社区照顾服务,如娱乐休闲、慰问探视、维权帮扶等,在此基础上,再谋求发展更高层次的社区居家养老服务。

附:石狮市宝盖镇郑厝村移风易俗村规民约

为营造和谐社会,推进经济发展,创建美丽家园,经村两委、老人会共同研究,特提出如下倡议,订立村规民约,希共同遵守:

一、喜事新办

1.提倡喜事俭办,不讲究排场,不大摆酒席宴客、提倡乐于捐助公益事业。

2.拱门、电子屏幕共不准超过 5 个、花篮、烟花礼炮谢绝。

3.宴席准时开席。中午 12:30、晚上 8:00 准时开席。

二、丧事简办

1.倡导厚养薄葬,凡本村村民逝世,停棺一般为 3 天最长不得超过 5 天。

2.出殡日不准大办酒席,以饮汤(咸饭菜汤)招待亲朋好友。

3.出殡乐队不准超过 5 阵,每阵人数不超过 25 人。

4.凡丧事青色拱门不准放在公共场所,只能放在自家厝前或公妈厅前。

5.花圈、挽幛总数不超过 20 个(余者配上总區)。

6.治丧期间,严禁聚众赌博,不搞封建迷信活动。

7.七日、对年、三载除服宴席只能敬请五服内堂亲与亲戚、严禁大操大办。

三、垃圾不落地

1.树立不乱丢的意识,改变随手乱丢垃圾的不良习惯,确保垃圾不落地。

2.落实"门前三包"制度,规范垃圾收集方式。

3.保护环境卫生,维护公共卫生,不乱丢垃圾乱堆乱放杂物。

本村规民约,自公示之日起实施。请广大村民群众自觉遵守,互相监督,由村委会和老年协会牵头劝导落实。

宝盖镇郑厝村村委会

宝盖镇郑厝村老年协会

2015 年 6 月 1 日

第十六章　发挥乡村老年协会在社会建设中更大作用的晋江经验

晋江市是中国民营经济百强县市,排名长期保持在前十名之内,依托经济强市的支持,其社会事业发展也是走在全国前列。在推进农村养老事业发展过程中,晋江市政府充分发挥基层老年协会的作用,探索出一条依托乡村老年协会承办社区居家养老服务、参与社区建设的道路,在提升农村老年事业发展水平的同时,也促进社区治理水平的提升。

晋江市早在 2010 年开始就率先在全省进行老年协会规范化建设与登记管理,提升基层老年协会自我服务能力。与此同时,通过政府财政补助,在村老年活动中心基础上建设村居家养老服务站、村办敬老院,鼓励本村老年协会负责运营管理,实现村老年活动中心、村居家养老服务站、敬老院"三位一体化"运作,充分发动社会参与,解决了农村老年社区照顾服务所需要的场所、管理、人员与经费问题,社区治理水平也得到显著提升。对于福建省及全国其他地方而言,晋江市依托老年协会推进农村居家养老服务与社区治理水平的经验具有借鉴意义。

第一节　晋江市老年协会规范化建设概况

闽南农村民间老人会组织向来较活跃,这是政府可以利用的民间社会力量。长期以来,晋江市政府非常重视老龄工作,将农村老年协会规范化建设作为推动农村老龄工作的重要抓手,乡村老年协会规范化建设得到各级党政部门的高度重视。当前上级政府在基层社区推动成立的涉老组织,除老年协会之外,还有老年人体育协会、关心下一代委员会等组织。晋江市老龄办要求村级涉老组织统一采取"多块牌子,一套人马"方式运作,核心组织就是老年协会。

晋江市老龄办从 2010 年就开始推动基层老年协会规范化建设,走在全国老龄办相关政策之前。2010 年晋江市老龄办制定下发《关于加强村(社区)老年协会规范化建设的通知》(晋老龄〔2010〕5 号),对老年协会规范化建设提出基本方向、目标任务和具体要求。2012 年,市委常委会专题研究通过《关于进一步加强村(社区)老年协会建设的意见》(晋委办〔2012〕87 号),并由两办联合发文,为老年协会规范化建设提供强有力的政策支持,并着重抓好制度建设、领导班子建设、强化经费保障、加强场所建设、引导发挥作用五个方面工作来保障老年协会规范、有序发展。

据晋江市老龄办在 2013 年的调查,截至 2013 年 6 月底,全市 390 个行政村(社区)共成立行政村 385 个,5 个行政村(社区)由于老年人口较少,居住分散,未成立老年协会。另外,自然村老年协会有 117 个。全体老年协会会员有 116045 人,占老年人口总数的 91.59%,基本实现地域和人员的"双覆盖"。① 村级老年协会在市民政局注册登记率也逐步上升,至 2018 年 7 月,有299 个村级老年协会实现社团登记管理,居家养老服务水平也是显著提高,这些都是老年协会规范化建设带来的显著成果。

一、强化政府引导与制度建设

晋江市委首次明确老年协会的政治地位,将其定义为在村(社区)党组织领导下,进行自我管理、自我服务、自我教育、自我保护的老年群众组织和村级配套组织,自然村老年协会为所在行政村(社区)老年协会的分会。老年协会的主管部门为镇(街道)人民政府(办事处),由负责组织工作的领导具体分

---

① 潘艳江:《泉州晋江市村级老年协会建设的实践与思考》,载晋江市老年学学会主编:《晋江老龄问题研究文集》(四),2014 年,第 34—46 页。

管,登记管理机关为民政局,协会的成立及领导班子人事变动需经镇(街道)老龄委批准,并上报市委老干局备案。配套建立激励机制,市财政每年安排75 万元表彰奖励工作成效较好的老年协会、老年协会会长及老有所为先进个人。

组织重新修订《晋江市村(社区)老年协会章程》,用章程对协会进行约束和管理。《章程》分七章,在管理制度方面,明确老年协会性质、地位、宗旨、任务及会员权利、义务和纪律;在工作制度方面,规范完善老年协会的学习例会、财务管理、民主监督、走访慰问及换届选举等制度,促进协会开展工作常态化、制度化。

协会的宗旨:围绕"五个老有"目标,维护老年人的合法权益,加强老年人的思想政治工作,开展老年文体活动,发展老年福利事业,提高老年人生活、生命质量;协助村(社区)两委做好基层老龄工作,弘扬健康文明的社会风尚,参与城乡社区建设,为构建和谐村(社区)贡献力量。

协会主要职责是发展老年事业,做好两项工作:一是建立老年福利发展基金和养老创收基地,为老年福利事业筹措资金;二是做好老年活动中心(室)、老年学校、居家养老服务站、敬老院等老年设施的管理维护工作,服务基层老年群体。

二、强化协会领导班子队伍建设

据 2013 年调查,每个老年协会约有 6 名领导成员,与村"两委"数量相近。协会会长来自社会、政府与经济三大行业,其中政府退休干部 82 名,离任村主干 116 名,企业家或经济能人 55 名,其他 248 名。平均年龄 67.57 岁,年龄结构呈金字塔分布,层次比较合理。

在未进行登记管理之前,大部分基层老年协会在换届选举方面都不规范,会长人选一般都是推荐制,没有选举程序,整个过程没有公示,程序不公开透明。由于有些老年协会有较高的经济利益,一些负责人即使达到年龄上限也不愿意退下来,会长任职期限拉得很长。为此,晋江市出台规章制度,严格任职条件,把好选人导向,优化班子结构。加强对老年协会换届选举的领导和指导,制定下发《晋江市 2012 年村(社区)老年协会换届选举工作方案》(晋村组办〔2012〕16号），规范老年协会换届选举程序和候选人要求，确保老年协会换届选举按时顺利完成。

1. 严格任职条件。老年协会领导班子成员候选人需满足以下条件：(1)政治立场坚定，认真贯彻执行党和国家的路线、方针、政策；(2)热爱老龄工作，热心为老年人谋福利，真心关爱老年群众；(3)公道正派、德高望重，在群众中有影响力；(4)身体健康，能胜任日常工作需要。新任协会班子成员，年龄一般控制在65周岁以下，留任班子成员一般不超过75周岁，有特殊情况的，需报镇(街道)老龄委批准。离退休干部拟任班子成员的，按照《关于进一步规范退(离)休干部在社会团体兼职审批备案工作的通知》(晋政民〔2014〕109号)文件规定执行，并按要求进行报备。

2. 把好选人导向。要积极引导离退休干部、教师和经济能人等参与老年协会工作，提倡推荐符合条件的刚离任、有较高威望和能力的村主干担任协会会长，推荐村务工作者兼任协会副秘书长。可聘请村(社区)主干、换届后退下来的老会长、热心老龄事业的社会各界人士、港澳台同胞和海外侨胞担任老年协会名誉会长或顾问。

3. 培养后备干部。及时跟进指导老年协会的换届选举工作，使协会领导班子的年龄结构更趋合理，形成梯次，避免协会领导班子出现断层，并事先物色协会会长人选，对有潜力的班子成员进行重点培养，确保领导层有序更替。

4. 优化班子结构。坚持精干高效的原则，合理确定班子成员职数，鼓励老年协会班子成员兼任老年学校校长、老体协主席、居家养老服务站站长等村级涉老组织负责人，实行一套人马、交叉任职的组织模式。市、镇(街道)老龄委为老年协会规范化建设提供支持和指导，精心指导老年协会进行换届选举，把好选人、用人关，积极推荐引导有热心、有能力、有威望、公道正派、身体健康的老年人参选协会领导，增强协会工作力量。

5. 提升负责人管理能力与积极性。培训指导工作。换届后，市委老干局及时组织对600多名老年协会会长和老年学校校长的业务培训，提高其领导老年协会开展为老服务、做好老年文体工作、参与村(社区)事务的能力。并明确要求各村(社区)指派一名村务工作者兼做老年协会具体工作，协助老年协会完善例会、学习、活动、财务、走访慰问等各项制度，确保协会运转有序、活动经常、财务规范、档案齐全。

6.引导参政议政。各镇(街道)、村(社区)要坚持邀请老年协会会长参加重要会议,讨论关系社会民生的重要决定时要主动征求老年协会意见。要推选更多的老年协会班子成员进村务监督委员会,让老年协会充分参与到新农村建设中。

7.加强人文关怀。加强与老年协会的血肉联系,培养与老年协会深厚的感情,借鉴老干部走访慰问制度,建立对协会会长的"五必访"制度(即重大节日必访、生病住院必访、家庭变故必访、红白喜事必访、思想波动必访),让其深刻感受到党和政府的关爱。

8.规范会长补贴。参照其他村级配套组织补贴标准(300—500元/月),为老年协会会长发放固定工作补贴,让老年协会作为村级配套组织的地位名副其实、深入人心,增强老年协会主动干事创业的责任感。

三、强化经费保障,构建经费保障体系

村级老年协会的经费来源以捐款为主,没有形成长效保障机制,多数协会的经费筹集和管理比较粗放。据2013年调查,老年协会靠捐款维持运转的有401个,占80.03%;靠市、镇财政支持的8个,占1.6%;靠村财补助的59个,占11.78%;基本无收入的33个,占6.59%。在财务状况较好的老年协会,还成立老年福利基金会,共有73个村(社区)成立老年福利基金会。在财务管理方面,仅有133个老年协会设立对公独立账户,多数老年协会没有制定完善的财务管理制度,经费的筹集和管理比较粗放。①

政府财政助力。调查中也发现晋江市大部分老年协会的活动经费主要来源于社会捐款,具有高度的不稳定性,容易出现"吃了上顿没下顿"的情况,正常活动开展深受制约,没有形成长效保障机制。为解决此问题,市财政将老龄专项经费设立标准从每位老人每年10元提高至每位老人每年20元,提高部分金额按各村(社区)老年人口数,直接拨至老年协会,以保证老年协会最基

---

① 潘艳江:《泉州晋江市村级老年协会建设的实践与思考》,载晋江市老年学学会主编:《晋江老龄问题研究文集》(四),2014年。

本的运作经费。同时,从 2013 年起,市财政又设立每年 200 万元的老年协会专项扶持资金,保障基层老年协会的日常运转,鼓励兴建老年活动中心、居家养老服务站、敬老院"三位一体"的老年活动场所,对符合要求的对象按三个项目分别给予 10 万元补助。2013 年共有 100 个经费困难老年协会,15 个老年活动中心得到补助。参照其他村级配套组织补贴标准(300—500 元/月),为老年协会会长发放固定工作补贴,让老年协会作为村级配套组织的地位名副其实、深入人心,增强老年协会主动干事创业的责任感。

村财助力。政府明确要求各村(社区)每年单列一定的专项资金,补助老年协会日常运转经费,并尽量统筹集体资产,为老年协会建立创收基地,引导老年协会通过管理农贸市场、店铺、庙宇等集体资产,开辟创收基地,提高老年协会稳定的收入水平。某村老年协会有一个菜市场和一个停车场的管理权,老年协会靠收取房租和菜场停车费,负责市场的管理,年收入就有 30 多万。有了这些钱,不仅能维持老年协会的运营,还能给本村老年人发放补贴。而地处山区的某村老年协会年收入仅 1 万元。经费收入仅靠庙宇祭祀剩下的香油钱和国家每个月发给 60 周岁以上的老人每人每年 10 元的补贴。老年协会没有经费,活动也就无从开展。对于经费少的老年协会,资金一般都用于老年协会的基本运营维护上,根本没有多余的钱用于开展活动。

引导设立村老年福利发展基金。据 2012 年调查,晋江有 73 村(社区)设村老年福利发展基金。① 晋江民间公益慈善事业发达,政府号召民间移风易俗,喜事与丧事简办,将节余下来的钱捐助乡村老年福利事业。在此背景下,晋江市老龄委努力推动老年协会设立发展基金,将募集到的捐款与节余经费充实到基金中,同时要求做基金的保值与增值工作,以确保社区老年福利事业可持续发展。许多乡村老年协会通常将社区老年福利基金转借给本村信誉比较好的企业家,约定年息,一般年息 10%—15%,每年基金增值收益用于当年度社区老年福利事业开支。在上级部门的指导下,老年协会通过有效、规范的运作,不断提高协会资金的管理水平和投资收益,为老年协会发展提供有力保

---

① 高忠洲:《汇聚正能量,开创社区(村)老年协会工作新局面》,载晋江市老年学学会主编:《晋江老龄问题研究文集》(四),2014 年,第 57 页。

障,特别保障了村级敬老院的可持续运营。

四、强化活动场所建设

调查发现,基层老年协会拥有独立新建的老年活动中心(室)的有 273 个,依托集体场所 100 个,租赁 18 个,其他 99 个,没有设立的 11 个。早期村老年协会活动中心多设在祠堂或村庙内,后独立建置,但也与祠堂、村庙相邻,以方便老年协会代管祠庙。政府在推进农村居家养老服务时,要求村居家养老服务中心(站)、村敬老院与村老年活动中心联为一体建设,通常"三位一体",由村老年协会负责运营管理。同期调查也发现,全市共成立村级居家养老服务站 176 个,村级敬老院 15 个。如磁灶镇大埔村、东石镇萧下村敬老院就与本村村庙、村老年协会活动中心相邻,它们都在一个院落中,有效提升了公共空间的利用率。这种情况在晋江乡村社区非常普遍。

调查也发现部分老年协会重硬件轻软件,设施利用率低于预期。在活动阵地建设中,有的老年协会盲目地追求大而全,把有限的资金投入到豪华的基础设施中,建起了宏伟的老年活动中心大楼,但却没有老年人在里面活动,场所长期空置,造成极大的浪费。有些老年学校和居家养老服务站等开展活动流于形式,与政府和民众的期望差距较大。

五、促进作用发挥

晋江市老龄办通过老年协会规范化建设,促进基层老年协会互助养老能力提升;依托各级老年学校、老体协、"夕阳红"艺术团等老年文化载体,组织老年群体开展丰富多彩的文体活动,培育积极、健康的老年文化;引导老年协会骨干分子在老年协会带领下,积极参与纠纷调解、移风易俗等社区治理活动;参与征地拆迁、安置房建设监督等各项社会公益事业,助力"幸福晋江"建设,用实际行动践行社会责任,争取社会关注和支持。

通过政府引导,晋江绝大部分老年协会在互助养老、维护老年人合法权益、开展老年文体活动、参与社会公益事业、配合村(社区)和上级党委、政府做好各项中心工作等方面发挥积极作用,作为村级配套组织的功能发挥日益明显。晋江市在推进农村社区居家养老事业中,由老年协会负责承办老年食堂、村敬老院等社区照料机构,表现突出。在政府推进的移风易俗、征地拆迁、环境整治等工作中,村老年协会大都能做到密切配合村两委的工作。

调查也发现个别老年协会只停留在单纯组织老年文体活动,作用发挥不明显的状况。市区、镇区和经济好、班子全的老年协会,活动开展基本形成制度化、常态化,敬老爱老氛围也比较浓厚。边远地区、经济比较薄弱地区的老年协会活动相对较少,养老设施空置率也较高。

以评促建,使老年协会规范化建设"有事可为"。每年通过举办市老年文化艺术节,进一步活跃老龄工作氛围,开展基层老龄工作"三先"表彰、"好媳妇、好婆婆"、"敬老文明号"等评选活动,树立一批尊老、敬老、爱老好典型。2013年市委老干局还与晋江经济报社联合举办"十佳老年协会"评选活动,深入采访了51个先进老年协会的建设经验和典型事迹,在报纸上进行专版宣传和系列报道,群众参与热情高涨,共投出有效选票2万多张,成功评选出晋江市首届"十佳老年协会",获得社会各界的强烈反响和广泛赞誉,为老年协会规范化建设营造"社会关注、人人参与"的浓厚氛围。

第二节　晋江市推进老年协会建设登记管理

近十年来,晋江市老年协会蓬勃发展,老年协会为老年人继续发挥余热,服务社会提供了平台。为加强老年协会规范化建设,让老年协会在居家养老服务中发挥更大作用,拥有合法身份以便承办居家养老服务,晋江市积极推进老年协会登记管理。针对登记管理出现的问题及时解决,进一步提升老年协会规范化建设水平。

一、推进登记管理的主要措施

晋江市早在2008年就下发了老年协会登记管理的通知,即《晋江市民政局关于社区社会组织培育发展和登记管理工作的意见》(晋政民〔2008〕112号)。但考虑登记管理条件较高,晋江市在2011年又补发了《关于进一步加强城乡社区社会团体培育发展和简化登记手续实行核准备案制度的通知》

(2011年3月),旨在加大全市城乡社区社会团体的培育发展力度,简化登记手续,实行核准备案制度。

1.实行一体化管理体系

晋江市民政局在社团登记管理工作中也在改革中不断优化,早期登记管理工作手续比较繁杂,后来进行了不断简化。2008年,从全市社团建设的实际出发,制定《晋江市民政局关于社区社会团体培育发展和登记管理工作的意见》(晋政民〔2008〕112号),晋江市实行"统一登记(备案)、双重审查管理、三级指导监督"的管理体系。2011年,制定《关于进一步加强城乡社区社会团体培育发展和简化登记手续实行核准备案制度的通知》(2011年3月),简化相关手续。

统一登记(备案)。晋江市民政局是老年协会的登记管理机关,老年协会必须到晋江市民政局进行核准备案。

双重审查管理。晋江市民政局和业务主管单位(镇政府)相互配合,对老年协会实行双重管理体制。

三级指导监督。晋江市民政局、镇政府、村(居)委会对老年协会进行分级指导和监督。晋江市民政局承担老年协会的年度检查和执法查处等职责;镇政府负责本辖区内老年协会的年检审查和日常管理工作;村(居)委会承担指导和监督本社区内老年协会开展活动的职责,并协助晋江市民政局、镇政府对本社区的老年协会备案、年检进行初审。村(居)委会应该发挥了解群众需求,全面掌握本社区内老年协会活动和发展状况的优势,加强具体指导和监督,确保其健康发展。

由此可以明确老年协会不管是否想要登记,都必须到市民政局进行登记或核准备案。老年协会需要接受来自晋江市民政局和当地镇政府(主管部门)的双重审查管理。老年协会主管部门为镇政府,登记管理机关是晋江市民政局。

2.登记的条件与程序

(1)社区社会团体申请设立的基本条件。

①有规范的名称:由行政区划名称(市)+镇街道名称(+社区名称)+业务范围的反映+社团性质的标识名称组成(例:晋江市磁灶镇岭畔村老年协会);

②3 个以上发起人或 2 个以上发起单位;

③总数不少于 20 个会员;

④相对固定的活动场所;

⑤明确的宗旨和活动范围;

⑥明确的负责人(应当具有完全民事行为能力,并对社区社会团体的行为承担相应的法律责任)。

对于注册资金,晋江民政局将村级老年协会的注册资金降到不低于 2000 元,大大地减轻老年协会进行注册登记的经济负担。

对达到登记条件的老年协会实行成立登记制,只要把注册登记的资料准备好就可以取得法人资格了。对于尚未达到登记基本条件的,能正常开展活动的老年协会,由老年协会所在地的社区居委会提出初审意见,报给业务主管单位核准同意后,向晋江市民政局申请备案。备案的内容包括老年协会名称、负责人、宗旨、业务范围、活动地域、人数、住所、活动资金等基本要素。经备案的老年协会待发展达到登记条件后,再向晋江民政部门正式申请注册登记。对不利于社会发展的老年协会,要区别情况令其解散。

(2)申请老年协会身份应向登记机关提供下列材料:

申请备案所需材料:①《晋江市社区社会团体备案登记表》;②老年协会会员名册;③老年协会章程;④特殊行业社区社会团体需要相关政府部门颁发业务许可证的要提供相关政府部门的业务许可证书。

申请设立提交下列材料:①登记申请书;②业务主管单位的批准文件;③以社区社会团体名称为户名的银行存款证明;④活动和办公场地使用权证明;⑤负责人的基本情况和身份证明及公安部门出具的无刑事处罚的证明;⑥会员名册;⑦章程草案。

经晋江市民政局批准同意备案的,由晋江市民政局颁发市局统一制发的备案证书,但不进行公告。因业务需要的,经晋江市民政局及有关单位批准同意后方可刊刻印章、设立账户。备案期间,应参加每年的年度检查。

村(社区)老年协会必须本着"先申报核准备案,后开展活动"的原则实施。对还没登记或备案的老年协会擅自以老年协会名义开展活动的,晋江市民政局将依法予以取缔,以建立良好的结社秩序,维护社会稳定。

3.年度检查

晋江老年协会年检内容包括：①老年协会的基本信息，包括基本情况和协会理事情况；②内部建设情况，包括协会召开的会议，协会班子换届的情况，协会制度建设情况，党组织建设情况；③协会财务情况，检查财务报表，检查会计与出纳存在的痕迹，检查账本；④协会开展的业务活动情况和年度工作计划；⑤接受监督的检查情况。

除了进行每年固定的年检外，晋江市民政局还会对晋江市老年协会开展"双随机一公开"监管，这项抽查主要检查的是协会的年度报告、协会内部管理情况、财务资金使用情况、平时活动开展情况等。对被检查出不合规定的要现场整改，整个抽检的结果会公布在民政局官网上。

基层老年协会按照社团管理办法进行登记注册后需要进行机构年度检查，按照晋江市的政策规定，老年协会一年没有进行年检的，不做任何处理和处罚；老年协会三年没有进行年检的则予以注销。根据晋江市民政局工作人员介绍，至2018年底因为持续三年都没有办年检而被注销的老年协会有6家。这6家被注销登记的老年协会大都骨干成员老化，协会平时活动少；负责人员对于年检不够重视，没有认真准备材料应对年检。

二、老年协会登记管理成就

截至2016年底，晋江市行政村（社区）老年协会388个，占行政村（社区）总数的100%，会员13.67万人，约占老年人口总数的83%，实现了《中国老龄事业发展"十二五"规划》提出的农村行政村老年协会比例需达到80%以上的目标。晋江老年协会登记注册比例依然属于福建省第一位。

晋江市老年协会登记管理开始于2008年，比全国其他地区都早。2010年，国家老龄办开始推进城乡社区老年协会的登记管理，这时老年协会是以一般社会团体的身份进行登记管理的，条件是比较严苛的，能达到条件并成功登记的老年协会寥寥无几。从2011年开始，国家老龄委和民政部门开始逐渐降低对城乡社区老年协会的登记备案的门槛，例如实行减少注册资金，不用审计材料等措施，同时提出对于不符合登记条件的老年协会，先进行登记备案，通过登记备案来先介入管理。在2012年，全国推行老年协会登记管理制度刚满两年,晋江市老年协会登记备案的比例就达到 37.3%,远远超过福建省老年协会登记注册备案 12.89% 的比例。

在政府部门的重视下,老年协会登记管理成绩突出。从 2011 年开始首家老年协会取得社团登记证,2013 年 6 月底已有登记备案的老年协会有 133 个,占 34.4%。2018 年 7 月有 299 个实现登记管理,77% 的村级老年协会都实现登记管理,其他都采取备案制管理。在村级老年协会建设方面,大部分老年协会加挂老年体育协会、老年学校牌子,实行村级涉老组织"一套人马、多块牌子"的组织模式;调查显示,65% 的村级老年协会都设立文体活动、公益事业、民事调解、志愿服务等职能小组,专人负责、各司其职。

三、登记管理存在的问题及改进措施

当前基层老年协会登记管理中,普遍让老年协会负责人感觉到应付年检以及随机抽检工作比较繁杂,尽管每年一检改成三年一检,也给老年协会带来了很大的工作压力。

晋江民政局早期对基层老年协会的年检的程序过于烦琐,有的年检评审评估条件达到 44 个条件。老年协会也被要求年检必须出示财务审计报告,由于协会没有全职财务人员,每年需要在社会上请会计事务所做机构财务审计,而审计做一次的费用是每年 3000—5000 元,这笔经费对于没有多余资金的老年协会来讲是一个沉重的负担。另外,协会领导班子多由退休老干部担任,年龄较大,对电脑操作不太熟练,进行年检填报耗费的时间精力多。

每年一检的制度,给老年协会带来很大工作压力,为减轻基层老年协会由年检带来的工作压力,晋江市民政局在 2016 年时对于老年协会的年检政策进行调整,2016 年之前,登记注册之后的老年协会每年都需要年检一次;2016 年之后,调整为三年一检,一年没有年检的不予处理,三年没有年检的予以注销,目前注销的有 6 家。从 2017 年的年检结果来看,当年进行年检的老年协会有 282 个,213 个老年协会年检的结果是合格,有 40 个老年协会的年检结果为基本合格,有 29 家年检结果不合格。年检达标率为 89.71%。

1. 资金与账目管理混乱仍普遍存在

实行登记管理必须有专职的财务人员,但有的老年协会在财务管理方面

只有会计,或者只有出纳,或者会计出纳为同一人,有的甚至会计和出纳都没有、只有一个记账人员。但这是违反财务规定的,在财务制度上存在漏洞。而老年协会又付不起专职财务人员的工资。不仅增加了成本,也给老年协会的规范化管理带来了一些问题。各个老年协会财务资金差距大,问题也不同。出现资金少,无法开展活动;资金多,难以管理的问题。

老年协会在没有进行登记管理之前,不能在银行开立协会的公立账户,协会资金只能存入私人的卡上或者现收现花,导致资金管理很不规范、不透明,很多账目没法对上,让大家对老年协会的资金管理失去信心。在登记管理时,老人协会需要开设对公账户,但经过走访调查发现,老人协会的经费并没有每一笔都经过对公账户。出现了以下几种情况:(1)开设一个对公账户,开立一个对私账户。政府拨款打到对公账户上,村民捐赠,房租等创收收入打到对私账户上。老年协会做了两套账。(2)只有一个对公账户,但只将进行花费后剩余的钱打到账户上,比如在重阳节时,各个企业家捐款给老年协会,老年协会直接将这些钱用于当天的宴席、表演队、老人分红上。最后才将剩余的钱打到银行卡上。这样就导致不是每一笔经费流水都能从账户上体现出来。(3)乡村社会组织通常是一套人马,几个牌子,村老年协会既是村慈善会,也是居家养老服务站,但是收支的钱经常被混在一起,没有分开来处理。(4)老年协会根据登记管理的要求,把每一笔收支都张贴出来,但没有按照会计制度分科目列出,没有定期整理,导致很多人对协会的财务没有一个清晰的概念,老年协会把开支明细张贴出来和公开财务混为一谈。(5)为了应付审计检查,有些老年协会又太过谨慎,500元以上的财务发票需要协会一半以上的理事签字,最后交由会长签字,才能开始报销,报销变得十分烦琐。

2. 老年协会负责人素质难应对登记管理规则

从某种程度上来说,老年协会的发展取决于老年协会管理层的理念方针、决策水平、创新能力等。现有的村(居)基层老年协会的专职工作人员包括会长、副会长、秘书长、理事等。他们基本没有参与社团管理、财务管理、人力管理等各方面的知识体系。老年协会的会长一般都年龄偏大,虽然他们对工作还抱着极大的热情,但由于精力与体力的限制,很多工作老年会长已力不从心了。进行登记管理后,晋江老年委每个月都有派人来进行各种培训,但管理人员都是老人,理解能力差,思维不能完全地按照规范来办事,影响老年协会登记管理。还有就是老年协会会长大部分是由村委会干部离职后担任的,容易形成小帮派,没有给其他优秀的老人机会,如回乡养老的企业退休人员、企业主等,导致老年协会负责人"年轻化"问题难以解决。

跟其他部门不同,老年协会负责人很多没有职位补助,协会收入少,管理事务却很多,在一定程度上影响了他们积极为社会服务的心态。老年协会负责人干活凭借的是对村里人的无私奉献的精神。但这种机制没有长效持久性。有时就会出现没有人干活的情况。因此,给老年协会负责人发放一点工作补贴也是应当的。

3.基层政府对老年协会的支持力度不够

虽然老龄工作已经列入乡镇街道与村社区工作的重点,但镇村两级领导也没有对基层老年协会的重要作用认识到位,因此,它们对老年协会的关心不够、支持不多、指导不准,导致一些老年协会资金缺乏,活动开展有限,甚至没有经费开展活动。老年协会经费构成主要包括政府补助、村财补助、乡贤捐助以及协会经营性收入,大部分老年协会经费主要为后两块:乡贤捐助与协会经营性收入。对于有的行政村有村财收入,却不愿意给老年协会补助的,这种情况应当尽快转变。有的老年协会活动希望街道乡镇领导能参加,给他们支撑场面,但乡镇街道领导借口忙,不出席,让老年协会负责人感到没有面子,影响工作积极性。

四、适应登记管理的措施

1.加强培训,提升基层老年协会负责人社团管理素质

老年协会的领导班子一般包括会长一名,副会长若干名,秘书长若干名,常务理事若干名。他们主要是政府退休干部、离任的村两委领导、乡村退休教师、退休的企业主等,他们都有共同的特质是有社会威望、敢于担当、愿意奉献,他们当中有些人是有管理经验的,但对于社团管理一般经验较少,特别是应对登记管理年检工作。因此,非常有必要对于老年协会负责人要加强培训引导。老年协会的负责人也是老年人,他们对信息知识的接受程度比较慢,培训之时还要考虑如何让老年人更容易接收理解。

　　老年协会培训内容可以分为社团管理与老年协会服务能力建设两个方面，前者主要包括社团日常管理、社团财务收支管理、社团年检材料整理等，后者包括老年协会规范化建设、协会筹款、互助养老服务推进等。

　　2. 平时做好材料，让年检达标

　　(1)管理部门应当要改进年检的内容。对于老年协会的年检，应该放宽那些与老年协会发展无太大关系的年检内容，如老年协会党支部年检问题。但现在为了应付年检，老年协会需要创建一个新的党支部，以及做党建工作，写党建材料，而这些对于那些老党员而言，是极具挑战性的。老年协会全部成员年龄都超过60岁，党员成员中的党组织关系大都在村支部内，其党组织生活主要是参加村党支部活动。老年协会需要成立党支部是兼合党支部，融入在村党支部内，可以不必另写活动材料。

　　(2)老年协会年检工作可委托给第三方代理。目前泉州石狮市民政局已实行这套做法，将老年协会年检工作列入政府购买社会服务项目，委托社工机构为老年协会代办年检，老年协会不用出钱，只要配合提供材料即可，这极大地减轻了老年协会年检工作负担。

　　(3)平时就要记录工作。老年协会提前做好材料的准备，按照每年的情况，社团团体的年检时间一般在3—5月，截止时间为5月末，每年需要的年检材料都大同小异，可以事先准备好部分材料。老年协会年检比较复杂的环节是要提供上一年的财务报表，老年协会需要聘请一个兼职会计做好财务外账工作。兼职会计每月做账一次，年末汇总，这样就可以从容应对财务年检工作。另外就是做好协会"七簿""一册"记录的工作。"七簿"具体指《会议记录簿》、《活动登记簿》、《财产登记簿》、《走访慰问登记簿》、《特殊困难老年人登记簿》、《日间照料中心出(入)人员登记簿》、《日间照料中心老年人就(义)诊情况登记簿》。"一册"指《会员花名册》。

　　3. 加强老年协会的资金管理规范化引导

　　推进老年协会资金收支管理规范化，老年协会必然需要聘请兼职会计做账。老年协会的资金收入，都要统一地移交到老年协会的对公账户中，移交的资金应记录在村级会计科目"公积公益金"中，之前用于老年协会作为转介的私人账户要依法取消。经老年协会代收的任意一笔经费都要及时地跟对方结清。老年协会的资金使用要编制经费预算表后才能使用、日常经费开支要严格按照预算表来实行、要给老年协会专职人员和兼职人员发放劳酬时,应根据老年协会规定的劳酬标准给、资金的使用要遵守老年协会的财务制度,进行物资报销要严格按照流程来走,经手人和领导都要签字。经费收支明细应在每个季末上墙,接受老年协会会员,民政局,拨款部门和捐赠者的监督。

第三节　乡村老年协会参与社区建设能力提升

多年来,晋江市委、市政府始终坚持"党政主导、社会关怀、全民关注"的老龄工作方针,把村级老年协会建设作为抓基层打基础的重要环节,强化引导、有为运作,村级老年协会取得长足发展,村级配套组织功能发挥日益明显,在丰富老年人生活,开展居家养老服务,参与社区治理方面的作用越来越大,特别是在居家养老服务中发挥的作用成就更为突出。

一、组织文体活动,丰富老年群体业余生活

乡村老年协会借助老年活动中心经常组织形式多样的老年人群体活动,丰富老年人精神生活,老年人"蹲街头、靠墙头、晒日头"现象几乎没有,促进了基层老年人的身心健康。

1. 文娱活动。利用老年协会的活动场所开展文娱活动,让老年人多参与麻将、象棋、扑克牌等益智游戏,组织腰鼓队、戏曲帮、广场舞等文艺活动,举办老年文艺汇演、旅游等大型活动,使得老年人"老有所乐"。如今,老年人广泛参与的"广场舞",已成为乡村夜晚的一道亮丽风景线。

2. 体育活动。由村老年协会牵头成立村级老年体育协会,定期举办门球、气排球等赛事,带动更多老年人参与体育活动。全市共成立村级老年体育协会 471 个(含自然村),发展会员 76850 人,占老年人口总数的 60.65%。鼓励老年人多使用活动场所的运动设备,定期举办足球、乒乓球和太极拳等赛事,并设置奖励,以期调动老人参与体育活动的积极性。

3. 教育活动。由村老年协会成立老年学校,加强对老年人的教育工作。

在市老龄办的指导下,村老年协会为老年人量身打造多样化、常态化的教育培训,老年教育不仅仅只是知识类的培训,还包括艺术类、体育健身类和实用技术类等类型。老年协会利用报纸、书籍、教育平台来讲授老年人感兴趣的课程,用多样化的教学工具和多形式的教育内容来吸引老年人学习新知识,丰富精神内涵。据 2013 年调查统计,全市共有村级老年学校 383 所,其中示范老年学校 51 所,先进老年学校 97 所,入学总数 48914 人,入学率达 38.6%。

二、开展社区照顾服务

晋江市政府在推进社区老年协会登记管理时,还同步加强对老年协会组织负责人的培训、资助与工作职能引导工作,以符合登记管理要求,有力推进了老年协会组织的规范化建设,提升老年协会自我服务能力,部分能力较强的乡村老年协会承办居家养老服务,提供老年免费食堂、敬老院等社区照顾服务,带动社区老年福利事业的发展。

截至 2019 年底,晋江市普惠型多元化主体系养老服务体系已基本形成,建成各类养老机构、居家养老服务站 397 所,其中市级养老院 1 所(已投用),镇(街道)级敬老院(养老服务照料中心)16 所(已投用 13 所),村级敬老院 50 所(已投用 30 所),村(社区)居家养老服务站 325 所,民办养老院 5 所(已投用 5 所)。在建、筹建养老机构 30 所,含镇(街道)级敬老院(养老服务照料中心)3 所,居家养老服务站 25 所,民办养老院 2 所。总床位数 6835 张,每千名老人拥有养老床位 38 张,完成 2020 年每千名老人 35 张的省定任务。[①]

晋江在推进城乡居民养老服务时,并没有采取简单的政府购买服务模式,突出将村级自办作为一种重要方式予以支持,突出运营模式多元化。城乡居民养老服务主要采取三种模式:一是公办民营,晋江市社会福利中心、深沪镇级敬老院、紫帽养老服务照料中心、内坑张坑村敬老院等公办养老机构引入第三方专业团队进驻运营。二是民办民营,目前有龙湖尚善养老院、晋江青阳阳光颐养园、金井天泉养老院等,它们主要提供医护养,针对失能与半失能老人

---

① 尤芳永:《关于晋江市养老服务体系建设实践、困境与发展分析的调研报告》,《晋江老年问题研究文集》,2020 年。

的养老服务。三是村建自营,如磁灶镇大埔村、大宅村、英林镇嘉排村、金井镇围头等村级敬老院都是由村老年协会负责运营管理。

村建自营敬老院是村级层面养老服务的最主要模式,政府支持有条件的村(社区)建设无围墙、开放式、人性化村级敬老院或托老所,大力发展机构和居家相融合的社区养老,打造具有晋江特色的集老年活动中心、居家养老服务站和敬老院"三位一体"的社区养老模式。村级敬老院规划建设 50 所,目前已投用 30 所;依托居家养老服务站(农村幸福院)开办老年福利食堂的有 20 多家,提供一日一餐,或一日二餐,老年人吃饭不用付费,费用由老年协会负责筹集。

村级敬老院已投用 30 所,它们分布于以下镇村(社区):青阳街道普照社区,梅岭街道竹树下社区、岭山社区,西园街道屿头社区、车厝社区,安海镇瑶前村,内坑镇张坑村、古山村、潘厝村、后坑村、葛洲村、东宅村,英林镇钞井村,东石镇萧下村、井林村、梅塘村、坑园村,池店镇柴塔村,磁灶镇大埔村、前尾村、上厝村、岭畔村、张林村、下官路村、苏垵,金井镇围头村、溜江村,深沪镇科任村,金井镇山头村等。其中,磁灶、内坑、东石三镇村办敬老院较多。

晋江市政府对于村办社区居家养老服务站、农村敬老院等都有财政补助,经费直接打到老年协会账户,极大方便了老年协会对于村办社会照顾机构的运营管理,有效提升晋江农村养老事业发展水平。晋江市镇级养老院由专业养老机构运营,村级敬老院与社区居家养老服务站基本由本村老年协会负责运营管理。倡导"低龄老人帮助高龄老人、健康老人帮助失能老人、富裕老人帮助贫困老人"的互助模式,开展老年人结对帮扶活动;动员社会各界关爱老年群体,兴建老年活动中心、老年学校、敬老院等养老设施,并配合做好管理维护工作。本村老年协会负责运营管理,其协会利益与老年利益一致,可以做到低成本运营,让本村老年人得到实惠。晋江是福建省民营经济最发达的市县,其老年协会建设具有标杆意义。

截至 2021 年 6 月,晋江市磁灶镇已实现老年人活动中心 26 个村(社区)全覆盖,全镇有建成或在建敬老院 22 所、居家养老站 18 个。此外,镇村创新实践的"医养康"养老服务模式,也使辖区老年人的晚年生活得到了有效保障。磁灶中心卫生院与磁灶镇 15 家敬老院签订托管协议,为每位老年人建立个人健康档案,累计规范管理 884 位入住敬老院老年人的健康。以大埔村敬老院为例,医院规范化管理了该敬老院医务室,医院每周定期安排医生前往坐诊,为老年人的一些常见病提供免费诊治服务。①

村级敬老院多采取村建自营,但也有个别采取村建民营,即委托第三方运营的养老院,如磁灶镇苏垵村、内坑镇张坑村探索村办民营模式,通过筑巢引凤,引入第三方专业团队进驻运营。村建民营养老院由村老年协会负责督导第三方运营,对于本村老人有优惠,如内坑镇张坑村能够自理的老人每月仅需300 元,外村入住的老人按市场价收费,这是第三方收益的主要来源。张坑村敬老院位于村老年协会活动中心大院内,为一座建筑面积约为 4000 平方米的大楼,地上五层,地下一层,地下一层为停车场,地上一层为公共服务活动区域,设有厨房、餐厅、棋牌室、健身室、阅读室,并配套有一部老人专用楼梯和一部医用电梯;二层为医疗保健和管理服务区域,设有护理站、医务室、保健室、康复室、管理办公室;三至五层为老人日夜照料用房,规划有 130 个床位,且每层均设有老人休息室。村老年协会办公地点与村老院相邻而立,便于村老年协会对养老院运营管理进行监督。

三、参与公共事务,促进基层社会和谐稳定

根据老年人的身体状态、生活阅历、社会地位等情况,鼓励其力所能及地参与村级社会管理创新,为社会和谐贡献力量。村老年协会通过组建老年志愿者队伍,参与村级公共事务。

1. 保障老年合法权益。配合各级老龄部门宣传贯彻老龄工作方针政策,帮助做好老年人优待证办理、老年人维权等老年人权益保障的基础性工作,及时掌握病、困老人和高龄老人情况,帮助解决实际困难和申请各类补助。晋江市老年福利事业水平不断提升,也与基层老年协会积极呼吁是紧密相关的。

2. 参与社会管理。针对日益严重的"老人当家"状况,主动承担维稳的社会责任,协助开展道德法制宣传、流动人口登记、违法现象举报等工作,提高村

---

① 　赖自煌:《晋江磁灶前尾村敬老院落成投用,首批 30 多位老人开心入住》,http://www.mnw.cn/jinjiang/news/2413761.html。

(社区)治安水平。参与由公安派出所领导组织的日间老年巡逻队,协助社区维持治安秩序。参与维持公路交通高峰期的公路交通秩序,确保车辆、人员的交通安全。

3. 倡导移风易俗。农村社会婚丧喜庆活动大操大办的传统,浪费钱财,加重村民家庭负担。晋江市政府在倡导老年协会承办居家养老服务时,强调移风易俗,喜事新办、丧事简办,把节约下来的资金捐给社区公益慈善事业,并将这些条款写进村规民约,要求党员干部带头执行。如政府就要求党员干部在禁止"普渡"、杜绝"大操大办"等方面以身作则,带头提倡"婚事新办、丧事简办、神事少办",把节约的钱捐给老年协会,用于社区老年福利事业,取得非常良好的成效。晋江移风易俗开展以来,社区老年福利事业得到了最大的支持与发展,获益最多。

至 2019 年底,晋江市 395 个村居全面完成新一轮村规民约修订,引导村居约定和细化"丧期不过五、喜事不炫耀"等基本要求,纠正"捐款就可特殊"的错误导向,建立红白理事会等组织,着力解决村规民约存在的"抓小放大、以捐代管、执行不力"三个问题。大力宣传移风易俗就是"保良俗,破陋俗,改旧俗,树新俗",倡导"帮百姓省钱,替群众省事,为社会省心",落实"盯紧'两个头(关键人群和负面典型)'、伸出'两只手(村居自治和社会法治)'、迈开'两条腿(加强宣传和完善设施)'"的综合治理措施,一步一个脚印地推进各项工作。

西坑村村规民约

根据《中华人民共和国村民自治法》的有关规定,结合本村实际及精神文明建设的需要,经村党支部、村委会、老协会、红白理事会及各界有识之士的讨论,并主动听取村民的意见,决定重新修订《西坑村村规民约》,并经 2019 年 1 月 27 日召开的村民代表大会表决通过,现予公告,希全体村民共同遵守,互相监督。

一、热爱祖国,拥护中国共产党,走中国特色社会主义道路。

二、遵纪守法,尊老爱幼,邻里和睦,勤劳致富,勤俭节约,禁放烟花爆竹,做文明村民。

三、积极参与振兴乡村人居环境大整治行动,注意环境卫生,保证房前屋后卫生清洁,发现乱扔乱倒垃圾,每次收违约金壹仟元,欢迎村民拍照举报,核实后给予五百元奖励,并予举报者保密。共同创建美丽乡村。

四、遵守移风易俗规定,喜事新办:任何喜事严禁分发口灶份,小孩出生三日、九日、十四日、满月、四个月,建房封顶、乔迁新居,男方订婚、结婚破柴尾、破柴头,禁办酒席。嫁女订婚、小孩周岁、十六岁限办10席、嫁女返亲宴限办20席(每席限10人),超过一席收违约金壹万元,以此类推(独女户、二女户如确有特殊情况,另行申请)。以上所有喜事大拱门限2个以内,电子拱门限5个以内,每超一个收违约金贰仟元,以此类推。村两委、党员、村民代表、老协会、红白理事会不得组织参加宴请,违者将给予在西坑微网站上曝光批评。

五、丧事简办:时间5天以内,伙食一饭一汤,花圈5个以内,字匾3幅(不包括送花圈名单的字匾,两项合计不超8个)超一个收违约金贰仟元,以此类推,乐队5阵以内超一阵收违约金伍仟元,以此类推。禁止哀乐扰民,三餐奏哀乐控制在5分钟以内,其他时段采用低音播放,严禁聚众赌博,做火光及以上者,需交老协会壹万元活动经费。三载除服禁办酒席。

六、鼓励村民多做善事、好事,把节约的资金捐助慈善、老龄及教育事业,村里将给予表扬。

七、以上村规民约执行时间为从2019年春节开始,以前制定的《西坑村村规民约》如有与本条约冲突,以本条约为准。

八、如有违反本条约,村委会有权不提供任何服务。

党支部、村委会

西坑村老协会、红白理事会

2019年1月27日

举报电话:×××××××

4. 参与民事调解。成立维权调解小组,积极参与经济债务、宗族矛盾、家庭婚姻、邻里吵架、财产继承、交通事故等纠纷调解,妥善化解各类矛盾,有效促进基层和谐稳定。一位街道老龄专干就曾对此感慨道:"协会稳,则社区稳;协会乱,则社区乱。"

四、服务中心工作,助推经济社会健康发展

部分老年协会围绕各级党委、政府的中心工作,积极引导老年人利用自身经验和威望,服务地方经济社会发展,切实发挥参谋助手作用。

1. 支持安征迁工作。积极响应市委、市政府"产业提升、城建提速"的发展战略,在"九大组团"、"两大体系"建设中,组织老年人带头签订拆迁协议,在移除宗族"公妈厅"(又称"祖厝",具有祠堂性质的家族公共建筑)工作中发挥了至关重要的作用,成为晋江"和谐拆迁"的一支中坚队伍。

福建省晋江市在推进乡村城镇化时也尝试采取集约安置村庙宗祠等传统民间信仰场,以推进"和谐拆迁"。闽南晋江乡村之中祠堂、祖厝(祖宅,拥有祭祀与居住双重功能)、祖厅(祖厝中的中厅,供有祖先牌位,相当于祠堂)与村庙等公共建筑特别多,古民居也不少。对于祠堂、祖厝、祖厅与村庙等带有信仰意义的公共建筑显然不能当作民宅来对待。为减轻征地拆迁阻力,晋江市政府对于祠堂、村庙等采取货币补偿与易地集中重建的相结合策略,通常选定古民居较多的地方设立为民俗文化街区,然后将其他地方被拆迁的村庙与祠堂可以搬到此地重建。由于村落祖厅特别多,且很多本身建筑面积也没有超过 20 平方米。为了节约土地,政府鼓励同姓氏不同房派,甚至不同姓氏的祖厝合并后重建,各村老年协会积极动员本村宗族与房头响应政府号召。2006 年在市区湖光西路区域改造中,涉及的祖厝(当地称"公妈厅")73 座、宗祠 2 座、村庙 3 座。政府动员居民将 73 座祖厝整合成 21 座祖厝予以重建,宗祠与村庙因建筑规模较大,给予单独重建,它们都统一建在湖光西路约 8 亩面积的片区中,这也是著名的晋江五店市民俗文化街区的一部分。已搬迁到高层住宅的村民在办理老人丧事之时,都在这里的祠堂内外举办停灵、吊唁、设宴待客、出殡等仪式。如果在高层住宅内承办这类仪式显然存在很多不便。有家族祠堂存在,极大地方便了居民办理丧事,同时也为上楼后村民提供了公共交往空间,血缘与地缘共同体得到续存,具有多重文化与社会价值。① 由于集中诸多古色古香的传统建筑,现在晋江市五店市民俗文化街区已成为晋江

---

① 王杰、许冰莹、甘满堂:《老城区改造中祠堂的整合安置与空间重构》,《江南大学学报(人文社会科学版)》2020 年第 5 期。

重要的旅游文化景点。

2. 配合中心工作。积极向村"两委"建言献策,组织老年人参与计划生育、环境治理、安全生产、关心下一代等工作。主动配合村"两委"在铺路、修桥、水库建设等村级基础设施改造中,发挥监督和看护作用。

3. 参与村务监督。全市共有 251 名老年协会班子成员当选为村监委会成员(其中会长 171 名),为协会与村"两委"的协作沟通,有效行使民主监督权利创建了平台和渠道。

从晋江乡村老年协会组织文体活动,丰富老年群体业余生活;承办社区居家养老服务,增进社区老年福利;参与公共事务治理,促进基层社会和谐稳定;服务地方政府中心工作,助推市域社会经济健康发展等事迹来看,基层老年协会已是晋江社会治理中不可或缺的重要社会组织。改革开放以来,晋江市敢于在经济社会发展方面率先探索,涌现出来的"晋江经验",不仅包括经济建设方面的成就,也包括在社会建设方面的成就,依托乡村老年协会,促进乡村居家养老事业发展,提升乡村社区治理水平,也是值得其他地区学习与借鉴的。

参 考 文 献

一、论文

曹炳良:《全国农村老龄工作经验交流会备忘录》,《中国社会导刊》2008年第 14 期。

蔡政忠、郑邦镇、杨帅:《台湾废校校地社会化使用研究:以社会保障为视角》,《社会福利(理论版)》2012 年第 12 期。

常建华:《二十世纪的中国宗族研究》,《历史研究》1999 年第 5 期。

陈柏峰:《代际关系变动与老年人自杀》,《社会学研究》2009 年第 4 期。

陈欣、黄露:《互助式家庭养老——城镇养老的有效模式》,《社会福利》2010 年第 7 期。

陈成文、孙秀兰:《社区老年服务:英、美、日三国的时间模式及其启示》,《社会主义研究》2010 年第 1 期。

慈勤英、李永萍:《"吸纳—转化":老年人协会的运行机制——基于对浙东农村老年人协会的考察》,《中共浙江省委党校学报》2016 年第 3 期。

曾诣:《浅析中国传统宗祠的发展及其现代影响》,《五邑大学学报》2012年第 2 期。

邓燕华、阮横俯:《农村银色力量何以可能?——以浙江老年协会为例》,《社会学研究》2008 年第 6 期。

焦长权、周飞舟等:《祠堂与祖厝:"晋江精神"的社会基础和历史渊源》,《东南学术》2015 年第 2 期。

范正义、林国平:《闽台宫庙之间分灵、进香、巡游及其文化意义》,《世界宗教研究》2002 年第 3 期。

彭文洁、湖北:《探索农村互助式养老服务新模式——解读〈湖北省民政厅关于开展农村互助式养老服务工作试点的指导意见〉》,《社会福利》2012年第3期。

钱宁:《以社区照顾为基础的中国老年人福利发展路径》,《探索》2013年第2期。

鲁可荣、楼海波:《浙江省农村老年协会建设与管理现状及促进政策》,《社团管理研究》2012年第7期。

鹿美华、王雷:《发挥社区民间组织优势,创建社区互助养老新模式》,《中国民政》2007年第10期。

刘世定、邱泽奇:《内卷化概念辨析》,《社会学究》2004年第5期。

刘雪成:《时间银行—互助养老新模式》,《神舟养老》2012年第1期。

沈洁:《福利非营利组织在社区福利供给中的作用——以日本社区福利为例》,《华中科技大学学报》2004年第2期。

余达忠:《祖先·祖籍·宗祠——古代宗族制度下的文化认同》,《南通大学学报》2010年第3期。

钱杭:《论汉人宗族的内源性根据》,《史林》1995年第3期。

傅衣凌:《论乡族势力对于中国封建社会经济的干涉》,《厦门大学学报》1961年第3期。

胡荣:《村民委员会选举中影响村民对候选人选择的因素》,《厦门大学学报》2001年第1期。

李放、王云云:《社区居家养老服务利用现状及影响因素——基于南京市鼓楼区的调查》,《人口与社会》2016年第1期。

甘满堂:《村民自治组织发展与村级治理——以福建乡村调查为例》,《福州大学学报》2007年第3期。

甘满堂:《乡村草根组织与社区公共生活——以福建乡村老年协会为考察中心》,《福建行政学院学报》2008年第1期。

甘满堂:《海外侨民与侨乡村级社区可持续发展——以福州长安村为例》,《福州大学学报(哲学社会科学版)》2010年第3期。

甘满堂:《传统社区资源动员与农民有组织抗争——对东南沿海农村抗

争性集体行动的一种解释框架》,《辽东学院学报》2010 年第 5 期。

甘满堂:《村级社区学习中心构建模式及可持续发展对策》,《福建农林大学学报(哲学社会版)》2012 年第 5 期。

甘满堂、邱玮、吴家玲:《老年协会办食堂与农村社区居家养老服务创新——以福建省南安市金山村为例》,《社会福利》2014 年第 12 期。

甘满堂、娄晓晓、刘早秀:《互助养老理念的实践模式与推进机制》,《重庆工商大学学报》2014 年第 4 期。

甘满堂:《乡村老年人协会规范化建设指标体系设计探索——以民政部福彩公益金资助项目为例》,《社会福利》(理论版)2016 年第 5 期。

甘满堂、王瑶:《福建乡村老年协会承办社区居家养老服务的模式》,《福州大学学报(哲学社会科学版)》2019 年第 5 期。

甘满堂:《福建宗祠文化的当代社会价值与提升路径东南学术》,《东南学术》2019 年第 4 期。

洪大用:《中国城乡二元控制体系与环境问题》,《中国人民大学学报》2000 年第 1 期。

贺雪峰:《农民行动的逻辑:认同与行动单位的视角》,《开放时代》2007 年第 1 期。

贺雪峰:《互助养老:中国农村养老的出路》,《南京农业大学学报》(社会科学版)2020 年第 5 期。

穆光宗:《建立代际互助体系——走出传统养老困境》,《人口研究》1999 年第 5 期。

穆光宗:《我国机构养老发展的困境与对策》《华中师范大学学报(人文社会科学版)》2012 年第 3 期。

麻国庆:《祖先祭祀及其空间"场":以闽北樟湖镇及周围村落物田野调查为中心》,载马戎、周星主编:《二十一世纪:文化自觉与跨文化对话》(二),北京大学出版社 2001 年版。

孙秀林:《华南村治与宗族功能主义的分析》,《社会学研究》2011 年第 1 期。

许钹钹:《泉州乡村自办老人幸福院》,《东南早报》2015 年 2 月 9 日。

温锐、蒋国河:《20 世纪 90 年代以来当代中国农村宗族问题研究管窥》,《福建师范大学学报》2004 年第 4 期。

魏瑞雪:《青岛市四方区——创建互助养老新模式》,《社会福利》2008 年第 2 期。

谭同学:《老年人协会、村庄生活与民族精神——乡村视野中民族精神的培育与弘扬》,《华中科技大学学报(社会科学版)》2006 年第 2 期。

徐晓望:《试论清代闽粤乡族械斗》,《学术研究》1998 年第 5 期。

应星:《草根动员与农民群体利益的表达机制——四个个案的比较研究》,《社会学研究》2007 年第 2 期。

王三秀、杨媛媛:《我国农村机构养老面临的现实困境及其对策研究——基于 Z 省 B 县的个案调查》,《四川理工学院学报(社会科学版)》2017 年第 3 期。

王杰、许冰莹、甘满堂:《老城区改造中祠堂的整合安置与空间重构》,《江南大学学报(人文社会科学版)》2020 年第 5 期。

王振、刘林:《"礼俗社会"视角下的农村老年协会作用研究——基于陕西省农村老年协会的调查》,《中国农业大学学报(社会科学版)》2014 年第 4 期。

王树新、杨彦:《老年人力资源开发的策略构想》,《人口研究》2005 年第 3 期。

俞可平:《中国农村的民间组织与治理——以福建省漳浦县长桥镇东升村为例》(上、下),《中国社会科学季刊(香港)》2001 年总第 30、31 期。

占志平:《广州考虑推广互助养老模式,政府记录市民贡献度》,《羊城晚报》2012 年 10 月 12 日。

赵志强:《河北农村互助养老模式分析》,《合作经济与科技》2012 年第 10 期。

朱云鹏:《河北力推互助幸福院 破解农村养老难题》,《社会福利》2011 年第 5 期。

朱耀垠:《农村社区老年协会发展回顾与展望》,《社会治理》2018 年第 10 期。

郑振满:《清代闽南乡族械斗的演变》,《中国社会经济史研究》1998年第1期。

二、图书

陈支平:《近500年来福建家族社会与文化》,上海三联书店1991年版。

董芳苑:《台湾民间信仰》,(台)长青文化事业股份有限公司1984年版。

毛泽东:《毛泽东农村调查文集》,人民出版社1982年版。

黄宗智:《华北的小农经济与社会变迁》,中华书局2000年版。

费孝通:《乡土中国》,三联书店1985年版。

李亦园:《人类的视野》,上海文艺出版社1996年版。

林耀华:《义序的宗族研究》,三联书店2000年版。

甘满堂:《村庙与社区公共生活》,社会科学文献出版社2007年版。

福建省统计局:《福建统计年鉴(2018年)》,2019年。

晋江市老年学学会主编《晋江老龄问题研究文集》(四、九),2014年、2020年。

全国老龄工作委员会办公室、中国老龄协会主编:《中国老龄工作年鉴》(1982—2002),华龄出版社2004年版。

刘书鹤、张同春主编:《农村老年协会工作指南》,华龄出版社1992年版。

赵鼎新:《社会与政治运动讲义》,社会科学文献出版社2006年版。

世界环境与发展委员会;《我们共同的未来》,吉林人民出版社1997年版。

徐勇:《中国农村村民自治》,华中师范大学出版社1997年版。

徐勇:《流动中的乡村治理——对农民流动的政治社会学分析》,中国社会科学出版社2003年版。

王沪宁:《中国村落家族文化——对中国社会现代化的一项探索》,上海人民出版社1991年版。

王铭铭:《村落视野中的文化与权力——闽台三村五论》,上海三联书店1997年版。

王习明:《乡村治理中的老人福利》,湖北人民出版社2007年版。

［美］奥尔森:《集体行动的逻辑》,陈郁等译,上海三联书店1995年版。

［美］埃莉诺·奥斯特罗姆:《公共事物的治理之道》,余逊达等译,上海三联书店2000年版。

［美］杜赞奇:《文化·权力·国家——1900—1942年的华北农村》,王福明译,江苏人民出版社1996年版。

［法］乔纳森·特纳:《社会学理论的结构》,华夏出版社2001年版。

［法］莫里斯·弗里德曼:《中国东南的宗族组织:福建与广东》,上海人民出版社2000年版。

［法］亚历山大:《国家与市民社会——一种社会理论的研究路径》,邓正来译,中央编译出版社1999年版。

［美］詹姆斯·斯科特:《农民的道义经济学:东南亚的反抗与生存》,程立显、刘建等译,译林出版社2001年版。

附　　录

全国老龄办:关于加强基层老年协会建设的意见
二○一二年一月九日

各省、自治区、直辖市及计划单列市老龄工作委员会办公室,新疆生产建设兵团老龄工作委员会办公室:

为贯彻落实《中共中央、国务院关于加强老龄工作的决定》(中发〔2000〕13 号)、《关于加强基层老龄工作的意见》(全国老龄委发〔2006〕2 号)和《中国老龄事业发展"十二五"规划》精神,现就加强基层老年协会建设提出如下意见。

一、充分认识加强基层老年协会建设的重要意义

城乡社区基层老年协会是老年人自我管理、自我教育、自我服务的老年群众组织,是基层老龄工作的重要组织载体,是党和政府联系广大老年群众的桥梁和纽带。多年来,我国基层老年协会蓬勃发展,在维护老年人权益、参与社会公益事务、组织老年群众参与经济社会建设及开展文体活动等方面发挥了积极作用,但还存在组织不健全、活动不经常、基础设施薄弱、经费来源短缺等问题,制约了基层老年协会的发展,影响了基层老年协会作用的发挥。加强基层老年协会建设,是贯彻落实中央关于加强和创新社会管理有关精神的重要举措,是加快发展老年社会组织、推进老年社会管理的有效措施,是加强基层老龄工作的重要载体,具有重要意义。

二、把握基层老年协会建设的指导思想、基本原则和总体目标

（一）指导思想。以邓小平理论和"三个代表"重要思想为指导，深入贯彻落实科学发展观，以服务老年人为宗旨，以加强老年社会管理工作为重点，着力加强基层老年协会组织建设、制度建设、队伍建设、阵地建设，努力把基层老年协会建设成为组织健全、功能完善、充满活力、作用明显的老年群众组织，为推动基层老龄工作、加强老年社会管理奠定组织基础。´

（二）基本原则。坚持以人为本，服务老人，提高基层老年协会的为老服务能力；坚持立足基层，面向老人，促进广大老年人积极参与社会活动；坚持培育引导，激励扶持，提高基层老年协会规范化建设水平；坚持因地制宜，统筹兼顾，加快发展基层老年协会。

（三）总体目标。组织建设更加健全，老年协会组织覆盖率和老年人参与率明显提高；管理制度日趋完善，老年群众的自我管理水平进一步提高；队伍建设进一步加强，服务老年人的能力显著提高；经费投入机制基本建立，老年活动场所和为老服务设施较好满足老年人需求；工作环境进一步优化，全社会尊重、关心和支持老年群众组织的良好氛围进一步形成。"十二五"期间，全国成立老年协会的城镇社区争取达到95%以上，农村社区（村）达到80%以上。

三、明确基层老年协会的主要职责

基层老年协会在基层党组织和村（居）民委员会的领导下，依据有关法律、法规、政策和老年协会章程，履行以下职责：

（一）做好老年人思想政治工作，组织老年人学习党的路线、方针、政策和国家的法律法规，引导老年人遵守社会公德和行为规范。

（二）密切联系老年人，听取老年人的意见，了解老年人的需求，反映老年人合理诉求，代表和维护老年人的合法权益。

（三）组织开展为老服务和老年互助活动，为老年人提供家政、照料、护理、信息咨询、心理疏导等服务，或组织低龄老年人对高龄、空巢、失能老年人进行帮扶，解决实际困难。

（四）倡导积极健康的老龄理念，引导老年人选择科学、文明、健康的生活方式,组织老年人开展有益于身心健康的文体活动,丰富老年人精神文化生活。

(五)依法组织老年人参与城乡社区建设,在社区服务、关心教育下一代、调解邻里纠纷和家庭矛盾、维护社会治安、移风易俗、抵制封建迷信等方面发挥积极作用。

四、明确基层老年协会建设的主要任务

(一)抓好组织建设。要在充分考虑和尊重老年人意愿的前提下,根据城乡社区老年人口的规模、分布,按照便于管理、服务老人的原则组建老年协会,鼓励探索多种形式的老年协会组织方式。没有成立老年协会的地区,要加快建立老年协会。已经建有老年协会的地区,要逐步提高组织覆盖率和老年人参与率。条件较好的地区要争取做到老年协会全覆盖。要结合实际情况制定协会章程,明确组织原则、组织架构、会员条件和入会程序。指导老年协会做好班子换届选举工作,协会领导班子按章程规定民主选举产生,任期可与村(居)民委员会换届选举保持一致。注重把思想素质好、工作能力强、服务热情高、具有一定组织能力的老年人选进老年协会班子。

(二)健全工作制度。建立并完善老年协会日常工作制度。老年协会要建立例会制度、学习制度、活动制度、财务制度和走访慰问制度,做到档案齐全、公章规范、台账及有关资料健全。建立老年协会民主监督制度,以会务公开、民主评议为主要内容,促进协会开展民主管理和自我监督,保证老年人对协会事务享有知情权、参与权、决策权、监督权。

(三)加强队伍建设。要根据基层老龄工作的需要,加强对老年协会负责人的教育培训,制定培训规划,丰富培训内容,定期开展业务培训。组织老年协会成员深入学习中国特色社会主义理论体系,学习党的路线、方针、政策和国家法律法规,学习老龄工作知识。有条件的地方可对老年协会成员进行为老服务、群众工作等方面的培训,提高老年协会开展为老服务、做好老年群众工作、参与社会事务的能力。

(四)推动场所建设。要把基层老年协会工作和活动场所建设纳入小区和新农村配套建设规划。要坚持整合资源,一室多用,依托社区综合服务设

施、老年活动中心、星光老年之家、老年大学(学校)教学点或社会闲置场所等场地开展基层老年活动。有条件的地方可按照场所固定、设施配套、功能齐全的标准,建设并完善老年协会活动场所。

五、加强对基层老年协会建设的组织领导

(一)加强领导。各级老龄部门要高度重视基层老年协会建设,把老年协会建设作为创新社会管理和加强老龄工作的重要内容,列入重要议事日程,认真抓好落实。要积极争取党政领导重视,努力协调老龄委成员单位和相关部门支持基层老年协会建设,不断健全和完善老年协会管理体系和运行机制。要加强分类指导,制定合理规划,把基层老年协会建设与基层党组织建设、和谐社区建设、新农村建设相结合,与老年友好城市、老年宜居社区和老年温馨家庭建设相结合。积极探索建立基层老年协会激励机制,制定评估标准和激励办法,开展评估和评选活动,对先进老年协会给予表彰和奖励。要加强基层老年协会建设的理论研究,不断探索和总结基层老年群众组织建设的经验和规律。

(二)加大扶持。各地要采取有力措施,加大对老年协会建设的扶持力度。要积极协调财政安排基层老年协会建设专项经费,或采取以奖代补的方式给予资助,也可通过转移职能、购买服务的方式,支持老年协会参与公共服务项目的组织实施。要积极协调有关部门、城乡社区组织及村(居)民委员会为老年协会的发展创造条件,为自愿创办养老基地或经济实体的基层老年协会提供便利,帮助解决实际困难。要积极动员社会力量资助支持基层老年协会建设。

(三)扩大宣传。要广泛宣传加强基层老年协会建设的重要意义,争取党政领导和社会各界的支持,调动老年人参与的积极性,营造有利于老年协会建设的良好社会氛围。要及时培养、发现先进典型,充分发挥典型的示范、引导、辐射作用,促进基层老年协会健康发展。

全国老龄办、民政部关于进一步加强城乡社区老年协会建设的通知

全国老龄办发〔2015〕23 号

各省、自治区、直辖市、计划单列市老龄办、民政厅(局),新疆生产建设兵团老龄办、民政局:

城乡社区老年协会是老年人自我管理、自我教育、自我服务的老年群众组织。自 2012 年全国老龄办下发《关于加强基层老年协会建设的意见》(全国老龄办发〔2012〕1 号)以来,各地不断加大对城乡社区老年协会的扶持力度,促进了全国城乡老年协会健康有序发展。截至 2014 年 7 月,我国城乡社区老年协会已达 49 万个,覆盖率达 74%,在推动基层老龄事业、社区公共服务和社会治理中发挥了重要作用,但仍存在覆盖率不够、区域发展不平衡、经费设施不足、作用发挥不够充分等问题。为深入贯彻落实《中华人民共和国老年人权益保障法》、《中国老龄事业发展"十二五"规划》和《国务院关于加快养老服务业若干意见》精神,进一步加强城乡社区老年协会建设,现就有关事项通知如下:

一、提高覆盖率。各级老龄、民政部门要把提高城乡社区老年协会覆盖率作为老年协会建设工作的基本任务,统筹区域平衡,细化数量指标,制定具体措施,突出建设重点,明确时间进度,加快建设步伐,完成好《中国老龄事业发展"十二五"规划》目标任务。

二、做好登记管理。将城乡社区老年协会纳入公益慈善类或城乡社区服务类社会组织范畴,进行直接登记。在法律法规允许的范围内,放宽条件,简化手续,做到能登尽登。暂时不具备登记条件的老年协会,可在乡镇(街道)或县老龄办备案。对依法登记的老年协会,要按章程规定,完善法人治理结构,建立健全民主决策机制,依法依规开展活动,充分发挥作用;不具备登记条件的老年协会,要制定并规范章程,加强民主管理和自我监督。鼓励城乡社区老年协会自愿组合,成立联合组织,依法进行登记。

三、加强设施建设。深入开展基层老年协会"乐龄工程"。力争把老年协会设施建设纳入城乡社区配套建设规划,着力新建或改扩建一批功能实用的老年协会活动场所。努力实现每一个城乡社区老年协会都有固定的活动场所。要充分利用整合城乡社区服务设施,改善老年协会活动条件。老年"星光计划"、"幸福计划"以及社会福利院、敬老院、养老服务中心(站)、社区服务中心、社区综合服务设施、老年活动中心、老年大学(学校)教学点等各类资源要向老年协会开放,鼓励涉老服务和活动设施由老年协会参与管理。

四、加大扶持力度。争取把老年协会建设纳入财政预算,积极协调财政部门研究制定对老年协会的资助和奖励办法,加大对老年协会的扶持。支持老年协会承接政府购买服务项目或公益创投项目,把具备承接政府购买服务资质的老年协会纳入承接主体,探索开展政府购买老年协会服务试点工作并逐步推广试点经验。各级政府用于社会福利事业的福利彩票公益金可投入老年协会建设,各级社会组织孵化基地可将老年协会列为培育孵化范围。对利用未承包的集体所有的土地、山林、水面、滩涂等建设的养老基地,应无偿向老年协会提供办公或活动场所。

五、鼓励社会力量参与。整合各类社会资金和资源,鼓励企事业单位、社会组织等社会力量为老年协会建设投入资金和设备支持。激励引导大中专院校以及机关、企事业单位、公益组织、志愿服务组织等社会机构为老年协会开展志愿服务。建立完善社会力量参与老年协会建设的平台和渠道,为社会力量参与老年协会建设创造条件、提供便利。

六、开展业务培训。统筹培训资源,加大培训力度,提升老年协会队伍素质。制定老年协会骨干培训计划,安排专项培训经费,用三到五年时间完成对老年协会骨干的业务培训。积极协调把老年协会骨干人员的培养纳入西部城乡社区服务人才队伍能力建设项目或当地社会组织人员培训计划。要在城乡社区开发设立公益性岗位,安排专职或兼职人员为老年协会提供培训指导。引导社会工作服务机构为老年协会开展活动提供专业支持,会同老年协会共同开展老年社会服务。

七、优化发展环境。充分利用报刊、广播、电视等媒体和互联网,广泛宣传老年协会及各类老年社会组织的先进人物、特色活动、积极作用、工作成果等,宣传老年协会建设的主要内容和政策措施,在全社会营造关心、理解、支持老年协会发展的良好社会氛围。建立老年协会激励评价体系和信息公开制度,引导老年协会开展诚信建设,提高公信力。及时选树典型,定期向社会发布老年协会参与社会建设和管理的优秀事迹。

八、加强组织领导。各级老龄、民政部门要统一思想、提高认识,加强对老年协会建设的组织领导。要坚持基层老年协会在村(居)党组织领导下开展活动原则,坚持基层老年协会既是村(居)委员会参谋助手、又是"两委会"与群众联系的桥梁和纽带的定位,把老年协会建设纳入工作目标考核内容、纳入和谐社区建设示范单位创建活动和养老服务业综合改革试点工作,在考察评审过程中要充分考虑老年协会建设及发挥作用情况。要建立老龄、民政部门联席会议制度,及时沟通、密切配合,共同推进老年协会健康有序可持续发展。

各地要根据本通知要求,抓紧制定相关配套政策措施,全国老龄办、民政部将适时督促检查落实情况。

福建省老龄委:关于加强基层老年协会规范化建设的意见

各设区市老龄工作委员会,平潭综合实验区社会事业局:

为进一步加强和规范我省基层老年协会建设,提升老龄工作规范化水平,顺利完成《福建省老龄事业发展"十二五"规划》目标任务,经研究,决定在我省开展基层老年协会"五个有"规范化建设活动。现提出如下意见:

一、目标任务

到"十二五"末,各地要争取90%以上的行政村(社区)成立老年协会,其中规范化基层老年协会达到30%;到"十三五"末,争取95%以上的行政村(社区)成立老年协会,规范化基层老年协会达到40%。协会建设标准统一,内容规范,制度完善,基础坚实,活动经常,作用明显。

二、规范化建设"五个有"标准

（一）有组织

规范化基层老年协会须有明确的组织原则、组织架构、会员条件和入会程序。领导班子按章程规定民主选举产生，并能按期换届，与村民（社区居民）委员会换届选举保持一致。班子成员分工明确，团结协作，热心服务，凝聚力强。协会工作得到村（社区）党组织和村民（社区居民）委员会（以下简称村〈社区〉"两委"）的支持，老年人入会率达到60%以上。

（二）有制度

1. 登记备案完备

规范化基层老年协会应积极配合上级单位，做好协会的登记、备案工作。具备法人登记条件的协会，经业务主管单位县级老龄办审查同意，依照《社会团体登记管理条例》的规定，到县级民政部门申请注册登记，取得社会团体法人登记证书。不具备法人登记条件的协会，须按照《福建省民政厅关于大力培育发展社区社会组织的指导意见》（闽民管〔2014〕213号）要求，填写《福建省社区社会组织备案表》，由村（社区）"两委"初审，经乡镇人民政府（街道办事处）审核同意后备案，接受乡镇（街道）老龄委的业务指导和管理。

2. 协会章程规范

规范化基层老年协会须订立协会章程，建立健全会议制度、学习制度、活动制度、捐赠制度、财务制度、民主监督制度和走访慰问制度。组织机构、章程、制度和目标规划等情况制版上墙，并按照有关制度开展工作。严格决策议事程序，坚持重大事项"一事一议"和票决制度，实行会务公开，定期进行民主评议。协会会员对协会事务享有知情权、参与权、倡议权和监督权。

3. 档案资料健全

规范化基层老年协会档案齐全，台账及有关资料健全，建立"五簿一册"。"五簿"具体指：《会议记录簿》、《活动登记簿》、《财产登记簿》、《走访慰问登记簿》和《特殊困难老年人登记簿》；"一册"具体指：《会员花名册》。

（三）有经费

规范化基层老年协会应有较稳定的经费来源，可采取社会捐赠、村（社区）集体经济扶持、在核准的业务范围内开展活动或服务的收入、上级有关部门资助等方式获得,满足或基本满足协会开展活动的需要,探索建立协会经费投入长效机制。要在法律允许的范围内,因地制宜地组织老年人力所能及的参与经济和社会活动,扩展经费来源渠道。争取村(社区)"两委"为协会创收提供条件,支持协会创办自己的养老基地或自有经济实体。通过社会化运作方式,面向社会筹集资金,鼓励企事业单位、社会组织等机构投入资金支持老年协会建设。

（四）有场所

规范化基层老年协会须有固定的办公场所和活动场地。通过整合社区资源,依托社区居家养老服务站、农村幸福院,利用老年学校、文化广场、星光老年之家等一室多用,作为老年人活动场所。配备多种文化娱乐设施、老年人健身运动器材和适合老年人阅读的书刊报纸,做到设施齐全、功能完善、卫生整洁、管理规范。办公场所一般不少于20平方米,室内活动场所不少于80平方米,室外活动场所不少于150平方米。

（五）有活动

规范化基层老年协会应积极做好老年人思想政治教育工作,弘扬社会正气,倡导社会主义精神文明,引导老年人遵守社会公德和行为规范。积极组织老年人开展文化娱乐、学习教育、体育健身等活动,参与关爱留守儿童、帮扶困难老年人等公益事业;对侵犯老年人合法权益的行为及时参与调解和处理,切实维护老年人的合法权益;组织志愿者和社工为社区居家养老服务站和农村幸福院的老人开展日常照料、精神关爱、应急救援等服务,形成常态化、制度化和规范化。在开展各种活动中能够有效发挥参谋助手、桥梁纽带和为老服务的作用,促进社会和谐。

三、组织领导

（一）各级老龄工作部门要把规范化基层老年协会建设作为创新社会管理和加强老龄工作的重要内容,切实摆上重要议事日程,把基层老年协会建设纳入村级组织建设范畴。努力协调相关部门支持基层老年协会建设,保证各项工作落到实处。可以采取购买服务或以奖代补等方式,支持基层老年协会开展养老服务和社会服务活动。要根据规范化建设标准,结合各地实际,制定具体的工作方案,认真组织实施,使基层老年协会规范化建设工作有序、健康发展。

(二)各级老龄办要结合各地实际,对老年协会进行必要的分类,制定分批次推进基层老年协会规范化建设规划,树立样板,典型引路。要因地制宜加强对基层老年协会规范化建设的指导,选择一批基础条件好、活动能力强的基层老年协会,建立规范化建设试点。要经常深入基层调查研究和检查协会工作开展情况,发现典型,总结经验,推广成果,充分发挥老年协会先进典型的示范作用,营造规范化建设的浓厚氛围。省老龄办将对部分规范化基层老年协会予以扶持。

附件:福建省规范化基层老年协会章程(范本)

福建省老龄工作委员会

2014 年 9 月 23 日

附件

福建省规范化基层老年协会章程(范本)

第一章　总　　则

第一条　本协会为:×××村(社区)老年协会。

第二条　本协会是由本村(社区)老年人自愿组成,实行自我管理、自我教育、自我服务的非营利性老年群众组织。

第三条　本协会宗旨:团结和带领广大老年人,遵守国家法律、法规,遵守社会道德风尚,围绕"五个老有"目标,组织老年人开展各种文体娱乐活动和互助活动;量力而为,参与经济、政治、文化、社会、环境建设和管理;维护老年人合法权益,促进和谐社会建设。

第四条　本协会作为本村(社区)的老年群众组织,接受县级老龄部门的业务指导和同级民政部门的监督管理。

第五条　本协会办公场所设在:福建省××市××县(市、区)×××××××。

第二章　业　务　范　围

第六条　本协会的业务范围:

（一）组织老年人学习时事政治，宣传贯彻党和国家关于老龄工作的方针、政策，开展老年人思想政治工作；

（二）宣传贯彻《中华人民共和国老年人权益保障法》及相关法规条例，协助调解涉老纠纷，维护老年人合法权益；

（三）组织为老服务和引导低龄老年人开展互助活动；

（四）鼓励老年人参与经济社会建设和公益慈善活动；

（五）提倡科学文明健康的生活方式，开展有益身心健康的文化体育活动；

（六）承接完成政府或其他单位委托的服务。

第三章 会 员

第七条 本村（社区）60 周岁及以上的男性公民、55 周岁及以上的女性公民（包括离退休回村〈社区〉居住的干部职工），拥护本协会章程，自愿申请入会，经协会理事会讨论通过，即可成为本协会会员，由本协会登记造册。

第八条 会员权利：

（一）有选举权、被选举权和表决权；

（二）有参加本协会各项活动的权利；

（三）有对本协会工作提出批评、建议和监督的权利；

（四）有优先获得本协会服务的权利；

（五）有入会自愿、退会自由的权利；

（六）在合法权益受到侵害时，有要求协会给予保护、帮助的权利。

第九条 会员应履行下列义务：

（一）遵守本协会的章程；

（二）执行本协会的决议；

（三）完成本协会交办的任务；

（四）维护本协会合法权益；

（五）向本协会反映情况，提供有关资料。

第十条 会员退会应书面告知本协会。会员超过 1 年时间不参加本协会活动的，视为自动退会。会员如有严重违反本章程的行为，经理事会表决通过，予以除名。

第四章　组　织　机　构

第十一条　本协会最高权力机构是会员大会(或会员代表大会)。其职权是:

(一)研究和决定与协会相关的重大事项;

(二)审议理事会的工作报告和财务报告;

(三)制定修改本协会章程;

(四)选举和罢免本协会理事。

第十二条　会员大会(或会员代表大会)须有 2/3 以上的会员(或会员代表)出席方能召开,其决议须经到会会员(或会员代表)半数以上表决通过方能生效。

第十三条　会员大会(或会员代表大会)每届 3 年(与村民、社区居民委员会同步换届)。因特殊情况需提前或延期换届的,须由理事会表决通过,报业务主管单位审查并经社团登记管理机关批准同意。但延期换届最长不超过 1 年。

第十四条　本协会成立理事会,任期 3 年。理事会是会员大会(或会员代表大会)的执行机构,由会员大会或会员代表大会选举产生;理事按不超过会员代表的 1/3 比例推荐产生;在闭会期间负责本协会开展日常工作,对会员大会(或会员代表大会)负责。理事会设会长 1 名,副会长若干名,秘书长 1 名,理事若干名。理事会成员中应有女性。

第十五条　理事会的职权是:

(一)执行会员大会(或会员代表大会)的决议;

(二)选举和罢免会长、副会长、秘书长;

(三)筹备召开会员大会(或会员代表大会);

(四)向会员大会(或会员代表大会)报告工作和财务状况;

(五)决定会员的吸收或除名;

(六)决定设立办事机构、分支机构和实体机构;

(七)决定各机构主要负责人的聘任和解聘;

(八)组织并指导本协会各机构开展工作;

(九)制定内部管理制度;

（十）决定协会其他重大事项。

第十六条　理事会须有 2/3 以上理事出席方能召开，其决议须经到会理事半数以上表决通过方能生效。

第十七条　理事会每半年至少召开一次理事会议；也可采用通讯形式召开。

第十八条　本协会的会长、副会长、秘书长必须具备下列条件：

（一）坚持党的路线、方针、政策，政治素质好；

（二）在本村（社区）内有较高威望、品行端正、具有公德心；

（三）最高任职年龄原则上不超过 70 周岁；

（四）身体健康，能坚持正常工作；

（五）未受过剥夺政治权利的刑事处罚；

（六）具有完全民事行为能力。

第十九条　本协会会长、副会长、秘书长如超过最高任职年龄的，须经理事会表决通过，报业务主管单位审查并经社团登记管理机关批准同意后，方可任职。

第二十条　本协会会长、副会长、秘书长每届任期 3 年，任期最长不得超过两届，因特殊情况需延长任期的，须经会员大会（或会员代表大会）2/3 以上会员（或会员代表）表决通过，报业务主管单位审查并经社团登记管理机关批准同意后，方可任职。

第二十一条　本协会会长为本协会法定代表人。如特殊情况需由副会长或秘书长担任法定代表人，应报业务主管单位审查并经社团登记管理机关批准同意后，方可担任。

第二十二条　本协会会长行使下列职权：

（一）召集和主持理事会议；

（二）检查会员大会（或会员代表大会）、理事会决议的落实情况；

（三）主持本协会日常工作；

（四）代表本协会签署有关文件。

第五章　建 章 立 制

第二十三条　本协会建立会员基本情况档案及各项规章制度，包括会员守则、例会制度、学习制度、活动制度、捐赠制度、财务制度、监督制度及走访慰问制度,做到档案齐全、台账及有关资料真实、健全、合法。

第六章　资产管理

第二十四条　本协会经费来源:

(一)社会捐赠;

(二)村(社区)集体经济扶持;

(三)在核准的业务范围内开展活动或服务的收入;

(四)上级有关部门资助;

(五)利息;

(六)其他合法收入。

第二十五条　本协会设立专门的账户,落实专人负责财务工作,主要负责人不得兼任财务人员,会计不得兼任出纳。财会人员离职时,必须与接管人员办清交接手续。

第二十六条　本协会的资产管理必须执行国家规定的财务管理制度,接受会员大会(或会员代表大会)的监督。本协会经费使用情况,每年须向会员公布一次,确保会员的知情权、监督权。资产来源属于国家拨款或者社会捐赠、资助的,必须接受国家有关部门的审计和社会的监督,并将有关情况以适当方式向会员公示。

第二十七条　本协会经费及其他财产,必须用于本协会的各项工作与活动,任何单位、个人不得侵占、私分和挪用。

第七章　章程的修改程序

第二十八条　对本协会章程的修改,须经理事会表决通过后报会员大会(或会员代表大会)审议。

第二十九条　本协会修改的章程,须经会员大会(或会员代表大会)表决通过后 15 日内,经业务主管单位审查同意,并报社团登记管理机关核准后生效。

第八章　终止程序及终止后的财产处理

第三十条　本协会自行解散或由于分立、合并等原因需要终止的,由理事会提出终止动议。

第三十一条　本协会终止动议须经会员大会(或会员代表大会)表决通过,并报业务主管单位审查同意。

第三十二条　本协会终止前,须在业务主管单位和村(社区)"两委"指导下成立清算小组,清理债权债务,处理善后事宜。清算期间,不开展清算以外的活动。

第三十三条　本协会经社团登记管理机关办理注销登记手续后即为终止。

第三十四条　本协会终止后的剩余财产,在业务主管单位和社团登记管理机关的监督下,按照国家有关规定,用于发展与本协会宗旨相关的事业。

第九章　附　　则

第三十五条　本章程经××××年××月××日会员大会(或会员代表大会)表决通过,通过之日起生效。

第三十六条　本章程的解释权属本协会的理事会。

晋江市村(社区)老年协会章程

(修订稿)

第一章　总　　则

第一条　协会的名称:××村(社区)老年协会。

第二条　协会的性质:由居住在本村(社区)范围内的老年人自愿组成,在村(社区)党组织的领导下,进行自我管理、自我服务、自我教育、自我保护的老年群众组织和村级配套组织。

第三条　协会的宗旨:围绕"五个老有"目标,维护老年人的合法权益,加强老年人的思想政治工作,开展老年文体活动,发展老年福利事业,提高老年人生活、生命质量;协助村(社区)两委做好基层老龄工作,弘扬健康文明的社会风尚,参与城乡社区建设,为构建和谐村(社区)贡献力量。

第四条　本协会的业务主管部门是××镇(街道)人民政府(办事处),登记管理机关是晋江市民政局。协会接受业务主管部门、登记管理机关和市、镇

（街道）老龄工作机构的指导和监督管理。

第五条　本协会的住所：晋江市××镇（街道）××村（社区）××××××。

第二章　任　　务

第六条　组织老年人学习时事政治、法律知识和村规民约，加强老年人思想道德建设；传播先进科学文化知识，引导老年人崇尚科学，反对封建愚昧，抵制邪教，实现积极老龄化。

第七条　加强老龄工作宣传，树立爱老、敬老、助老的良好社会风尚。协助村（社区）党组织、村（社区居）委会贯彻落实《中华人民共和国老年人权益保障法》等各级各部门关于老龄工作的法律法规和方针政策，切实维护老年人的合法权益。

第八条　关爱空巢老人、孤寡老人和特困失能老人等弱势老年群体，为其提供物质帮助和精神慰藉。

第九条　组织老年群体主动配合村（社区）和上级党委、政府做好各项中心工作，充分发挥老年人在参与纠纷调解、开展移风易俗、城乡社区建设、项目征地拆迁等方面的积极作用。

第十条　提倡文明健康科学的生活方式，开展有益身心健康的老年文体活动，丰富老年人精神生活。

第十一条　努力创造条件，建立老年福利基金会和养老创收基地，为老年福利事业筹措资金；做好老年活动中心（室）、老年学校、居家养老服务站、敬老院等老年设施的管理维护工作，服务基层老年群体。

第三章　会　　员

第十二条　凡居住在本村（社区）年满60周岁的男性公民、55周岁及以上的女性公民（包括离退休回村〈社区〉居住的干部职工），不分性别、民族、宗教信仰，拥护本协会章程，执行协会决议，按时交纳会费，并积极参加协会活动和从事力所能及的工作，都可申请加入协会。

第十三条　加入协会由本人提出申请，经协会理事会讨论通过。

第十四条　会员权利：

（一）有选举权、被选举权和表决权；

（二）参加会员大会，议定相关事项；

（三）监督协会工作，对协会的工作和协会领导成员提出建议和批评；

（四）参加协会活动，享受协会给予的福利；

（五）在合法权益受到侵犯或遇到特殊困难时，有权要求协会给予帮助；

（六）有自由退会的权利。

第十五条 会员义务：

（一）遵守协会的章程，执行协会的决议，参加协会组织的活动，按规定交纳会费；

（二）遵守协会的纪律，维护协会的声誉和合法权益；

（三）为协会的发展出谋划策，发挥自己的专长，从事力所能及的工作；

（四）向协会汇报工作，反映情况，提供有关资料。

第十六条 会员纪律：

（一）带头遵守国家法律法规、村规民约；

（二）不得利用协会的活动场所，进行聚赌或变相聚赌以及其他不文明的活动；

（三）不得以协会名义进行封建迷信活动；

（四）不得以协会名义进行违法生产经营活动；

（五）会员不履行义务、违法乱纪，经教育不改者或不遵守本章程者，应责令其退会；

（六）超过1年时间不参加本协会活动的，视为自动退会。

第四章 组织机构及领导班子换届

第十七条 本协会的最高权力机构是会员大会或会员代表大会（会员总数少于100人的一般不设会员代表大会），会员大会或会员代表大会每年至少召开1次。其职责是：

（一）审议理事会的工作报告和决议，研究和决定与协会相关的重大事项；

（二）制定和修改协会章程；

（三）听取和审查协会的财务收支报告；

（四）选举和罢免协会的理事；

（五）其他需要会员大会或会员代表大会作出决定的事项。

第十八条　会员大会须有半数以上会员出席方能召开,其决议须经到会会员半数以上表决通过方能生效;会员代表大会须有 2/3 以上的会员代表出席方能召开,其决议须经到会会员代表半数以上表决通过方能生效。

第十九条　本协会成立理事会,在会员大会和会员代表大会闭会期间负责本协会日常工作,对会员大会和会员代表大会负责。其职责是:

(一)向上级有关部门和村(社区)两委会请示汇报工作;

(二)执行会员大会和会员代表大会的决议;

(三)选举和罢免会长、副会长、秘书长、副秘书长;

(四)筹备召开会员大会和会员代表大会;

(五)向会员大会或会员代表大会报告工作和财务状况;

(六)决定会员的吸收或除名;

(七)决定各机构主要负责人的聘任;

(八)领导本会各机构开展工作;

(九)制定内部管理制度;

(十)聘请名誉会长、顾问;

(十一)开展评选表彰活动;

(十二)决定其他重大事项。

第二十条　理事会根据实际,下设老年教育、文体活动、公益事业、民事调解、居家养老服务、志愿服务等职能小组。

第二十一条　理事人数较多时,可设立常务理事会。常务理事会由理事会选举产生,在理事会闭会期间行使第十九条第一、二、四、五、七、八、九、十、十一项的职权,对理事会负责。常务理事人数一般不超过理事人数的 1/3。其会议表决程序与理事会相同。

第二十二条　协会领导班子的换届选举

(一)每届任期 3 年,与其他村级组织同步进行换届选举;

(二)候选人由村(社区)党组织负责人牵头,村(社区)两委与协会理事会在充分征求各界意见基础上共同酝酿产生,经村(社区)党组织审查同意,报送镇(街道)老龄委批复;

(三)候选人条件:政治思想素质好,认真贯彻执行党和国家的路线方针政策;德高望重,在群众中有影响力,有较强的组织协调和领导能力;身体健康,能胜任本职工作需要;热爱老龄工作,热心为老年人谋福利,真心关爱老年群众。拟新任老年协会领导班子成员的,年龄一般控制在 65 周岁以下,留任班子成员的一般不超过 75 周岁,有特殊情况的,需报镇(街道)老龄委批准。离退休干部拟任老年协会领导班子成员的需遵照《关于进一步规范退(离)休干部在社会团体兼职审批备案工作的通知》(晋政民〔2014〕109 号)文件规定,并按要求进行报备。

(四)选举结果经村(社区)党组织审查通过,报镇(街道)老龄委批准任命。

第二十三条 协会因特殊情况聘请村(社区)两委负责人兼任老年协会会长的,应设立常务副会长 1 名。常务副会长主持日常工作,并向会长负责。

第五章 建 章 立 制

第二十四条 学习例会制度

(一)学习采取集中授课与个人自学相结合的方式,集中学习每月不少于 1 次。

(二)应用远程电教平台,充分利用各级资源开展教育活动,每个月播放不少于 2 次。

(三)协会领导班子成员会议每月不少于 1 次。

(四)理事会每季度召开不少于 1 次。

第二十五条 财务管理制度

(一)本协会设会计、出纳各一名,会计和出纳不能由同一人兼任,也不能由协会会长兼任。

(二)会计负责本协会各类财务的处理、编制、报表及统计等工作。会计任免或调换应报村(社区)党组织备案,并按规定办理交接手续。

(三)开设专用账户管理协会经费,不得使用个人账户;严禁公款私存、公款私用;严禁无据收款、白条入账。

(四)实行财务支出审批制度。经费开支 1000 元(含)以下由会长决定,1000 元以上提交理事会讨论决定。

(五)协会经费须用于本协会的活动,不得挪作他用,财务开支情况严格造册登记,每季度公开一次,公示时间不少于 7 天。

第二十六条　民主监督制度

(一)设立会务公开栏,各相关负责人及其职务及时上墙;

(二)成立协会会务监督小组,对会员大会和会员代表大会负责,代表全体会员行使监督权力。其职责是:

1.督促理事会按规定时间公开会务,对会务公开工作实行全程监督;

2.审查会务公开的各项内容;

3.接受会员的检举,对会员提出的质询问题开展调查,并承诺答复期限;

4.每半年开展 1 次全面审查工作,审查结果登记在册,并及时公布;

(三)每年举行 1 次协会领导班子民主评议活动。

第二十七条　"一访四查"制度

1.走访老年人家庭,重点关注病、困老人和高龄老人;

2.检查老年人的衣、食、住、医等方面情况。

第六章　经费来源和使用

第二十八条　协会经费来源:

(一)会费;

(二)市、镇财政划拨的专项经费;

(三)村财补助;

(四)老年福利基金会筹集的捐款;

(五)创收收入;

(六)利息收入;

(七)其他合法收入。

第二十九条　经费的使用:委托理事会统一管理协会经费,遵照财务管理制度规定使用,必须用于本协会的各项工作与活动,任何单位、个人不得侵占、私分和挪用。

第七章　章程的修改程序

第三十条　对本协会章程的修改,须经理事会表决通过后报会员大会或会员代表大会审议。

第三十一条　本协会修改的章程,须经会员大会或会员代表大会表决通过后 15 日内,经业务主管单位审查同意,并报社团登记管理机关核准后生效。

第八章　终止程序及终止后的财产处理

第三十二条　本协会自行解散或由于分立、合并等原因需要终止的,由理事会提出终止动议。

第三十三条　本协会终止动议须经会员大会或会员代表大会表决通过,并报业务主管单位审查同意。

第三十四条　本协会终止前,须在业务主管部门和村(社区)"两委"指导下成立清算小组,清理债权债务,处理善后事宜。清算期间,不开展清算以外的活动。

第三十五条　本协会经社团登记管理机关办理注销登记手续后即为终止。

第三十六条　本协会终止后的剩余财产,在业务主管单位和社团登记管理机关的监督下,按照国家有关规定,用于发展与本协会宗旨相关的事业。

第九章　附　　则

第三十七条　本章程经会员大会或会员代表大会表决通过,并自晋江市民政局核准之日起生效。

第三十八条　本章程的解释权属本协会理事会。

后　记

　　我第一次对乡村老年协会有深刻印象,大约是 1998 年去闽侯县青口镇青圃村参观村庙灵济宫与林氏宗祠,发现村庙与宗祠并没有想象中那样肃穆宁静,反而非常热闹,老人们在里面,有的看电视、有的聊天、有的打麻将或玩纸牌,也有的躺在躺椅上睡觉,乡村老年人的晚年生活,看起来非常丰富多彩。当时,我也注意到,林氏宗祠理事会会长、青圃灵济宫管委会主任林香江,同时也是林氏宗祠所在的团结村老年协会会长。林香江会长为人很热情,他成为我以后研究村庙、宗祠与乡村老年协会的重要访谈人。从 2004 年开始至今,我差不多每年都带系里社会学专业本科生与研究生到青圃村参观,以了解福州乡村丰富的传统文化。每次我带同学们来林氏宗祠参观时,我也学着祠堂里老人的样子,在躺椅上躺几分钟,感受难得的乡村休闲生活。在此,感谢青圃村林香江会长长期以来对于我们每次到访的热情接待。

　　感谢 2014 年民政部福彩公益金特殊困难老年人社会工作服务示范项目资助(以福州市榕树社会工作服务中心名义申报),使我有机会带领我的社会工作专业研究生将"乡村老年协会规范化建设与互助养老"理念在闽侯县鸿尾乡付诸实施。在项目实施过程中,我要感谢鸿尾乡政府以及乡老龄工作委员会郑崇凤副会长和谢承治秘书等乡贤,给予项目在实施过程中的大力支持与配合。

　　感谢福州大学研究生院在 2016 年提供社会工作专业联合培养基地建设项目资助(以福州市榕树社会工作服务中心为共建基地),使我有机会能在闽侯县上街镇实施家庭综合服务中心项目,项目主要服务内容为老年协会规范化建设与居家养老服务,该项目的实施加强了福州大学社会学系与大学城境内诸村老年协会之间的联系。在此特别感谢上街镇红峰村村委会、沙堤村老年协会对于我们社会工作专业同学的实习工作的大力支持。

感谢南安市霞美镇金山村老年协会。从 2015 年起,我们先后三次组团赴金山村老年食堂参观,第一次是组织闽侯县鸿尾乡 21 个行政村的老年协会会长、村主任,以及福州大学 2013 级社会工作与社会学专业研究生;第二次是闽侯县上街镇 17 个行政村老年协会会长,以及福州大学 2016 级社会工作专业的研究生;第三次是组织福州大学社会学系 2019 级本科班全体同学,此次活动由我的同事王杰博士带领。每次参观都得到他们的热情接待,并负责解决中餐问题。

感谢晋江东石镇萧下村老年协会萧开通会长、石狮市宝盖镇郑厝村老年协会郑长青会长等给予关于村办敬老院、老年食堂专题调研的热情接待。感谢晋江市老龄办主任、晋江老年学学会会长蔡天瓒先生,给予我们团队每次晋江专题调研的大力协助。

2019 年"五一"期间,我与同事王杰博士带领两位研究生专程赴莆田市考察乡村老年食堂运营情况,得到秀屿区东庄镇苏厝村老年协会、仙游县盖尾镇湖坂村莲坂自然村老年协会、仙游县游洋镇桥光村老年协会的热情接待,在此表示感谢。

感谢福建省老年学学会诸位同仁给予我的工作协助,使我有机会接触到更多的全省基层老龄工作领导以及老龄问题研究材料,他们是上任学会会长张冀闽主任,上任与现任学会秘书长、兼副会长陈端旭主任。福建省老年学学会每年要组织一次全省老年学研究征文、评奖、编辑印刷获奖论文集、举办学术研讨会等,以及数次养老问题专题调研,这些工作主要由陈端旭主任负责完成,每次都做得井井有条,大大减轻了我作为挂名会长的工作负担。

感谢以下社会工作专业研究生同学参与对福建乡村老年协会的研究,她(他)们是:2013 级吴家玲、唐姗,2015 级卢伟峰,2017 级胡述芳、黄丽晶等同学,她(他)们的毕业论文都选择乡村老年协会、老年食堂为研究对象,为本书相关章节撰写提供了丰富的素材,其中,2013 级吴家玲、唐姗在闽侯县鸿尾乡协助执行特殊困难老年人社会工作服务示范项目,2015 级卢伟峰等在闽侯县上街镇协助执行乡村老年协会规范化建设与互助养老项目。

　　本书申报教育部哲学社会科学研究后期资助项目时,得到我的恩师清华大学社会科学学院李强教授,以及北京师范大学公共管理学院陶传进教授的联合推荐,在此深表感谢;也感谢匿名评审人提供的资助研究建议。

　　行文至此,我也表示一些遗憾与歉意。2013年2月,本人领办福州市级第一家民办社工机构——福州市榕树社会工作服务中心,没有能将社工机构做大做强,至今机构还没有一位全职工作人员,在此表示遗憾;在执行政府购买社会工作服务项目时,也存在承诺的服务不到位的情况,特别是乡年协会规范化建设服务,有点虎头蛇尾,辜负相关利益方的期望,在此表示抱歉。

　　福建乡村因有老年协会,老年人晚年生活变得更加丰富多彩,这也常让我想起家父。家父是安徽农村一位普通农民,没有读过书,但却是热爱生活的人,会打猎、理发、拉二胡、讲故事等,辛苦养育我们兄弟姐妹六人成人,还有两位不幸幼年夭折。在1986年初夏,我读高一时,家父因病去世。作为他寄予厚望的第三子,我没能在他生前尽一丝孝道,每每回想,甚为遗憾,故想以本书献给家父,衷心希望天下父母都健康长寿,都有一个幸福的晚年。

甘满堂
2023年7月12日

责任编辑：洪　琼

图书在版编目（CIP）数据

乡村老年协会建设理论与实践/甘满堂 著. —北京：人民出版社，2023.9
ISBN 978－7－01－025617－7

Ⅰ.①乡…　Ⅱ.①甘…　Ⅲ.①农村-老年人-社会工作-协会-研究-中国
Ⅳ.①D669.6

中国国家版本馆 CIP 数据核字（2023）第 070879 号

乡村老年协会建设理论与实践
XIANGCUN LAONIAN XIEHUI JIANSHE LILUN YU SHIJIAN

甘满堂　著

人民出版社 出版发行
（100706　北京市东城区隆福寺街 99 号）

北京中科印刷有限公司印刷　新华书店经销

2023 年 9 月第 1 版　2023 年 9 月北京第 1 次印刷
开本：710 毫米×1000 毫米 1/16　印张：18.5
字数：300 千字

ISBN 978－7－01－025617－7　定价：79.00 元

邮购地址 100706　北京市东城区隆福寺街 99 号
人民东方图书销售中心　电话（010）65250042　65289539

版权所有·侵权必究
凡购买本社图书，如有印制质量问题，我社负责调换。
服务电话：(010)65250042